Gray **Roter Mond**

Miranda Gray

Roter Mond

Von der Kraft des weiblichen Zyklus

Aus dem Englischen von
Susanne Kahn-Ackermann

IRISIANA

Jahi

IRISIANA

Eine Buchreihe herausgegeben von
Margit und Rüdiger Dahlke

Die Originalausgabe erschien unter dem Titel
Red Moon
bei Element Books

Die Deutsche Bibliothek – CIP-Einheitsaufnahme
Gray, Miranda:
Roter Mond : von der Kraft des weiblichen Zyklus / Miranda Gray.
Aus dem Engl. von Susanne Kahn-Ackermann. –
München : Hugendubel, 1996
(Irisiana)
Einheitssacht.: Red moon ‹dt.›
ISBN 3-88034-856-1

Umschlaggestaltung Zembsch' Werkstatt, München
Produktion: Tillmann Roeder, München
Satz: Jung Satzcentrum GmbH, Lahnau
Druck und Bindung: Spiegel Buch, Ulm
Printed in Germany

ISBN 3-88034-856-1

Inhalt

Danksagung 7

1. *Einleitung 9*
   Die Ziele dieses Buches 9
   Die gesellschaftliche Einstellung zur Menstruation 10
   Die menstruellen Energien 14
   Bewußtwerdung 15

2. *Die Erweckung 19*

3. *Das Dunkel des Mondes 49*
   Das zweigeteilte weibliche Wesen 52
   Die Bewahrerin des Maßes 58
   Der Baum des Schoßes 61
   Die Schlange 63
   Mondtiere 67
   Die Dunkle Göttin 75
   Souveränität oder die Göttin des Landes 79
   Die Schamanin und Priesterin 82

4. *Begegnung mit dem Mond 87*
   Der menstruelle Zyklus 87
   Die Mond-Chronik 91
   Entwicklung des Selbst-Bewußtseins 101
   Bewußtheit als Instrument 110
   Die Mond-Chronik und das Alltagsleben 114
   Erweiterung der Mond-Chronik 146

5. *Der schöpferische Mond 151*
   Die Kreativität der Frauen 151
   Erweckung der kreativen Energien 157
   Freisetzung der kreativen Energien 163

6. *Die Spirale des Mondes* 192
Die Tradition der Frauen 192
Wiedereinführung der fehlenden weiblichen Archetypen 193
Anleitung und Belehrung Ihrer Kinder 198
Initiationsriten 201

Nachwort 219
Literaturhinweise 220
Register 222

Danksagung

Mein Dank gilt all jenen, die mir bei der Entwicklung dieses Buches geholfen haben, indem sie ihre eigenen Erfahrungen mit mir besprachen oder mir ihre persönlichen Kenntnisse und Einsichten übermittelten. Ganz besonders möchte ich Naomi Ozaniec für ihre Unterstützung und Ermunterung und Julia McCutchen für ihr Vertrauen in die Konzeption danken. Schließlich danke ich meinem Mann Richard für seine Hilfe und dafür, daß er, während ich all das hier ausknobelte, weiterhin mit mir lebte!

1
Einleitung

Die Ziele dieses Buches

In unserer modernen Gesellschaft wird der menstruelle Zyklus als passives Geschehen begriffen, der in seiner Existenz zwar anerkannt, in der Realität aber ignoriert und geheimgehalten wird. Wir Frauen haben, so sagt man uns, als Bestandteil des »Frauseins« mit den damit verbundenen Unannehmlichkeiten und Bedürfnissen zurechtzukommen, ohne dabei die Aufmerksamkeit auf uns zu lenken. Deshalb verheimlichen wir häufig unsere diesbezüglichen Schwierigkeiten vor anderen aus Angst, für schwach gehalten zu werden oder ein Getue um nichts zu machen, und dieser Mangel an Kommunikation und gesellschaftlicher Einsicht trägt immer stärker zur Isolierung des menstruellen Zyklus als verstecktem und heimlichem Geschehen bei. Dieses Buch soll zeigen, daß der menstruelle Zyklus im Grunde ein dynamisches Geschehen ist, das sich, wäre es von den durch Konditionierung und Gesellschaft auferlegten Restriktionen befreit, intensiv auf das physische, emotionale, intellektuelle und sprirituelle Wachstum der Frau, ihres Lebensumfelds und unserer Gesellschaft auswirken könnte.

Wir Frauen leben in einer männlich orientierten Gesellschaft, und das beeinflußt unsere Wahrnehmung von der Welt und uns selbst. Die Gesellschaft bietet keine Richtlinien, Strukturen oder Konzepte für die mit dem menstruellen Zyklus verbundenen Gefühle und Erfahrungen an und kennt auch keine Anerkennung für die kreativen Ausdrucksformen, die sich daraus ergeben können. »Roter Mond« zeigt Frauen Möglichkeiten auf, wie sie sich ihres menstruellen Zyklus bewußter werden und ein gewisses Verständnis von den damit verbundenen Energien erlangen können. Da jede Frau ihren Zyklus anders erfährt, geht dieses Buch davon aus, daß jede Leserin die hier vorgestellten Ideen und Übungen entsprechend ihren persönlichen Bedürfnissen umsetzt.

»Roter Mond« verfolgt einen doppelten Ansatz. Trotz aller Ignoranz unserer heutigen Gesellschaft läßt sich noch eine Menge an Erkenntnissen, Lehren und Gedanken im Zusammenhang mit dem menstruellen Zyklus in vielen Legenden, Mythen, Volksmärchen und Kindererzählungen finden. Dieses Buch präsentiert eine Neuinterpretation einiger dieser uns vertrauten Geschichten und benutzt sie und die ihnen inhärente Symbolik zur Erzählung einer neuen Geschichte mit dem Titel »Die Erweckung« (Kapitel 2), die eine Grundlage für das Verständnis der zyklischen Natur des Frauseins bieten soll. Obgleich Konzeptionen und Strukturen für das Verstehen wichtig sind, bedarf es zu seiner Vertiefung auch der persönlichen Erfahrung. Deshalb hält dieses Buch auch Vorschläge bereit, wie sich die Leserin über ihren eigenen Zyklus bewußter werden und ihre Wahrnehmung durch ihren allmonatlichen Umgang damit schärfen kann.

Diese beiden Ansätze sind miteinander verwoben. Die Geschichten und die Mythologie mit ihren auf den menstruellen Zyklus bezogenen Bildern entstammen den persönlichen Erfahrungen von Frauen und werden so für die moderne Frau zu einem Hilfsmittel, ihre eigenen diesbezüglichen Erfahrungen besser zu verstehen. Dieses Buch betont in seinem Inhalt durchweg den zentralen Stellenwert des persönlichen Gewahrseins und bietet praktische Vorschläge und Übungen an, die alle oder wenigstens zum Teil problemlos ins Alltagsleben integriert werden können. Es begreift und bezeichnet die Gesamtheit des Zyklus als menstruelle Erfahrung, was heißt, daß wir uns hier nicht nur auf die Zeit der Menstruationsblutung beziehen. Es bietet Richtlinien und praktische Vorschläge an, wie wir mit den Energien des menstruellen Zyklus interagieren können, und Überlegungen, wie wir unser gewonnenes Verständnis an andere Frauen und unsere Töchter weitergeben könnten.

Die gesellschaftliche Einstellung zur Menstruation

Jahrhundertelang war der menstruelle Zyklus der Frau etwas, dem man geradezu Abscheu und Verachtung entgegenbrachte. Er galt als schmutzig, als ein Zeichen der Sünde, und seine Existenz verfestigte die untergeordnete Position der Frau in einer von Männern dominierten Gesellschaft. Noch heute betrachtet man die Menstruation als einen biologischen Nachteil, der aus Frauen emotional reagierende, unvernünftige und unzuverlässige Arbeitskräfte macht. In unserer westlichen Industriegesellschaft, die sich so gerne für »aufgeklärt« hält, spricht man nach wie vor nur selten offen über den menstruellen Zyklus, und dann meist nur in medizinischen Fachbegriffen. Hier existiert eine Barriere zwischen Müttern und Töchtern, Frauen und Männern, Schwestern und Freundinnen oder Freunden. Viele Frauen hassen sich ihr Leben lang und fühlen sich schuldig, weil sie zu gewissen Zeiten im Monat deprimiert und reizbar sind und sich aufgebläht und ungelenk fühlen. Wie viele Frauen haben diesen Haß und diese Angst entweder verbal oder durch ihr Verhalten an ihre Töchter weitergegeben? Für wie viele Frauen war ihre erste Periode ein schreckliches Erlebnis, weil sie nichts darüber wußten oder bestenfalls mit einigen wenigen medizinischen Details vertraut waren, die ihnen in keiner Weise ihre Gefühle zu erklären vermochten? Wie viele Mädchen hatten in unserer modernen Gesellschaft, die über keine Initiationsriten mehr verfügt, das Gefühl, das Geschenk des Frauseins erhalten zu haben, und bekamen Anleitungen, wie sie diese Erfahrung zu ihrer Weiterentwicklung nutzen können? Wenn Frauen ihre menstruelle Erfahrung wieder als Geschenk verstehen und in einem positiven Licht betrachten können, werden sie auch ihre Töchter wieder dahin führen können, daß sie ihr Frausein und die damit verbundenen Zyklen willkommen heißen können.

Viele Frauen leiden während ihrer Menstruation sowohl mental wie auch physisch, und meist bekämpfen die angebotenen Hilfsmittel nur die Symptome. An der zugrundeliegenden Ursache, nämlich an ihrem Frausein, kann ganz offensichtlich nichts geändert werden. Zwar wird in unserer Gesellschaft allmählich die Existenz des prämenstruellen Syndroms akzeptiert, aber in seinen Auswirkungen wird es nach wie vor als negativ und destruktiv bewertet. Wir Frauen mußten sehr hart darum kämpfen, daß die Gesellschaft, Medizin und Jurisprudenz die Tatsache anerkennt, daß Frauen einen mit ihrer Menstruation zusammenhängenden veränderten Bewußtseinszustand durchmachen, es aber keine Strukturen oder Traditionen mehr gibt, die ihnen helfen, diesen Bewußtseinszustand in positiver Weise zu verstehen und zu nutzen.

Menstruell aktive Frauen sind von Natur aus einem Zyklus unterworfen, doch angesichts einer in bezug auf Zeit und Ereignisse linear denkenden Gesellschaft fällt es uns oft schwer, uns diese Tatsache klarzumachen und in unserem Leben nutzbringend anzuwenden. Selbst wenn wir unsere Menstruationstage in einem Tagebuch oder Kalender vermerken, begreifen wir sie häufig nur mit Mühe als zyklisches Ereignis und sehen darin eher ein sich wiederholendes lineares Muster. In Kapitel 4 werden wir den Gebrauch einer Mond-Chronik erläutern, eine Methode, alle diesbezüglichen Informationen zu notieren und auf eine neue Weise zu betrachten. Wenn wir Frauen zu einem Bewußtsein darüber gelangen, daß wir während unseres menstruell aktiven Lebens zyklische Wesen sind, begreifen wir uns allmählich auch als Teil der größeren Rhythmen des Universums, akzeptieren unser wahres Wesen besser und finden zu mehr Harmonie in unserem Leben.

Das Menstruationstabu

Die Macht der Menstruation wurde in vergangenen Kulturen anerkannt und respektiert, und das ist in einigen wenigen Gesellschaften auch heute noch so. Doch die von den Frauen eingeführten Praktiken, die ihnen halfen, mit diesen starken und kreativen Energien umzugehen, wurden von den patriarchalen Gesellschaften, die diese Macht als für Männer gefährlich ansahen, weitgehend in Mißkredit gebracht. Und so wurde aus der Menstruation, die ehedem als heilig und sakrosankt galt, etwas Unreines und Verschmutzendes. Von nun an betrachtete man die menstruierende Frau als wandelnde Quelle destruktiver Energien, mit deren Weiblichkeit sich eine ungeheure magische Macht verband, die nur auf eine Weise im Zaum gehalten werden konnte, nämlich indem man sie vollständig vom Gemeinschaftsleben ausschloß. Man glaubte, daß sie mit dieser ungezügelten Magie alles kontaminierte, mit dem sie in Berührung kam, und daß sie vor allem für Männer, ihre Lebensweise, ihr Hab und Gut und ihr Vieh gefährlich war.

So wurden Frauen oft beim ersten Anzeichen der Blutung von der Gemeinschaft abgesondert. In vielen Kulturen lebten sie für diese Zeit in einer abseits vom Dorf gelegenen Hütte, die speziell zu diesem Zweck für alle Frauen des Stammes reserviert war. Die menstruierenden Frauen durften keine Gegenstände des Alltagslebens berühren und alles, was sie berührten, war »kontaminiert« und mußte zerstört werden. Und vor allem durften die menstruierenden Frauen nichts berühren, was einem Mann gehörte. Man glaubte, daß sie mit ihrer Macht den Tod eines Mannes verursachen oder den Verlust seiner Jagdfähigkeiten bewirken konnten. In manchen Gesellschaften wurde die Verletzung dieses Tabus mit dem Tod bestraft. Die menstruierenden Frauen durften zwar von anderen Frauen besucht werden, die Männer aber durften sie nicht sehen, noch war es den Frauen erlaubt, die Männer anzusehen.

Die menstruierende Frau war nicht nur in ihrer Bewegungsfreiheit, in dem, was sie berühren und wen sie sehen, sondern häufig auch in dem, was sie essen durfte, Restriktionen unterworfen. In manchen Fällen war es ihr verboten, Fleisch zu essen oder Milch zu trinken, weil sonst die Jagd schlecht ausfallen oder die Milch der Kühe versiegen konnte. Die menstruierende Frau galt als so unrein, daß sie sozusagen die Natur verletzte und die natürliche Ordnung der Dinge veränderte.

Als die für die Gemeinschaft »gefährlichste« Zeit galt die des Einsetzens der ersten Periode. Dann wurde das betreffende Mädchen oft noch extremeren Beschränkungen unterworfen, als sie den erwachsenen Frauen auferlegt wurden. Es konnte passieren, daß es sieben Jahre lang in einen kleinen Käfig gesperrt wurde und in dieser ganzen Zeit niemals draußen herumlaufen oder die Sonne sehen durfte.

Menstruationstabus sind keineswegs auf primitive Gesellschaften oder auf die Vergangenheit beschränkt. In vielen Regionen ist die menstruierende Frau auch heute noch mentalen und physischen Einschränkungen unterworfen. Im Islam darf eine menstruierende Frau noch heute keine Moschee betreten; in der Vergangenheit wurde die Übertretung dieses Verbots mit dem Tod bestraft. In manchen christlichen Kulturen steht die Menstruation für die Erbsünde Evas, eine Sünde, mit der jedes Mädchen geboren wird. Christliche Frauen gelten als ewig mit dieser Sünde beladen und müssen ständig dafür büßen, wenn sie jemals in den

Himmel kommen wollen. Das stellt sicher, daß Frauen niemals heilig genug sind, um im religiösen Leben eine aktive Rolle zu übernehmen.

Frauen müssen sich darüber klarwerden, daß die Einstellung zur Menstruation in einem außerordentlich starken Maß von der Geschichte ihrer Kultur und Gesellschaft geprägt wurde und wird. Und haben sie dies erst einmal erkannt, können sie auch diese gesellschaftliche Konditionierung durchbrechen, die Menstruation in einem neuen Licht betrachten und herausfinden, was diese für sie unabhängig von den Ansichten irgendwelcher anderer Personen oder Gruppen bedeutet.

Die menstruellen Energien

In diesem Buch wird der Begriff »menstruell« zur Kennzeichnung aller Dinge verwendet, die mit dem gesamten Monatszyklus und nicht nur mit der Zeit der Regelblutung in Zusammenhang stehen. Die mit dem menstruellen Zyklus verbundenen kreativen Energien weisen unterschiedliche Orientierungen und Aspekte auf und sind mit dem Zyklus der Gebärmutter beziehungsweise der weiblichen Fortpflanzungsorgane verknüpft. Wenn das durch den Eisprung freigesetzte Ei befruchtet wird, drücken sich diese Energien in der Formierung neuen Lebens aus. Bleibt das Ei unbefruchtet, nehmen sie irgendeine andere Gestalt an.

Die Energien des menstruellen Zyklus dürfen nicht behindert oder unterdrückt werden. Eine Blockierung oder Beeinträchtigung kann dazu führen, daß sie sich auf zerstörerische Weise äußern. Die Energie muß als ein sich auf seine eigene Weise ausdrückender Energiestrom akzeptiert werden. Kämpfen Sie gegen diesen Energiefluß an, kann dies mentale und physische Schmerzen verursachen, weil Sie in diesem Fall gegen Ihre eigene Natur ankämpfen, und das hat oft Aggression, Wut und Frustration zur Folge. Die menstruellen Energien finden in den vielen Formen der schöpferischen Natur einer Frau ihren Ausdruck.

Der Rückzug aus der Gesellschaft zur Zeit der Blutungen war an sich ein ganz natürlicher Ausdruck der Menstruationsenergien. Es war eine Zeit der Unterweisung und des Lernens sowie eine Zeit der Nutzung der kollektiven Energien der gesamten Gruppe menstruierender Frauen. Ursprünglich hatte die räumliche Beschränkung in der Pubertätsphase einen positiven Sinn. Sie bot nämlich den weisen Frauen die Möglichkeit, die jungen Mädchen über ihre körperliche Natur, über die in ihnen erwachenden Energien und die damit verbundenen spirituellen Traditionen aufzuklären und sie zu unterweisen. Und das bedeutete, daß die jungen Mädchen nach ihrer Pubertätsphase mit ihrer Wesensnatur in Balance und Harmonie waren und nun ihre Energien für die Gemeinschaft und das Land einsetzen konnten.

Bewußtwerdung

Übung

Ganz offensichtlich läßt sich in der Hektik des Alltagslebens nur noch schwer Zeit für ein weiteres Projekt finden. Schon zusätzliche fünfzehn Minuten für Tagebuchaufzeichnungen können zum Problem werden, wenn ebendiese fünfzehn Minuten mehr Schlaf lebensnotwendig sind! Wenn Sie die Energien Ihres eigenen menstruellen Zyklus besser verstehen und ein Protokoll von den in diesem Buch vorgeschlagenen Übungen anfertigen wollen, müssen Sie eine Art Tagebuch, ein Journal führen. Wenn Sie eine auch nur einigermaßen vernünftige Darstellung Ihres Zyklus erhalten wollen, müssen Sie wenigstens drei Monate lang detaillierte Tagebucheintragungen vornehmen, wie ich sie im folgenden skizzieren werde. Sie werden allerdings schon nach einem Monat eine gewisse Ahnung bekommen, welche Form Ihr Zyklus annimmt. Es wäre gut, wenn Sie nach diesen drei Monaten weiterhin Bemerkungen, Gedanken und Träume in Ihrem Journal notieren würden, um so Ihre Einsichten und Erfahrungen festzuhalten. Die Eintragungen müssen nicht lang sein, aber eine Anzahl von Details umfassen:

Eintragung

Datum

Zyklustag
Die Zählung beginnt mit dem ersten Tag Ihrer Blutung. Wenn Sie nicht wissen, an welchem Zyklustag Sie sich gerade befinden, dann fahren Sie mit den anderen Eintragungen fort und beginnen mit Ihrer Zählung bei der nächsten Blutung.

Mondphase
Die gegenwärtige Mondphase können Sie den meisten Zeitungen entnehmen. Zeichnen Sie ein kleines Symbol, um festzuhalten, ob es sich um Vollmond, Neumond, zunehmenden oder abnehmenden Mond handelt.

Träume
Notieren Sie, wenn Sie sich an Ihre Träume erinnern können, das Grundgeschehen des Traums oder stark hervortretende Themen oder Bilder. Sie werden vielleicht feststellen, daß Sie sich zwar gleich beim Aufwachen an Ihre Träume erinnern können, sie aber dann nach wenigen Minuten vergessen haben. Deshalb sollten Sie versuchen, sie gleich nach dem Aufwachen schriftlich festzuhalten oder sie geistig nochmals detailliert zu rekapitulieren und sich dabei einzuprägen, daß Sie sich daran erinnern und sie, sobald Sie Zeit haben, aufschreiben wollen.

Gefühle
Versuchen Sie festzuhalten, wie Sie sich untertags fühlen. Fühlen Sie sich glücklich, niedergeschlagen, müde, der Außenwelt zugewandt, zurückgezogen, intuitiv eingestellt, friedlich? Fühlen Sie sich zu bestimmten Aktivitäten oder einem bestimmten Kleiderstil hingezogen? Wie steht's mit Ihrer Sexualität? Fühlen Sie sich sinnlich, liebevoll, freigebig, spirituell, kreativ, erotisch, ungestüm, fordernd, geil, aggressiv, leer? Es ist nicht wichtig zu verzeichnen, wie oft Sie Sex haben, wenn Sie in einer Partnerschaft leben, aber versuchen Sie auf die Färbung Ihrer sexuellen Energie und ihrer Ausdrucksform zu achten.

Gesundheit
Notieren Sie alle mit dem menstruellen Zyklus zusammenhängenden Schmerzen oder Unpäßlichkeiten, irgendwelche speziellen Essensgelüste und auch, ob Sie sich unter Streß fühlen.

Es ist zwar wichtig, daß Sie zu einem Bewußtsein über Ihren Zyklus und seine Auswirkungen auf Sie gelangen, aber Sie müssen sich auch Ihre menstruelle Vergangenheit, die Sie umgebenden Beziehungen und Einflüsse damals wie heute anschauen. Nehmen Sie sich Zeit, um sich an Ihre erste Blutung zu erinnern. Wieviel wußten Sie damals über die Menstruation? War sie eine angsteinflößende oder peinliche Erfahrung? Wie haben Ihre Mutter, Ihre Familie oder Ihre Schulfreundinnen oder Lehrer und Lehrerinnen darauf reagiert? Denken Sie auch über die Einstellung Ihrer Mutter oder Ihrer nahen weiblichen Verwandten zur Menstruation nach. Wie benennen sie die Menstruation? Sprechen Sie mit ihnen über dieses Thema? Wie unterrichten Sie Ihre Kinder, falls Sie welche haben, über Ihren Zyklus, oder wie werden Sie sie unterrichten, und wie werden Sie sie, wenn es sich um Mädchen handelt, über ihren eigenen Zyklus aufklären?

Wie sieht es hinsichtlich der Menstruation und Ihrem Partner, Ihren Arbeitskollegen und -kolleginnen und Ihren Freundinnen und Freunden aus? Wird sie ignoriert, als »Frauenproblem«, als Witz oder irgendwie abfällig abgetan? Gehen Sie und Ihr Partner (oder Ihre Partnerin) ungern miteinander ins Bett, wenn Sie Ihre Blutung haben? Warum? Schreiben Sie eine Zusammenfassung Ihrer Gedanken im Journal nieder.

Im folgenden Kapitel stelle ich einige mit dem menstruellen Zyklus verbundene Konzeptionen und Gedanken vor, die verschiedenen Kulturen und Legenden entnommen und zu einer einzigen Geschichte, »Die Erweckung«, verwoben wurden. Ihre Themen, Symbole und Vorstellungen werden dann in den folgenden Kapiteln erweitert.

Mit dieser Geschichte möchte ich Sie dazu ermuntern, sich mit bestimmten, mit dem menstruellen Zyklus verknüpften Gestalten und Bildern zu identifizieren. Das wird wiederum einen durchaus traditionellen Initiationsprozeß in Gang setzen, das heißt, durch die Visualisierung dieser Bilder und Symbole werden Sie Einsichten gewinnen, Wissen erlangen. Durch die Teilnahme an dieser Geschichte, ob nun über ein Hören oder Lesen, werden in Ihnen Kräfte der Erkenntnis und Inspiration geweckt, da sich ihre Konzeptionen durch Ihre erlebten Emotionen und Gefühle mehr mit der *intuitiven* Seite Ihres Geistes als mit dem Intellekt verbinden.

»Die Erweckung« enthält viele Bedeutungsebenen. Machen Sie sich bitte keine Sorgen, wenn Sie das Gefühl haben, nicht all ihre Bedeutungen zu verstehen, denn vieles wird für Sie sichtbarer werden, wenn Sie sich im Verlauf dieses Buches durch die Bewußtseinsübungen durcharbeiten.

Wenn Sie schließlich alle Übungen in diesem Buch gelesen und durchgearbeitet haben, sollten Sie vielleicht nochmals zu dieser Geschichte und den nachfolgenden Kapiteln zurückkehren, um Ihr Verständnis von Ihrem eigenen Zyklus zu vertiefen und einen Vergleich mit den in der Mythologie und den Volksmärchen gefundenen Bildern und Gestalten anzustellen.

2
Die Erweckung

Eva lag im Dunkeln auf ihrem Bett und stieß einen tiefen Seufzer aus. Aus irgendeinem Grund war es ein wirklich mieser Tag gewesen; alles war schiefgegangen, und jetzt war sie auch noch in ihr Zimmer verbannt worden, weil sie sich mit ihrem Bruder gerauft hatte. Wütend und frustriert schleuderte sie ihr Kissen gegen die Tür und vergrub den Kopf in der Bettdecke. Draußen auf dem Treppenabsatz hörte sie ihre Mutter mit ihrem Bruder sprechen, der sich jammernd beklagte.

Sie rollte sich auf die Seite, das durch das Schlafzimmerfenster hereinströmende helle silbrige Licht zog sie an. Für einen Moment schien die Zeit stillzustehen und das Gemurmel von Fernseher und Familie war weit, weit weg. Eva kletterte langsam aus dem Bett und durchquerte das Zimmer, das ihr in all diesem silbrigen Licht gar nicht mehr vertraut vorkam. Am Fenster kniete sie sich auf einen alten, mit einem Haufen abgelegter Kleider belegten Stuhl, entriegelte das Fenster und lehnte sich in die Nacht hinaus, die nun warm und voller Magie war. Eine sanfte Brise spielte mit ihren Haarspitzen. Selbst die Stadt war von einer seltsamen Heiterkeit, und der Lärm des Nachtverkehrs war zu einem gedämpften Hintergrunddröhnen herabgesunken. Ihr Fenster blickte nach Süden, und Eva hatte von hier aus eine gute Aussicht über die Dächer.

Direkt vor ihr schien in einem tief dunkelblauen Himmel der Vollmond zu hängen, begleitet von einem einzigen Stern. Still sprach Eva einen Wunsch aus. Der über der pulsierenden Stadt schwebende Mond hatte etwas Seltsames an sich, und Eva fühlte, wie seine Magie sich ihrer bemächtigte und sie sanft in ihrem innersten Herzen berührte. Ihr Körper schien zu zerschmelzen und sich in einem Fluß mit dem Mondlicht und der Erde unter ihr zu vereinen, und sie wußte, daß derselbe Mond schon Millionen von Jahren über diesem Ort geschienen hatte. In diesem plötzlichen Erkennen wurde die Zeit sichtbar, ein schimmernder silberner Faden, der sich von Eva weg in das Dunkel der Vergangenheit spann. Die Füße in der Erde verwurzelt, wurde sie in ihrem Gewahrsein von der Zeit berührt, und eine Stadt aus früher Zeit entfaltete sich vor ihrem Blick, in der Feuer von den Bomben des Krieges loderten. Und wieder wurde sie von der Zeit berührt, und eine zwischen zwei Flüssen gelegene kleine Siedlung wurde von Eindringlingen angegriffen, die mit ihren Schiffen am kiesigen Ufer vor Anker gegangen waren. In rascher Folge wechselten die Bilder; eine kleine Menschengruppe, die einen Graben mit Geweihschaufeln aushob; Wälder, die den Platz der Menschen einnahmen; Eis und Schnee, die in weißen Wellen das Land rein scheuerten. Wälder, Flüsse, Ozeane und Wüsten erstanden und vergingen, und immer schien darüber derselbe Mond. Land hob sich aus uranfänglichen Wassern, und für einen Moment erfaßte dieser kleine Bewußtseinsfunke, der immer noch Eva war, das ungeheure Alter des Mondes und seine stille Begleitung all dessen, was gelebt hatte.

Aus dem Mittelpunkt der Schöpfung wirbelte die Zeit der Zukunft entgegen und nahm Evas Bewußtsein mit sich. Unter ihrem Blick tauchten im Vollmondlicht die ersten Landgeschöpfe aus ihren Geburtswassern auf. Eine Äffin saß hoch oben in den Zweigen eines Baumes und griff mit den Händen nach dem leuchtenden Gesicht des Mondes, und eine nackte und tätowierte Höhlenfrau saß kauernd und hob ihm ihr neugeborenes Kind entgegen. Eva sah, wie eine weißgewandete Priesterin vor einem silbernen Spiegel Räucherwerk in eine golden schimmernde Schale streute, und ein kleines Mädchen mit dunklem Haar beugte sich aus dem Fenster und blickte zum Mond hinauf.

Noch immer in die Schleier des silbrigen Lichts gehüllt spürte Eva, wie sich die zarten Ranken der Zeit von ihrem Bewußtsein lösten, aber der Faden des Lebens, der sie mit den anderen Mondbetrachterinnen verband, blieb. Sie war mit all diesen Frauen verwandt, Teil einer Schwesternschaft, die vom Mond berührt worden war, und viele hatten auf diese Berührung geantwortet. Mochten sich auch überall auf der Welt Land, Sprache und Kultur voneinander unterscheiden, so blickten sie doch alle zu demselben Mond hinauf, waren sie alle durch sein Licht und seine Gezeiten miteinander verbunden.

Eva empfand sich in dieser Vision vom Mond und dem Wandel der Zeiten als klein und unbedeutend, aber auch als Teil von etwas

Besonderem, das über ihr Alltagsleben hinausging. Sie streckte die Hand aus, als wollte sie den Mond berühren: »Begleiter der Frauen, wache über mich!« flüsterte sie leise. Sie war sich nicht sicher, warum sie es sagte, verspürte aber ein merkwürdiges Bedürfnis, dieser plötzlichen Verbindung mit dem Mond, die sie in sich fühlte, Ausdruck zu geben. Sie hörte ihre Eltern, gleichsam wie in einer anderen Welt, den Fernseher ausschalten und sah, wie die Lichter im Haus verlöschten. Obwohl sie den Wunsch hatte, die ganze Nacht mit dem Mond aufzubleiben, machte sich doch eine Schläfrigkeit am Rande ihres Bewußtseins bemerkbar, und widerstrebend kehrte sie in ihr Bett zurück. In die Bettdecke eingehüllt, sah sie dem Mond zu, bis ihre Augenlider so schwer wurden, daß sie die Augen nicht länger offenhalten konnte.

Furcht durchdrang stoßweise ihr schlafendes Bewußtsein. Etwas Böses jagte ihr im Dunkeln nach. Eva rannte blind durch dunkle Gebilde, Entsetzen stieg in ihr hoch, ein Schrei bildete sich in ihrer Kehle, den sie nicht auszustoßen vermochte. Sie wußte nicht, wovor sie wegrannte, sie wußte nicht, ob es eine Gestalt hatte, ob es ein Gespenst oder ein Geist war, aber sie wußte, daß diese Angst aus dem Innersten ihres Wesens kam. Äste und Zweige zerkratzten ihr Gesicht und Hände, während sie sich durch ein verfilztes Walddickicht kämpfte. Es kam näher. Eva fühlte, wie ihr diese abscheuliche Präsenz nachsetzte.

Der durchdringende Ton eines Jagdhorns durchstieß die schweigende Nacht, und für einen Moment hielt Eva inne, rang keuchend nach Atem, unsicher, in welche Richtung sie rennen sollte. Aus den Augenwinkeln sah sie einen Schatten rasch auf sie zukommen. »Zu spät!« schrie sie innerlich auf, als sie sich mit einer Kehrtwendung ins Unterholz stürzte. Dornen rissen an ihren Kleidern und zerkratzten ihre Beine, als sie sich mühsam ihren Weg bahnte. In wilder Panik warf sie einen Blick zurück und glaubte zu erkennen, wie sich noch zwei weitere gräßliche Schatten dem ersten zugesellten. Verzweifelt schlug sie gegen das Gebüsch; aber je stärker sie sich durchzuzwängen bemühte, desto enger hielt sie das Dornengestrüpp fest. Sie saß in der Falle, und das Entsetzen brach durch. Wimmernd kauerte sie sich zusammen und schlug die Hände vors Gesicht. Inbrünstig betete sie darum, daß *sie* sie nicht fänden, aber kurz durch die Finger blinzelnd sah sie, daß sie sich zielstrebig auf sie zubewegten. Sie kniff die Augen noch fester zusammen und schluchzte.

Plötzlich schien ein glänzend weißes Licht vor ihr aufzustrahlen, das sie als brennend roten Schein hinter ihren geschlossenen Augenlidern wahrnahm. Sie riß entsetzt die Augen auf und sah die geisthafte Gestalt einer Frau inmitten dieses Lichts, die sich den Schatten zuzuwenden schien. Die Frau hob die Arme und rief einen einzigen Befehl, der die schrecklichen Schatten geduckt ins Dunkel zurückschleichen ließ. Die Frau neigte den Kopf, als lausche sie auf etwas, und Eva vernahm den fernen Klang des Jagdhorns, das weit weg nun zum Rückzug blies. Schließlich wandte sich die Frau Eva zu, während ihre schimmernde Aura langsam verblaßte und sie nun groß und hell unter dem silbernen Licht des Vollmonds stand. In Eva trat Verwunderung an die Stelle von Furcht, und behutsam machte sie sich von den Dornen los und streckte ihre Finger aus, um die ausgestreckte Hand der Herrin des Mondes zu berühren.

Die Herrin des Mondes lächelte: »Willkommen, Kind.« Und es schien, als hallte das Echo der Stimmen von Millionen von Frauen in Evas Seele wider. Sie glaubte, nie zuvor eine so schöne Frau gesehen zu haben, eine so geschmeidige silberweiße Haut und Augen, in denen sich das Mondlicht spiegelte. Sie trug ein langes, blaßblaues Gewand und einen Überwurf um die Schultern, der von einer ziselierten Silberbrosche zusammengehalten wurde. Ihr langes Haar hing lang, hell und lose den Rücken herab, und ein einfaches Stirnband schlang sich um ihre Stirn. Eva fühlte sich in ihrer Gegenwart sicher, und ein Gefühl überkam sie, daß sie diese Dame schon ihr Leben lang kannte. Die Herrin des Mondes führte Eva aus dem Unterholz heraus, und sie wanderten unter silberüberströmten Bäumen, als die Dame mit der sanften, musikalischen Stimme eines klaren sprudelnden Quells zu sprechen begann.

»Das ist eine ganz besondere Nacht für dich. Das Rad des Lebens dreht sich nun vom Kindsein weiter zum Frausein. Meine Schwestern und ich werden dich durch diese Nacht führen, und obgleich du vielleicht nicht alles, was du siehst und fühlst, während du zu einer Frau wirst, verstehen wirst, wirst du doch wenigstens *anfangen* zu verstehen.

Wenn du ein Kind bist, fließen deine Energien auf lineare Weise. Sie fließen ständig auf ein einziges Ziel zu, und dieses Ziel ist, dich geistig und physisch von einem kleinen Kind zur Erwachsenen heranwachsen zu lassen. Auf diesem Weg verändern sich auch die Energien vom Linearen zum Zyklischen. Dann folgen deine Energien einem Rhythmus, der sich einmal im Monat wiederholt. Dieser Rhythmus wird für dich seine ganz persönliche Färbung annehmen. Ich bin hier, um dir zu helfen, daß du zu einem Bewußtsein darüber gelangen und diese verschiedenen Energien erspüren kannst.«

Ihr Spaziergang hatte sie zu einer kleinen Waldlichtung geführt, und als Eva zum Mond hinaufsah, nahm ihr das Entzücken über den Anblick der Myriaden diamantener, auf den Wellen der Nacht tanzender Sterne fast den Atem. Für einen Moment tat sich der Himmel in seiner Tiefe auf, und sie blickte weit in die grenzenlose Unermeßlichkeit des Universums hinein.

»Als Frau bist du mit den kleinen und großen Rhythmen und Pulsschlägen des Universums verbunden.« Die Worte der Herrin des Mondes fielen als Flüstern in die ungeheure Weite des Raumes. »Seit unendlich langer Zeit, Generationen um Generationen, waren Frauen das Bindeglied zwischen Mensch und Universum. Mit der ersten Menstruation nahmen die Äffinnen eine andere Entwicklung als der Rest des Tierreiches, und jede Blutung wurde zu einer mit den Rhythmen des Kosmos übereinklingenden Uhr.«

Die Worte zupften an Evas Seele und weckten in ihr die Sehnsucht, den Begrenzungen des Körpers zu entfliehen und sich mit dem Wandel der Sterne zu vereinen. Ein Schauer durchbebte ihr Rückgrat, und wie Wellen sich in einem Teich ausbreiten, erzitterte die Szenerie vor ihren Augen und verwandelte sich.

Eva fand sich in einem riesigen dunklen runden Raum wieder, dessen Boden mit weißen und schwarzen Kacheln ausgelegt war. Im Zentrum des Raumes standen drei Dreifüße aus schwerer Bronze mit Schalen, aus denen Flammen schlugen, und ihr schummriges flackerndes Licht umgaben und erhellten eine sitzende Gestalt, das Gesicht von Eva abgewandt. Eva ging auf die Frau zu und merkte, daß die Herrin des Mondes ihr folgte.

Auf einem massiven holzgeschnitzten Thron saß eine Frau von unbeschreiblicher Schönheit. Sie war in ein Gewand von fließender Seide gehüllt, ihr feines langes Haar fiel locker bis zum Boden herab und schien dort über und zwischen den Kacheln weiterzuwachsen. Zunächst sah es so aus, als sei sie von Kopf bis Fuß in den feinsten silbrigen Schleier gehüllt, bestickt mit zahlreichen schimmernden Juwelen. Bei näherer Betrachtung konnte Eva aber erkennen, daß diese Edelsteine in Wirklichkeit winzige Spinnen waren, die geschäftig an dem Schleier woben. Das Gesicht der Dame war still und heiter, und sie blickte in eine aus Silber geschmiedete, mit kristallklarem Wasser gefüllt Schale, die sie auf ihrem Schoß hielt. Eine tiefe Stille umgab sie, so als sei sie selbst zeitlos. Ihre Hände ruhten sanft auf dem Rand der Schale, und aus einem Schnitt an einer ihrer Fingerspitzen quoll ein kleiner hellroter Blutstropfen hervor. Eva sah zu, wie dieser Blutstropfen ins Wasser fiel, das sich sofort rot verfärbte.

»Wer ist sie?« fragte Eva.

»Sie ist die Bewahrerin des Maßes«, antwortete die Herrin des Mondes. »Jeder Tropfen Blut ist ein Neumond und jede Träne ein Vollmond.«

Unter den langen Augenwimpern der Dame sammelte sich eine einzige Träne, löste sich und rann ihre Wange hinab.

»Wie lange ist sie schon hier?«

»Seit das erste weibliche Wesen zu bluten anfing. In aller Zeit sitzt sie hier an diesem Ort, zählt die Rhythmen des Mondes und bemißt den Zyklus der Frauen. Frauen haben eine andere Zeit als Männer. Männer folgen der Sonne, während wir dem Muster des Mondes folgen. Von den Frauen kam das erste Zeitmaß.«

Die Herrin des Mondes ergriff Evas Hand und führte sie durch eine Eichentür hinaus. Draußen war der Wald durch das Licht des Vollmondes erhellt, und Eva sah, als sie sich umwandte, daß sie eine große runde Hütte mit einem kegelförmigen strohgedeckten Dach, das wie ein Hügel hoch in die Nacht hinaufragte, verlassen hatten. Die Herrin des Mondes schloß die Tür, bückte sich und pflückte eine Rose von einem Busch neben dem Türrahmen. Sie reichte sie Eva hin.

»Ein Geschenk von der Bewahrerin des Maßes.«

Die Rose erstrahlte im Mondlicht in reinem Weiß, aber als Eva sie am Stiel hielt, verfärbte sie sich in ihrer Mitte und die Farbe breitete sich rot, nach und nach über alle Blütenblätter aus. Rhythmisch wechselte die Blume immer wieder von Rot zu Weiß zu Rot. Fragend blickte Eva auf und bemerkte, daß der Mond sich inzwischen verändert hatte. Es war Vollmond gewesen, doch jetzt sah sie einen abnehmenden Mond. Und nun wurde er zum dunklen Neumond, und dann erschien die Sichel des zunehmenden Mondes. Immer schneller durchlief der Mond alle seine Phasen, und ebenso wechselte die Blume in Evas Hand zyklisch ihre Farbe. Manchmal stand die weiße Rose in Übereinklang mit dem Vollmond und manchmal die rote. Eva verfolgte dieses Muster und bemerkte, daß der Zyklus der Blume zwischen Vollmond und Neumond hin- und herpendelte.

Sie berührte mit dem Finger sanft die pulsierende Blume, und plötzlich wurden aus den weißen Blütenblättern blütenweiche Federn, die sich in die Lüfte erhoben. Überrascht lachte Eva auf, als eine weiße Taube hoch in den dunklen Himmel aufstieg.

»Solange du im gebärfähigen Alter bist, wird dein Rhythmus dein Begleiter sein. Manchmal wird er mit dem Mondzyklus übereinstimmen, manchmal wird er länger, manchmal kürzer sein. Du wirst bei Vollmond bluten und vielleicht zuweilen bei Neumond. Alles das ist natürlich. Du bist dein eigener Rhythmus und es ist dein eigener Zyklus, den du verstehen und akzeptieren mußt. Alle Frauen sind durch die Geschichte hindurch über die Rhythmen des Mondes miteinander verbunden.«

Wieder fühlte Eva diese Schwesternschaft mit den Frauen prähistorischer Zeiten und ihrer Verbindung zum Mond, die sie in ihrem eigenen Körper trug.

»Wozu brauchen wir Uhren«, dachte sie, »wenn wir mit den Rhythmen und Mustern der Erde und des Universums verwoben sind?«

Sie verspürte einen Schmerz in ihrem Finger. Sie hatte sich an einem Dorn gestochen, und ein kleiner hellroter Blutstropfen quoll hervor. Die Herrin des Mondes nahm ihre Hand und tupfte mit einem weißen Taschentuch das Blut sorgsam weg. Sie nahm die Rose mit dem dornigen Stengel und umwickelte ihn behutsam mit dem blutigen Taschentuch. Dann küßte sie Eva sanft auf die Wange und lächelte.

»Du wirst noch mehreren meiner Schwestern begegnen, aber erst mußt du dich ausruhen.«

Eva wollte schon protestieren und erklären, daß sie gar nicht müde sei, als sie von einer Welle der Lethargie überströmt wurde und sie sich des Gähnens nicht mehr erwehren konnte. Noch immer lächelnd führte sie die Herrin des Mondes zu einem moosbewachsenen Fleck am Fuße einer riesigen Eiche. Eva rollte sich zwischen den Wurzeln zusammen, gab der plötzlichen Müdigkeit nach und ließ zu, daß sich ihre Augen langsam schlossen, wobei sie noch einen Moment innehielt, um die das Mondlicht spiegelnden Brombeerblüten zu betrachten.

Vogelgezwitscher erfüllte die Luft. Eva setzte sich auf und gähnte. Sie fühlte sich erfrischt und glücklich. Sie lehnte sich gegen den Fuß einer hohen Zypresse, die auf einem sandig-goldfarbenen Fels wuchs. Um sie herum erstreckte sich ein mit Pinien, Birken, Zypressen und Olivenbäumen bestandenes Gelände, und in der Ferne konnte sie ein Stückchen tiefblaues Meer erkennen. Eine Hand umfaßte plötzlich die ihre, zog Eva hoch und veranlaßte sie zu einem leichten Laufschritt. Die Hand gehörte einem griechischen Mädchen, nicht viel älter als sie selbst, das sein lockiges Haar mit einem Tuch hochgebunden hatte. Seine Haut war rein und glatt, und es hatte schön geformte Gesichtszüge. Es trug eine kurze Tunika aus einem weichen Stoff, die von goldenen Zickzackbändern über der Brust zusammengehalten wurde, und weiche Ledersandalen mit kniehoch geschnürten Riemen. In der anderen Hand hielt es einen kleinen silbernen Bogen, und um seine Schultern schlang sich ein lederner Köcher.

Schließlich wach geworden, paßte Eva sich der raschen Gangart des Mädchens an und genoß die Schönheit dieser freien Bewegungen. Als sie so im Sonnenschein dahinrannten, merkte Eva, daß sie nicht ohne Begleitung waren. Aus den Augenwinkeln nahm sie die rennenden Gestalten eines Rehs und eines Hirschs, eines Hasen, einer Wildziege und einer Bärin wahr. Plötzlich brach eine Löwin aus ihrem Versteck hervor, und schloß sich, sich ihrer Geschwindigkeit anpassend, ihrem Lauf durch die Wälder an. Im gesprenkelten Sonnenlicht wurde das lohfarbene Tier zu einem Strahl flüssigen Lichts und in seinen Augen brannte ein goldenes Feuer.

Eva hatte das Gefühl, ewig so dahinrennen zu können, aber schließlich tauchten sie aus den Bäumen auf und kamen an einem grasbedeckten Abhang zum Stehen, der sich in eine staubfarbene Ebene hinabsenkte. Im Hitzeschleier konnte sie eine kleine, das gleißende Sonnenlicht widerspiegelnde Bucht erkennen. Müde, aber nicht erschöpft, setzte sie sich nieder und streckte die Beine aus. Das Mädchen schloß sich ihr an, und die Löwin ließ sich anmutig zu ihren Füßen nieder.

»Ich bin Artemis, die Herrin des Schimmernden Bogens«, sagte das Mädchen und warf den Kopf zurück. »Ich bin eine der Jungfrauengöttinnen.«

Eva sah, daß sie an einem ledernen Halsband einen kleinen geschnitzten Phallus trug.

»Über Jungfrauengöttinnen ist viel geschrieben worden, und viele Erwartungen haben sich mit der Jungfräulichkeit verbunden.« Sie hielt inne, beugte sich herüber und berührte Evas Bauch. »Du bist eine Jungfrau im modernen Sinn des Wortes, während ich eine Jungfrau in einem älteren Sinn bin. Ich bin eine Frau, die nur sich selbst gehört. Ich bin eigenständig, unabhängig und selbstbewußt. Ich feiere das Leben in meinen Handlungen; ich bin ein in mir geeintes vollständiges Wesen. Ich repräsentiere die Zeit, bevor das Ei in den Zykus entlassen wird. Ich bin nicht gebährfähig und der Schöpfung von Leben nicht anheimgegeben. Ich bin ich selbst, und meine Energien gehören mir.«

Artemis berührten den Phallus an ihrem Halsband und grinste.

»Ich bin keine Anhängerin des Zölibats. Ich genieße die Sexualität meines Körpers und bin vollständig, ohne das *Bedürfnis* nach einer Ehe oder einem Kind zu haben.«

Sie standen auf und machten sich auf den Weg zurück zu den Bäumen.

»Jeden Monat wirst du eine Phase der Wiedergeburt durchlaufen. Nach deiner Blutung wirst du gleichsam wieder jungfräulich. Im alten Griechenland gab es Zeremonien, bei denen die Frauen am Ende ihrer Mondblutung ihr blutiges Leinen wuschen und ihre Wiedergeburt als vollständige und ganzheitliche Frau feierten. Das ist die Zeit, in der du deine Gedanken sammeln, klare Entscheidungen treffen und danach handeln sollst. Du bist voller Selbstvertrauen, bist dir deiner selbst gewiß, dir deines Körpers und seiner Bedürfnisse bewußt. Manche Männer empfinden diese Phase als Bedrohung und betrachten diese Eigenschaften als »männlich«, aber sie sind ebenso Teil des Weiblichseins wie die Fürsorglichkeit und das Umsorgen. Sie sind ein Geschenk. Nutze sie gut.«

Eva fühlte es in ihrem Bauch warm werden, während Artemis sprach, und ein Feuer durchlief ihren Körper und weckte in ihr das Bedürfnis, wieder loszurennen. Aber sie hielt inne.

»Was geschieht, wenn du älter bist und keinen Zyklus mehr hast?« fragte sie.

»Dann wirst du wieder wie eine Jungfrau. Das ist die Zeit, in der die Frau ihr Leben betrachten und, wenn sie es nicht schon getan hat, ihren inneren Weg akzeptieren und gehen soll. Ich bin nicht diejenige, die dich dies schon zu lehren hat. Es gibt noch viele Dinge, die du lernen mußt, bevor du dieses Lebensstadium erreichst.«

Sie gingen noch ein Weilchen in einträchtigem Schweigen nebeneinander her, aber als Eva sich wieder an die Göttin wenden wollte, fand sie sich allein. Sie blickte sich um und stellte fest, daß nicht nur die Göttin, sondern auch die Wälder und Hügel verschwunden waren. Sie stand nun zwischen den regelmäßigen und gutgepflegten Baumreihen eines Olivenhains. Die Bäume säumten den Rand einer Klippe, und Eva sah, wie das tiefe Blau des Meeres gegen die weißen Felsen anbrandete. Unter den Bäumen kam langsam eine Frau auf sie zu. Eva fragte sich, ob sie wohl eine weitere Schwester der Herrin des Mondes war und musterte sie sorgfältig.

Die Frau war großgewachsen und elegant, hatte ausdrucksstarke Gesichtszüge und durchdringende, intelligente Augen. Ihr Haar war zurückgekämmt und mit goldenen Haarnadeln festgesteckt. Im Gegensatz zum weichen Stoffgewand von Artemis trug sie einen Stufenrock aus weißem Leinen und feinem goldenem Tuch, gestärkt durch verschlungene Stickereien und am Rande mit Quasten versehen. Über der Schulter trug sie ein schneeweißes Ziegenfell, das von zwei schlangenköpfigen Spangen zusammengehalten wurde. Auf dieses glatte Fell war ein rotgoldenes Antlitz mit Schlangenhaaren eingestickt, und der Rand war mit goldenen Schlangen verziert. In der rechten Hand trug sie einen langen Speer mit einer bronzenen Spitze, und ihre Füße steckten in einfachen geflochtenen Sandalen.

Die Mittagshitze der Mittagssonne sandte Wellen durch die Luft, und die glanzvolle Dame lud Eva ein, sich zu ihr in den willkommenen Schatten eines kleinen Olivenhains zu gesellen. Unter dem Baum standen ein einfacher Altar und ein steinerner Sitz. Die Dame setzte sich und bedeutete Eva, sich auf dem Boden zu ihren Füßen niederzulassen. Einen Moment lang hielt ihr intensiver Blick Eva in seinem Bann, und dann begann sie zu sprechen.

»Ich bin Athene, die ewig jungfräuliche Göttin, das Feuer, das die Weisheit der Frauen erschafft.«

»Die schöpferischen Energien deines Zyklus sind nicht nur zum Gebären von Kindern da, sondern auch für die Geburt von geistigen Kindern.« Sie berührte Evas Stirn. »Du bringst den Funken des Lebens hervor, du trägst ihn in deinem Körper, nährst ihn und läßt ihn wachsen, bis du ihn zur Welt bringst. Kinder treten aus dem Mutterschoß in diese Welt ein, geistige Kinder gelangen durch deinen Körper, deine Hände und Füße, deine Stimme in diese Welt. Sie küßte Evas Hände, als wolle sie ihr ihre Ehrerbietung erweisen. Eine Frau, die keine Kinder hat, ist keine unvollständige oder unnatürliche Frau, ihre Kinder sind ihre Ideen, die sie in sich trägt, und sie gebärt sie durch die Form, die sie ihnen in der materiellen Welt verleiht.«

»Woher kommen diese geistigen Kinder?« fragte Eva verwirrt.

»Deine Sexualität weckt die Energien, die die Samen der Inspiration säen. Der sexuelle Akt kann sowohl physische wie auch geistige Kinder erschaffen und das Feuer sein, das die Malerin, Dichterin, Musikerin, Seherin zu ihrem Schaffen drängt. Der sexuelle Akt ist etwas Heiliges, er bringt das Göttliche in die Welt.«

Eva spürte, wie ihre Finger danach verlangten, etwas zu erschaffen, wie sie warm wurden und zu pulsieren anfingen.

»Wie sehen diese geistigen Kinder aus?« fragte sie.

»Geistige Kinder können jede Form annehmen. Es spielt keine Rolle, wie du den Ideen Ausdruck verleihst oder was du oder andere Menschen von diesem fertigen Kind halten. Die Formung, der Werdensprozeß des Kindes ist wichtig, nicht das Kind an sich. Das ist wie bei einem physischen Kind. Deinem Herzen, deinem Innersten wird Gestalt verliehen, und manchmal kann sich die Meinung anderer Leute wie ein Angriff auf deine Seele anfühlen, doch dem Kind muß erlaubt sein, in der materiellen Welt auf seine eigene Weise zu wachsen. Das Erschaffen kann wie eine Meditation oder ein Gebet sein. Im Schöpfungsakt, nicht im Erschaffenen spiegelt sich das Göttliche. Anders als bei den Tieren ist die Sexualität der Frauen nicht nur einfach mit dem Erschaffen der Kinder verknüpft, sondern ihre Energien werden durch ihren menstruellen Zyklus während des ganzen Monats freigesetzt. Das ist die Weisheit der Frauen. Aus dieser Weisheit entsteht die Fähigkeit, das Leben immer wieder zu verbessern, strukturierende Beziehungen und Gemeinschaften aufzubauen und die Beziehung zwischen der Menschheit und der Natur zum Ausdruck zu bringen.«

Athene beugte sich hinunter und hob eine Münze auf, die verloren im Staub vor dem Altar lag. Sie reichte sie Eva, die den Dreck abkratzte, um sie zu betrachten. Die Münze war klein, massiv und aus mattem Silber. Auf der einen Seite war das Bild einer Eule eingeprägt, auf der anderen ein Bild der Göttin im Helm, der mit einem Pferdeschwanz versehen war.

»Die Münze symbolisiert die Energien und Mächte, über die ich verfüge«, sagte Athene.

Eva sah verdutzt hoch.

»Aber ich dachte, Geld sei von Übel und der Grund für alle Probleme in dieser Welt.«

Athene lachte.

»Was brauchst du, damit eine Münze existieren kann?« fragte sie. »Du brauchst eine kunstfertige Person, deren Geist und Hände geschickt genug sind, um einen Gegenstand von solcher Schönheit herzustellen.«

Sie nahm die Münze und hielt sie hoch.

»Die Münze braucht käufliche Dinge, also erschaffen die Menschen aus ihrem Geist heraus Gegenstände, die schön und praktisch sind. Die Münze braucht einen Wert, also erschaffen die Menschen unter sich eine Struktur dafür. Mit der Münze entstehen Verteilung und Handel, und wo sich Güter und Münze begegnen, da entwickeln sich Märkte. Aus den Märkten entstehen Gemeinden, und daraus entwickeln sich Städte und Reiche mit Strukturen, Gesetzen und Möglichkeiten des Lernens und der Zusammenarbeit. Die Münze ist ein Symbol für die Fähigkeit, in das Leben Ordnung zu bringen, Strukturen zu erschaffen und Instinkte und Energien zu kanalisieren. Sie ist ein Symbol der Zivilisation.« Die Münze blinkte im Sonnenlicht. »Die Münze ist nichts Böses, und meine Energien sind es auch nicht. Inspiration, Klarheit des Geistes und Organisation sind Energien, zu denen alle Frauen durch ihren menstruellen Zyklus Zugang haben.«

Wieder blitzte die Münze auf, und diesmal sah Eva auf die Stadt des alten Athen hinab. Sie entdeckte die Energiewellen der Göttin in den verschlungenen Mustern, die eine Töpferin einer Amphore aufmalte, in der Kunstfertigkeit eines Goldschmieds, der an einem edelsteinbesetzten Pokal arbeitete, in der Geschicklichkeit eines Webers, der an einer Straßenecke mit einem Händler verhandelte, und in der Urteilskraft und Ratgebung, die in Gerichtsräumen des Regierungssitzes zur Anwendung kamen. Als Eva aufblickte, erhob sich die Gestalt der Athene hoch in den Himmel, überragte die Stadt. In der rechten Hand hielt sie einen Speer, in der linken einen riesigen goldenen Schild, und ein glänzender goldener Helm zierte ihr Haupt. Im Licht der untergehenden Sonne verwandelte sich Athenes Haut in strahlendes Licht, und zu ihren Füßen wuchs ein dunkelgrüner Olivenbaum aus dem kahlen weißen Fels, auf dem sie stand. Die Göttin richtete ihren

Blick aus eulengleichen Augen auf Eva, die wie gebannt dastand, bog sich ein wenig nach hinten, die Muskeln ihres machtvollen Armes spannten sich, und mit ungeheurer Kraft schleuderte sie ihren Speer. Ein feuriger Kometenstrahl schoß über den Himmel auf Eva zu.

Eva spürte, wie dieses Licht sie brausend erfaßte und überall um sie herum aus der Luft wirbelnde Blätter spann. In diesem Licht sah sie die ersten Siedlungen aus dem Staub erstehen, aufblühen und gedeihen und das Universum sich in den ersten Kunstformen spiegeln. Das Licht flackerte, und sie sah die Ordnung der Gesellschaft, den Webstuhl und das Gewebe der Gesetze, Lehren, Beurteilungen und Künste. Die Stadt pulsierte vor Begeisterung, in ihr loderte die Energie der Göttin. Eva spürte, wie die Gegenwart dieser Energie weiß und rein aus dem Dunkel in ihrem Innern aufstieg. Vertrauensvoll ließ sie ihre Zweifel und Ängste fahren und öffnete sich voll und ganz dieser Macht. Einen Augenblick lang fühlte sie sich aufgehoben in der Schwebe der Zeit, und dann kehrte die Welt zurück in einem Bombardement scharf umrissener Einzelheiten und leuchtender Farben. Jede Gestalt, jeder Stoff, jeder Ton und jede Form sandte Wellen von Ideen, Verbindungen und Mustern aus, die lawinengleich ihr Bewußtsein durchrauschten, bis sie in einer Kaskade von Dichtung und Weissagung ihren Lippen entströmten. So plötzlich, wie sie dahergekommen war, endete die Lawine, und Eva fühlte sich, das Feuer in ihr war erloschen, bis auf den Grund leer und erschöpft, doch im Inneren spürte sie Frieden, vor ihr der noch bebende Speer, der sich in die Erde gebohrt hatte.

Nach einer kurzen Erholungspause stand Eva langsam auf, doch als sie nach dem Speer greifen wollte, wurden sowohl sie wie auch Athenes Waffe von machtvollen Armen gepackt und samt und sonders hinten in einen dahinrasenden, weidengeflochtenen Streitwagen verfrachtet. Rötlich glänzendes hüftlanges Haar wehte vom Haupt der Wagenlenkerin, die die beiden Pferde zu noch rascherer Gangart antrieb. Angstvoll und entzückt zugleich bestaunte Eva die Geschicklichkeit und Stärke dieser Frau, die da groß und stolz im dahinstürmenden Wagen stand und mühelos ihr Gleichgewicht hielt. Sie trug eine aus vielen Farben gewebte Tunika und einen wild flatternden Schulterumhang, den eine große Spange zusammenhielt. Um ihren Hals trug sie einen riesigen Torques aus gedrehten Goldfäden, der im Sonnenlicht glänzte. Ihre Haut war bronzefarben, und in ihren Augen sprühte ein Feuer. Ihre Hände, die die Zügel mit wohl bemessener Stärke hielten, waren rauh und wettergegerbt. Unter den Hufen der Pferde blitzte die Landschaft auf; den einen Augenblick flogen sie über braune Ebenen dahin, den nächsten durcheilten sie das gesprenkelte Grün eines Eichenwaldes. Die Geschwindigkeit zerrte an Evas Haar, aus ihrer Kehle löste sich ein Schrei der Begeisterung. Sie fühlte sich stärker als jemals zuvor, ihr Verstand war scharf und hell, und die Kraft, die sie durchströmte, gab ihr das Gefühl, alles erreichen zu können. Sie war frei, unabhängig, eine Löwin mit der Kraft zu kämpfen und zu beschützen.

Gerade als Eva glaubte, vor Erregung platzen zu müssen, verlangsamte die Frau die Fahrt und ließ die Pferde in sanftem Gang durch den Schatten eines Waldes trotten. Es umgab sie eine Atmosphäre kühler, grüner Stille, aber die Erregung und Begeisterung sang noch immer in Evas Blut, und lachend hob die Frau sie aus dem Wagen und setzte sie im Gras ab.

»Ich heiße Boadicea, ich bin die Königin der Iceni«, sagte sie mit tiefer und kraftvoller Stimme. »Ich kämpfe, um zu beschützen und zu dienen, nie um zu zerstören. Ich bin der wahre Sieg, die Gebieterin des Friedens. Ich setze mich für andere und deren Anliegen ein und erhalte dieses Engagement aufrecht.«

Die Königin stieg von ihrem Wagen und schritt auf eines ihrer Pferde zu. Sie überprüfte das Zaumzeug und sagte: »In keltischen Zeiten wurde die Frau respektiert. Sie hatte ihr eigenes Land und ihre eigene Macht und wurde für ihre Urteilskraft und das, was sie in die Gemeinschaft einbringen konnte, geachtet. Es waren die Frauen, die ihre Krieger in Aktion treten ließen, und es waren auch die Frauen, die den Frieden aushandelten. Sie waren die Macht hinter ihrem Stamm und ihren Männern.«

Liebevoll tätschelte sie den Hals des Pferdes.

»Du erfährst nun die Stärke des Frauseins, die ausstrahlende Dynamik der lichten Phasen, aber später wirst du den Verlust dieser Energie erfahren, wenn sie in Dunkelheit verwandelt wird. Blick nicht zurück, und sehne dich nicht nach dem Licht, denn sonst verpaßt du die Geschenke der Dunkelheit. Schau in die Dunkelheit hinein, akzeptiere ihre Kräfte, und sieh das Licht, das aus ihr erwächst.«

Die Königin wandte sich um und sprang mit der Anmut eines Rehs auf ihren Wagen. Sie hob die Arme zu einem Lebewohl, ließ die Zügel gegen die Rücken der Pferde klatschen und hieß sie sich in Bewegung setzen.

Der Wagen zischte in einem Aufblitzen des Sonnenlichts über den Wald dahin, bis er zu einem Lichtpunkt in der Ferne wurde. Eva winkte stürmisch, sah wie die kleine silhouettenhafte Gestalt der Königin sich umwandte und noch einmal winkte, bevor sie verschwand und das Tageslicht mit sich nahm. Eva blieb zurück, die Arme noch erhoben, ein Ruf auf ihren Lippen. Langsam ließ sie die Arme sinken und eine leichte Traurigkeit überkam sie; sie hatte Boadicea sehr gemocht.

Wieder einmal stand Eva im mondbeschienenen Wald, und neben ihr stand ruhig die Herrin des Mondes. Gemeinsam gingen die beiden nun schweigend weiter durch den Wald, bis sich in Eva die Energie der Fahrt mit Boadicea in ein intensives Gefühl der ruhigen Zuversicht, des Selbstvertrauens und der Harmonie verwandelt hatte.

Die Herrin des Mondes führte sie hinaus zu einer Lichtung, in deren Mitte ein wunderschöner Baum mit einem rosasilbrigen Stamm stand. Der Stamm teilte sich in zwei ausladende Äste mit Zweigen, an denen eine Fülle roter Früchte hing. Der Vollmond schien in seinen oberen Zweigen zu ruhen, und sein Licht spiegelte sich in einem Teich mit dunkelblauem Wasser, das die kleine Insel umgab, auf der der Baum wuchs. Verschlungene Wurzeln rankten sich aus dem Erdreich hinab ins Wasser des Teiches.

»Dies ist dein Baum des Schoßes«, sagte die Herrin des Mondes und berührte Evas Bauch knapp unter dem Nabel. Eva spürte, wie in Reaktion auf diese Berührung der Bereich um ihre Gebärmutter zunehmend warm wurde. Und ebenso reagierte auch der Baum des Schoßes darauf und glühte vor Energie.

»Der Wasserteich ist dein Unterbewußtsein, und die Wurzeln des Baumes des Schoßes reichen weit hinunter in seine Tiefe. Dein Bewußtsein und dein Leib sind miteinander verbunden, und was sich in deinem Bewußtsein abspielt, spiegelt sich in deinem körperlichen Innern wider.«

Eva fühlte sich in Frieden und Harmonie mit dem Baum und zu ihm hingezogen. Sie ging zum Rand des Wassers, sah in die Zweige, wollte sie berühren. Die Blätter des Baumes, dessen Zweige über den Teich hinüberreichten, raschelten und flüsterten ihren Namen.

»Eva, Eva«, sagten sie, »pflück eine Frucht von deinem Baum.«

Sie langte zu einem Zweig hinauf, der tief über dem Wasser hing, doch dann stockte ihr der Atem, und sie zog rasch die Hand zurück. Zwischen den Blättern und Früchten lag zusammengerollt eine kleine goldgrüne Schlange. Sie hob ihren dreieckförmigen Kopf und zischte.

»Ich bin die Hüterin des Baumes.« Ihre kleinen Augen blinkten im Mondlicht wie Edelsteine. »Wenn du dir diese Frucht nimmst, wirst du zur Frau werden und alle Kräfte erben, die das Frausein mit sich bringt. Du wirst mit dem Zyklus des Mondes bluten; du wirst zyklisch werden, nie unveränderlich sein, dich immer mit den Phasen des Mondes wandeln. In deinem Körper werden die Kräfte der Schöpfung und der Zerstörung erwachsen, und intuitiv wirst du in dir ein Wissen über die inneren Mysterien bewahren. Dein Leben wird zu einem Weg zwischen zwei Welten, der inneren und der äußeren Welt, und jede wird Forderungen an dich stellen. Alle Gaben des Frauseins müssen akzeptiert und geachtet werden; wenn nicht, können sie dich zerstören.« Die Schlange entrollte sich. »Es ist nicht leicht, dieses Geschenk anzunehmen; es wäre sehr viel leichter, ein Kind zu bleiben.«

Eva hielt inne, reichte dann spontan hinauf und pflückte eine Frucht. Da schoß die Schlange, noch bevor Eva reagieren konnte, auf sie zu und glitt in ihren Körper hinein bis hinunter zu ihrem Bauch. Sie fühlte eine Wärme zwischen ihren Beinen, und ein Regenbogen an pulsierenden Energien quoll wie Wasser aus ihrer Vagina hervor. Diese Energien strömten aus ihrem Körper, berührten ihren Kopf, ihre Kehle, ihre Hände und Füße. In ihrem Innern hörte sie einen einzigen Ton widerhallen, der von ihren Füßen aufstieg und ihren ganzen Körper mit Klang erfüllte. Sie spürte, wie diese Energie sich außerhalb ihres Körpers ausdehnte, alles berührte und sie eins mit der Schöpfung werden ließ. Gleichsam in einem Schwebezustand wurde sie zum Angelpunkt zwischen dieser Energie und der sie umgebenden Welt. Sie hob die Arme hoch über den Kopf und schrie in reinem Entzücken, entließ die Energie in die Welt, schickte sie in Form von Tönen spiralförmig nach oben. Und sie spürte mit ungeheurer Gelassenheit, wie diese Energie in ihr schlafend ruhte, und merkte, daß sie die Fähigkeit besaß, sie willentlich wieder zu erwecken. Sie blickte an sich hinab und sah die Schlange in ihrem Körper unterhalb des Bauches zusammengerollt liegen.

Sie wandte sich um und fand die Herrin des Mondes neben sich stehen.

»Du hast dich nun der Kräfte des Frauseins bemächtigt. Wenn du mehr Erfahrungen mit deinem Zyklus gemacht hast, wirst du herausfinden müssen, wie du diese Energien am besten in deinem Leben nutzen kannst. Aber bei dieser Suche bist du nicht allein. Da sind jene im Innern, die dich während deines ganzen menstruellen Lebens führen und unterstützen werden. Es gibt noch viele weitere Dinge, die meine Schwestern und ich dir in dieser Nacht zeigen werden und die dir helfen werden, dieses Geschenk zu nutzen. Berühre noch einmal deinen Baum.«

Eva reichte zum Baum hinauf und berührte sanft einen Zweig. Als ob diese Berührung eine Tür geöffnet hätte, tat sich im Baumstamm ein großer blutrot ausgekleideter Spalt auf. Darin stand eine nackte Frau mit geschlossenen Augen, und ihr lockiges kastanienbraunes Haar bildete Kapillaren in der Auskleidung des Baumes. Eva spürte, wie sich der Baum in ihr bewegte, um sich mit ihrem Schoß zu vereinen. In ihrem Innern fühlte sie, daß die Baumwurzeln sie mit ihrem Schoß verbanden und daß der Mond sowohl in ihrem Geist wie auch in den Zweigen ihres Schoßes ruhte. Die Frucht in ihrer Hand löste sich langsam in nichts auf, und sie stand allein auf der dunklen Lichtung.

Ihre Blicke wurden von etwas, das weiß aufblitzte, angezogen, und Eva nahm einen großen weißen Hasen vor sich wahr. Der von seinem Fell ausgehende Glanz erhellte die Lichtung mit einem sanften silbrigen Licht. Dunkle Augen voller Sterne und Wissen blickten zu ihr auf, und Eva bemerkte, daß er ein schmales, mit roten Edelsteinen besetztes Halsband trug. Und ebenso bemerkte sie im vom Fell des Hasen ausgehenden Licht, daß die Lichtung nicht mehr leer, sondern mit allen möglichen Tieren erfüllt war, die sie schweigend beobachteten. Ihre Schönheit und Kraft nahmen ihr den Atem; jedes Tier strahlte Anmut und Intelligenz aus, und alle waren sie von diesem weichen Licht in Weiß getaucht. Dunkle Augen funkelten voller Humor, und Eva fühlte sich ohne Angst von ihnen angezogen, so als ob sie sie schon seit sehr langer Zeit kenne. Unter ihnen sah sie einen riesigen und machtvollen Stier, ein wildes Pferd mit rauhem Fell, ein silbern schimmerndes Einhorn, eine weiße Taube, eine kleine grüne Schlange und einen wunderschönen Schmetterling. Die meisten Tiere schienen in irgendeiner Form Schmuck zu tragen oder hatten ein Geschenk oder einen Gegenstand bei sich. Eva wußte, daß sie ihr antworten würden, wenn sie sie ansprach. Der Hase sprang hinüber und ließ sich furchtlos zwischen zwei Löwinnen nieder. Ein Gefühl der Liebe und des Verstehens verband alle Tiere mit diesem Hasen, der nun Eva ebenfalls in seinen Bann zog.

»Das sind die Mondtiere«, sagte der Hase, und seine Stimme war so weich und silbrig wie sein Fell. »Sie bergen die Mysterien des Mondes in sich und bringen Botschaften aus deiner inneren Welt. Sie leben in deinen Träumen und in den Reichen der Feen und Elfen, in denen sprechende Tiere zu magischen Wundern und Quellen uralter Weisheit führen.«

Eine schneeweiße Eule flog herbei und landete mit einem Rauschen dicht neben Eva. Sie wandte ihr ihr Gesicht zu und in ihren Augen fand sie alles Wissen der Zeit.

»Sie bieten Führung und Rat an, denn sie bewahren das instinktive Wissen deines Zyklus. Sie bringen Anmut und Harmonie mit sich, die daraus entstehen, daß du in Übereinklang mit deiner wahren Natur lebst. Ein Mondtier kann in deinen Träumen deinen Eisprung oder deine Blutung ankündigen oder dir Träume bringen, deren Bilder dich zu deinem Zyklus führen und dir helfen, eine bewußte Verbindung mit deinen eigenen Rhythmen aufrechtzuerhalten. Erinnere dich an diese Träume, bringe sie in dein Leben im Wachzustand ein. Erinnere dich vor allem in dieser Nacht an deine Träume, denn ein Tier, von dem du zum Zeitpunkt deiner ersten Blutung träumst, kann dein ganzes Leben lang eine besondere Beziehung zu dir haben.«

Eva schien es, daß der Hase lächelte, während er sprach. Das Tier wandte sich um und hoppelte dann sehr langsam auf Eva zu, wobei es sorgsam etwas im Mund trug. Es ließ das Geschenk vor Evas Füßen fallen und setzte sich dann auf seine Hinterläufe. Eva sah ein kleines weißes Ei, das in ein hellrotes Band eingewickelt war. Als sie es aufhob, spürte sie eine große Liebe in ihrem Innern, die in ihr das Verlangen weckte, sich um alle ihre Mitmenschen zu kümmern. Ein Seufzer durchlief alle Tiere.

»Dies ist dein erstes Ei, deine Zeit des Eisprungs«, sagte der Hase. »Die Kräfte und Energien, die du als Jungfrau verspürtest, sind nun zu denen der Mutter herangereift. Vergeude diese Energien nicht. In der Vergangenheit wurden Frauen als starke und dynamische Wesen anerkannt, wie sie auch für ihre Kraft, Sorge zu tragen und zu nähren, geachtet wurden. Die Energien zum Zeitpunkt des Eisprungs sind anders. Sie vertiefen sich zu einem Ausdruck, der über deine eigene Person hinausgeht. Du wirst dich der tieferen Ebene deiner selbst bewußt und deiner Fähigkeit, selbstlos zu lieben und Fürsorge zu tragen. Zu diesem Zeitpunkt spiegelt dein schöpferisches Verlangen deine Umwelt wider.

Eva fühlte, wie die Ruhe der Lichtung sie überströmte, und wurde sich des Vollmondes bewußt, der in ihrem Geist wie auch in ihrem Schoß schien, aber auch am Nachthimmel. Sie fühlte sich in Harmonie mit dem Mond und allem, was sie umgab, und erfuhr ein Gefühl von Stärke, die sie dazu befähigte, anderen zu geben im Wissen, daß sie sie nähren und erhalten konnte. Ihre ganze Seele schien durch ihr Herz, ihre Augen und Hände zu scheinen.

»Zu dieser Zeit des Lichts wirst du vielleicht von Eiern oder Mondtieren träumen. Erinnere dich an diese Träume, und erkenne, daß sie deinen Eisprung ankündigen.«

Der Hase drehte sich um und entfernte sich hoppelnd ein wenig von ihr, um dann innezuhalten, als wollte er Eva einladen, ihm zu folgen. Nach einem Moment des Zögerns schloß sie sich ihm an, und die Mondtiere entschwanden ihrem Blick, und Dunkelheit senkte sich wieder über die Lichtung.

Der Hase führte Eva durch den Wald zu einer sonnenbeschienenen Wiese. Der Duft von Wiesenblumen hing in der Luft, und alles pulsierte mit der Energie des Lebens. Eva wanderte durch das kniehohe Gras und merkte, daß es nur so vor Bienen und anderen Insekten wimmelte, die die Blumen aufsuchten. Riesige Margeriten wandten ihre Köpfe der Sonne zu, und Mohnblumen sprenkelten die Wiese mit leuchtendem Rot. Eva blieb stehen und atmete das sie umgebende Elixier des Lebens ein, sie wollte bleiben und die Schönheit genießen.

Doch der Hase drängte Eva ungeduldig weiter und führte sie zu einem grasbedeckten Hügel in der Mitte der Wiese. Am Fuße des Hügels führte eine Reihe von weißen Steinen ins Innere der Erde. Der Hase blieb stehen, seine Vorderläufe ruhten auf der obersten Stufe. Aus irgendeinem Grund war Eva unbehaglich zumute, trotzdem stieg sie etwas nervös die Treppe hinunter.

Nach dreizehn Stufen unten angekommen, fand sich Eva in einem Bogengang wieder, der von einer einzigen, in einer Halterung an der Wand steckenden Fackel erleuchtet wurde. Am anderen Ende des Bogengangs hing ein schöner grüner Vorhang, auf den alle möglichen Tiere, Vögel und Pflanzen aufgestickt waren. Im Scheitelpunkt des steinernen Bogengangs inmitten aller möglichen verschlungenen, die Motive des Vorhangs wiederholenden, eingemeißelten Figuren befand sich eine schalenförmige Höhlung. Behutsam schob Eva den Vorhang beiseite und betrat einen dämmrigen, kuppelförmigen und völlig runden Raum. Ein roter Teppich zog sich vor Eva über den Steinboden bis zu einem Podest auf der anderen Seite des Raumes. In seiner Mitte stand ein steinerner Thron mit einem dunkelroten Kissen, und zu beiden Seiten des Podestes befand sich je ein weiterer Bogengang, der mit einfachen roten und schwarzen Vorhängen verhängt war. Einer dieser Vorhänge wurde nun beiseite geschoben, und eine Dame betrat den Raum.

Sie war groß, dunkelhaarig, hatte dunkle Augen, ein eher kantiges Gesicht und einen üppigen, sinnlichen Mund. Sie trug ein leuchtend rotes und tief ausgeschnittenes Gewand, das sich eng über ihre Brüste und Hüften spannte und dann in weiten Falten bis zum Boden fiel. Um ihre Hüften schlang sich ein goldbestickter Gürtel, und beim Gehen schwang sie ihren Körper rhythmisch hin und her. Eine Aura von Macht, von Sexualität, Hunger und Dunkelheit umgab sie. In ihren Augen glomm ein Versprechen. Eva war unbehaglich zumute, diese Frau ängstigte und faszinierte sie zugleich.

»Komm!« sagte die Rote Herrin mit scharfer und herrischer Stimme. Sie ging durch den Bogengang, durch den sie gerade gekommen war, hielt den Vorhang auf und bedeutete Eva, hindurchzugehen. Drinnen war alles dunkel. Eva trat ein, wandte sich dann rasch um und konnte kein Licht von draußen hereindringen sehen. Ihre anfängliche Furcht wurde rasch von Müdigkeit und Lethargie abgelöst; die Dunkelheit war warm und tröstlich, und Eva hatte nicht den Wunsch, sich zu bewegen oder irgend etwas zu tun. Es irritierte sie allmählich, daß die Rote Herrin sie in der Dunkelheit allein gelassen hatte, und aus dieser Irritation wurde rasch Verärgerung und Frustration. Eva fühlte ihr Gesicht heiß werden und ihre Körpermuskeln verspannten sich.

Ganz allmählich wurde der Raum um Eva heller, bis er schließlich in ein hartes glänzendes Licht getaucht war. Die Rote Herrin stand vor Eva und hielt ihr einen großen hohen Spiegel vor.

»Wo bist du gewesen? Ich habe auf dich gewartet!« fuhr Eva sie an und bedauerte sogleich, so unhöflich und aggressiv gewesen zu sein.

»Schau«, sagte die Rote Herrin und deutete auf den Spiegel. Eva trat vor, um besser zu sehen, und sah ein nacktes Spiegelbild von sich selbst. Verwirrt betrachtete sie diese Gestalt sehr sorgsam, denn obwohl es sich zweifellos um ihr Spiegelbild handelte, stimmte daran etwas nicht. Ihr Haar war glatt und fettig, ihr Gesicht fleckig und ihre Brüste und ihr Bauch waren schmerzhaft geschwollen. Eva wurde bei dieser Betrachtung allmählich schwindlig; sie hatte Kopfschmerzen und fühlte sich so mies, daß ihr die Tränen über die Wangen rannen und sie ihr Gesicht in den Händen verbarg.

»Was ist mit mir passiert?« rief sie. »Ich sehe schrecklich aus. Ich hasse dich.«

Die Stimme der Roten Herrin drang durch ihr Selbstmitleid.

»Schau noch einmal hin«, sagte sie scharf, »diesmal mit deinem inneren Selbst.«

Das Licht war nun weicher geworden, und Eva blickte zaghaft auf. Im schummrigen Licht sah sie ihre Brüste glänzend und rund wie Vollmonde. Ihr Bauch wölbte sich wie die Hügel der Erde, und diese weiblichen Körperrundungen gaben ihr ein Gefühl von Sinnlichkeit. Sie betastete ihren Körper, lehnte ihn nun nicht mehr ab, sondern öffnete sich der Veränderung, die in ihm vorgegangen war. Sie entsann sich der Bilder, die sie von uralten Göttinnen gesehen hatte, mit vollen Brüsten und runden Bäuchen, und fühlte, wie ein

Annehmen dieser Gestalt sie überströmte. Ihr Haar war von strahlendem gesundem Glanz, ihre Haut leuchtete schimmernd, wie sie im Spiegel sah.

»Betrachte deinen Schoß«, sagte die Rote Herrin mit sanfter Stimme.

Im Spiegel sah Eva ihren Baum des Schoßes. Der Baum war prall und rot und pulsierte vor Energie inmitten einer mit Wasser gefüllten Kugel. Eva spürte, wie die Energie sie ins Innere zog, und wurde plötzlich hineingesogen.

Dunkelheit umfloß sie wie Wasser, und sie hatte das Gefühl, hinunterzugleiten durch düstere Tiefen eines Sees. Von oben sickerte grünes Licht ein, und unter ihr war das Rotschwarz des Urschlamms. Langsam versank sie in diesem Schlamm, bis die rote Dunkelheit über ihrem Kopf zusammenschlug. Ein einziger Atemzug der Dunkelheit schickte einen Kraftstrom durch ihren ganzen Körper und zwang Eva zum Tanzen, und ihre Bewegungen störten um sie herum rote und schwarze Wirbel auf. Eva spürte diese Dunkelheit in ihr, als sei sie im Chaos versunken und in der Urmaterie, aus der alles Leben geboren wird und in die alles Leben zurückkehrt.

Inmitten dieses Schlammes sah sie einen Lichtschimmer, und eine Mondsichel durchdrang die Düsternis. Eva griff danach und merkte, daß das, was sie für den Mond gehalten hatte, in Wirklichkeit die Hörner eines Stierschädels waren, vom Alter weiß gebleicht.

Eva packte diese Hörner wie einen Dolch und tanzte wirbelnd in der Dunkelheit umher, bewegte sich zu ihrem eigenen Rhythmus, steigerte sich zu ihrem eigenen Crescendo der Bewegung. Energie spann sich um sie zusammen, und im völligen Überschwang sah sie Kraftlinien sich wie rote Schlangen aus ihrem Schoß herauswinden und sich in die Dunkelheit entrollen. Sie warf den Kopf zurück, das Haar flog und sie schrie vor Entzücken. Es war eine rohe wilde Kraft, sie war Die Zerstörerin, Die Verschlingerin. Eine Halskette aus Totenschädeln schwang um ihre Schultern und ein Gürtel aus abgeschnittenen Armen um ihre Hüften. In ihrem Tanz schnitt sie das Alte durch und erzwang gnadenlos den Wandel und die Fortdauer der Zeit.

Plötzlich dröhnte durch den suppigen Schlamm wie ein Trommelschlag ein einziger Befehl: »Steig auf!« Mit unerwarteter und ungewohnter Anmut schob sich Eva hinauf durch die Düsternis, den grünen Schatten über ihr entgegen. Sie brach durch die Wasseroberfläche und tauchte in einer riesigen dunklen Höhle auf. In deren Mitte stand eine hoch aufragende riesige Göttinnenstatue, die grob aus einem schwarzen Granit gehauen und dann poliert worden war, bis sie glänzte. Die Göttin war bis zu den Hüften im Höhlenboden eingegraben, und ein Arm streckte sich nach unten Eva entgegen, der andere erhob sich hoch in die Dunkelheit hinauf. Eva kletterte aus dem Wasser und ging ein paar Schritte auf die Statue zu. Sie sah, daß die Augen der Göttin geschlossen waren und ein einziger schwarzer Edelstein ihre Stirn über den Brauen zierte.

»Webe!« Das Wort hallte aus dem Felsgestein wider und vibrierte in Evas Körper. Plötzlich leuchtete der schwarze Edelstein in blendendem Licht auf, und Sternenfäden schossen aus den Fingerspitzen der Göttin hervor. Alle Dinge wurden von diesen Fäden berührt, verbanden und verwoben alles um Eva herum und durch sie hindurch, banden sie in das Muster ein. Unter ihren Füßen pulsierte der Machtstrom, der sich aus dem Teich ergoß. Zwischen diesen beiden Energieströmen gefangen, hob Eva ihre Arme und ließ das Feuer aus ihren Fingern entweichen. Nun nicht länger zurückgehalten schoß die Energie nach vorn und nahm die Form eines Sternenfadens an, den Eva um sich herumwob. Eins mit der Göttin lenkte sie die Energie in Schöpfung, ihr Bewußtsein dirigierte den Fluß, nahm aber keinen Einfluß auf Form oder Gestalt.

Eva erkannte, daß die Macht, zu zerstören und zu erschaffen, die gleiche war, und sie wußte, daß sie die Fähigkeit zu beidem in sich trug. In ihrer neugewonnenen Klarheit sah sie, wie alles im Universum miteinander verbunden war, und sie wußte, daß sie, wenn sie ihre Macht in die materielle Welt leitete, ihre Fäden zu Prophezeiung, Magie, Kunst und Liebe verweben konnte. Eva stand staunend und verwundert da, ihre Energien waren ausgewogen, sie blickte hinauf zu den Galaxien und Sternen, die in der Decke der Höhle schienen.

Eine Öffnung tat sich in der Wand der Höhle auf, und eine dunkle Gestalt hob sich als Silhouette gegen das Licht ab und winkte sie zu sich. Eva durchquerte die Höhle und ging nun mit der Anmut und Sicherheit einer Frau, die sich selbst kennt, die sich akzeptiert und in der Lage ist, die Verantwortung für ihre Macht zu übernehmen. Sie ging zuversichtlichen Schrittes, sie war sich der verborgenen Seite des Lebens der Welt, die sie umgab, bewußt.

Sie durchschritt den mit einem Vorhang verhängten Bogengang und entdeckte dahinter eine lange, aus Holz errichtete Halle, in deren Mitte ein helles Feuer brannte. Hinter diesem Feuer saß auf einem hölzernen Thron eine Frau, die von Kopf bis Fuß in einen durchscheinenden roten Schleier eingehüllt war. Eva konnte durch den Stoff nur ihre Umrisse und Konturen erkennen. Sie hatte langes, schwarzes, zu großen Zöpfen geflochtenes Haar, an denen kleine goldene Äpfel hingen, ihre Haut war porzellanweiß und ihre Lippen tiefrot. Ihre im Schoß gefalteten Hände schienen lang und zart zu sein.

»Willkommen, Wanderin zwischen den Welten«, sagte die Dame. Eva hatte das Gefühl, das Rascheln von Herbstblättern in ihrer Stimme zu hören.

»Ich bin Souveränität, die Göttin des Landes.« Die Dame hob in einem Willkommensgruß die Arme unter ihrem Schleier.

»Ich sehe, daß du den Glanz des roten Schleiers trägst. Willkommen, Tochter-Priesterin.« Eva fühlte, daß diese Herrin etwas Magisches an sich hatte und sie eher in einem Schloß mit schimmernden Türmen als in einer leeren, aus Holz erbauten Halle residieren sollte.

»Sieh um dich mein Land.« Eva dehnte sich in ihrem Bewußtsein aus und sah das Land in der Halle vor ihr liegen. Lichtbahnen strahlten von jedem Punkt aus, erstreckten sich in Zickzacklinien über das ganze Land. Eva trat einen Schritt vor und bemerkte, daß ihre Bewegungen den Stoff ihres weißen Gewandes, das nun ihre Kleidung geworden war, zum Rascheln brachten. Sie ging auf das Feuer zu, und jeder ihrer Hüftschwünge veränderte das Muster der Lichtbahnen um sie herum. Die Landschaft wechselte in ihrer Jahreszeit, und sie roch den Duft des Winters. Sie sah, wie aus dem Winterdunkel das Licht des Frühlings hervorbrach, und fühlte den Fluß des Jahreszeiten rhythmisch durch ihren Körper strömen.

Eva reichte in sich selbst hinab bis zum Kern ihrer schöpferischen Energien und brachte sie mit ihrem Willen dazu, durch ihren Körper aufzusteigen. Als die Energie in ihre Finger gelangt war, hielt sie sie dort versammelt. Sie war sich des inneren Zyklus ihres

Körpers und des Landes bewußt und bereit, Muster in beide der sie umgebenden Welten zu weben. Die Göttin des Landes stand auf und ging auf Eva zu, die Kraftlinien des Landes strahlten aus ihrem Körper aus, wohin sie auch in spiraligem Muster zurückkehrten. Alle anderen Herrinnen und Göttinnen, denen Eva bisher begegnet war, waren größer als sie gewesen, aber diese Dame war ungefähr in ihrer Größe, wie Eva rasch feststellte. Sie war zart und schlank, aber sie strahlte eine Majestät aus, die Eva an eine Feenkönigin denken ließ. Sie trug einen Gürtel aus feinst gewebter grüner Seide in ihren Händen, reich bestickt mit silbernen Granatäpfeln und goldenem Korn, den sie um Evas Hüfte schlang.

»Du bist jetzt meine Repräsentantin«, sagte sie. »Du hast die Macht, beide Welten zu sehen, die innere und die äußere. Du verfügst über die Magie, Muster und Wellen im Gewebe beider Welten zu schaffen. Du kannst das Netz der Prophezeiung, der Initiation und des Lebens selbst in Schwingung versetzen. Das ist dein Geschenk der Mond-Blutung. Du weißt instinktiv um beide Welten und kennst sie, und in der Zeit der Dunkelheit kannst du zwischen diesen Welten hin- und herwandern und Mittlerin ihrer Energien sein.

Die Frau der modernen Zeit wandert in der Welt der Wissenschaft und Technologie wie auch in der Welt der Natur und Intuition. Diese Welten sind für sich genommen keine absoluten Welten, sie sind ineinander verwoben. Für die Frau sind beide Welten gleichermaßen wirklich, und sie hat die Fähigkeit, sie in einem Bewußtseins- oder Gewahrseinsfluß auszubalancieren. Aus dieser Fähigkeit heraus sind alle Frauen weise Frauen, sind alle Frauen Priesterinnen.

Eine Frau, die sich ihres Zyklus bewußt ist, muß ihm treu sein, aber sie ist auch für den Gebrauch ihrer Energien, deren Ausdrucksformen und Auswirkungen auf andere verantwortlich. Verantwortung heißt nicht, daß sie nicht ihre Fähigkeiten nutzen soll, aber sie soll sich auch nicht hinter ihrem Menstruationszyklus verstecken oder ihn als Ausrede benutzen. Die Verantwortung, die mit diesem Geschenk einhergeht, ist groß. Es ist eine Verantwortung dir selbst gegenüber, gegenüber anderen Frauen, der Gemeinschaft, dem Land und den künftigen Generationen.«

Souveränität, die Göttin des Landes, hob die Hände zu einer Segnung.

»Tanze deine Muster, webe deine Zauber, schreibe deine Gedichte, singe deine Geschichten, male deine Schönheit, gebäre deine Kinder.«

Eva fühlte sich überwältigt von Liebe zu der Dame und zum Land, und Tränen flossen aus ihren Augen. Und aus jedem blinkenden Tropfen, der zu Boden fiel, formte sich eine weiße Blüte.

Das Land und die Halle verblaßten allmählich und verflüchtigten sich, und Eva stand wieder einmal in der Dunkelheit. Wieder wurde der Vorhang abrupt zur Seite gezogen, und Eva sah die Rote Herrin am Eingang zu dem kuppelförmigen Raum stehen. Eva ging hindurch und fand sich nunmehr auf der anderen Seite des Podests wieder. Sie sah die Rote Herrin an und fühlte sich nun von ihrer Sinnlichkeit oder verborgenen Dunkelheit in ihren Augen nicht mehr bedroht. Die Rote Herrin lächelte, als sie Evas tiefes Erkennen wahrnahm.

»Du hast nun akzeptiert, was du bist, aber nun mußt du deiner Natur auch treu sein, und das ist nicht immer leicht. Der abnehmende Mond ist eine Zeit, in der du mit deinen physischen Energien zurückhaltend umgehen sollst, aber er ist auch eine Zeit starker sexueller und schöpferischer Energien. Du stellst vielleicht fest, daß du sehr deutlich sagst, was du auf dem Herzen hast, und daß du dem Profanen oder der Routine nicht mehr mit der Toleranz begegnen kannst, die du sonst während des restlichen Monats aufbringst. Das ist das Geschenk der Wahrheit, aber es kann aus Wut und Frustration entstehen, aus der Verweigerung der Möglichkeit, zu diesem Zeitpunkt deiner wahren Natur treu sein zu können. Diese Wut kann deine Energien ins Zerstörerische wenden; sie können dir und anderen Schmerz und Leid bereiten, anstatt daß sie für den konstruktiven und kreativen Gebrauch eingesetzt werden.

Die destruktive Seite im Wesen der Frauen wurde in früheren Zeiten anerkannt, jedoch als Teil ihrer schöpferischen Natur hingenommen. Die Frau gibt, aber sie nimmt auch. Sie ist die Linie der Kontinuität, aber sie ist auch in Zyklen aufgespalten. Sie schafft das Neue, aber sie zerstört auch das Alte. Setze deine destruktiven Energien weise ein, und vergiß nie, daß Zerstörung und Schöpfung nicht voneinander getrennt sind. Sei dir deines Zyklus und der Natur deiner Energien bewußt, du trägst die Verantwortung für deine Handlungen. Es ist leichter, dem Körper die Schuld zu geben und den Geist von ihm abzuspalten, als innerhalb des Rhythmus zu arbeiten und dein Leben entsprechend zu ändern.«

Die Rote Herrin stieg die drei Stufen zum Thron hinauf.

»Du bist eine Frau. Du bist stark, weil du nicht unveränderlich bist, weil die Rhythmen des Wandels die Rhythmen des Universums sind.«

Als die Rote Herrin sich auf dem steinernen Thron niederließ, verwandelte sich ihr Aussehen; die Haut wurde blasser, das Haar heller, die Gesichtszüge sanfter und das Rot des Kleides wurde zu einem mondigen Blau. Ohne allzu überrascht zu sein, erkannte Eva die vertraute Gestalt der Herrin des Mondes.

»Ja«, antwortete die Herrin des Mondes auf Evas unausgesprochene Frage, »wir sind ein und dieselbe, haben aber unsere verschiedenen Zeiten. Während des Monats bin ich teils Herrin des Mondes, teils Rote Herrin, aber nur zu den Wendezeiten der Menstruation und des Eisprungs bin ich ganz die eine oder die andere.«

Sie stand auf, stieg die Stufen hinab und bedeutete Eva, sich auf den Thron zu setzen.

»Hab keine Angst«, sagte sie.

Zögernd stieg Eva die Stufen hinauf und ließ sich auf dem roten Kissen nieder. Trotz ihres gewachsenen und vertieften Bewußtseins und Verstehens war sie doch noch angespannt und saß gerade und aufrecht. Ihre Augen suchten den Blick der Herrin des Mondes. Sie merkte, wie sich ihr reines weißes Gewand allmählich veränderte. Der Saum färbte sich zartrosa, wurde dann leuchtend rot, und die Farbe stieg hoch, bis sie das ganze Kleidungsstück erfaßt hatte. Innerhalb von Sekunden war Eva nun in ein blutrotes Gewand gehüllt. Plötzlich überkam sie ein Gefühl der Losgelöstheit, und sie wandte ihre Aufmerksamkeit von dem Raum und ihrer unmittelbaren Umgebung ab. Tief im Innern der sie begrüßenden Dunkelheit wurde sie sich des Spinnennetzes bewußt, dessen Fäden sie mit der großen schwarzen Göttin verbanden. In der Tiefe ihrer selbst glaubte Eva ihre Stimme zu hören:

»Ich existiere unsichtbar in allen Dingen. Ich bin das Potential, die Dunkelheit des Schoßes vor der Wiedergeburt.«

Als Eva sich wieder ihrer Umwelt bewußt wurde, stand die Herrin des Mondes neben ihr. Das Bedürfnis, zu bleiben, und das Verlangen, sich nicht zu regen, waren stark. Die Herrin des Mondes half Eva auf die Füße, aber es war die Rote Herrin, die sie die Stufen hinuntergeleitete und zu einem kleinen Alkoven in der Wand führte. Eva kletterte hinauf auf eine schmale Liege, die mit weichen, dicken Fellen bedeckt war, und lag still im entschwindenden Licht und spürte, wie ihr die Fähigkeit, zu sprechen oder noch weiter nachzudenken, entglitt. Die Rote Herrin deckte sie mit einem Fell zu.

»Schlaf den Rest dieser Nacht hier im geschätzten Bauch der Erde. Erinnere dich an deine Träume, vergiß nicht die, denen du begegnet bist.«

Sie beugte sich hinunter, küßte Eva und sah zu, wie sich Evas Augen schlossen und sich die ganze Szene in Dunkelheit auflöste. In der Wärme des Schlafes lächelte Eva, als sie eine entschwindende Stimme rufen hörte: »Erinnere dich, erinnere dich.«

Sonnenlicht strömte durchs Fenster, fiel auf Evas Gesicht und küßte sie sanft wach. Sie fühlte sich entspannt und friedlich, lag still unter der Bettdecke und wünschte, den ganzen Tag so bleiben zu können. Von irgendwo aus dem Innern blühten die Träume der Nacht in Evas allmählich erwachendem Bewußtsein auf. Im Tageslicht waren die Menschen und Orte, die Eva besucht hatte, und die so lebendig und real erschienen, nun verschwommen und weit weg, doch in Eva blieb ein Gefühl des Friedens und Verstehens und der Ahnung von einem Versprechen, das sich bald erfüllen würde, zurück.

Die vertrauten Geräusche der restlichen Familie, die gerade aufstand, störten Eva auf. Als sie ihren Körper bewegte, fühlte sie ein unkontrollierbares warmes Tröpfeln zwischen ihren Beinen. Rasch schnappte sie sich ein paar Papiertaschentücher von ihrem Nachttisch, tupfte die Feuchtigkeit ab, zog die Taschentücher wieder hervor und entdeckte, daß sie voller frischer roter Blutflecken waren. In diesem Moment betrat Evas Mutter das Zimmer und sah die blutigen Taschentücher. Eva erklärte ihrer geängstigten Mutter rasch, woher das Blut gekommen war. Diese verschwand mit leicht amüsiertem Blick und kehrte nach ein paar Augenblicken mit einer Handvoll Binden zurück, die sie der fragend blickenden Eva überreichte.

»Ich wußte, daß es bald fällig war«, erklärte sie. Sie lächelte und ließ sich neben Eva auf der Bettkante nieder. Sie zog ihre Tochter zu sich heran und umarmte sie mit Tränen in den Augen liebevoll. »Mein Kind wird zu einer Frau«, flüsterte sie.

3
Das Dunkel des Mondes

In den meisten Gesellschaften hat das Erzählen von Geschichten, Märchen und Legenden, die uns als Gerüst dienen, uns Richtlinien geben und Verstehen und Erkenntnis vermitteln können, eine uralte Tradition. In vielen Kulturen wurden die weiblichen und männlichen Geschichtenerzähler in hohen Ehren gehalten, da sie über die Macht des Mythos verfügten – das heißt über die Fähigkeit, das intuitive Gewahrsein von den inneren Wahrheiten in ihren Zuhörerinnen und Zuhörern zu wecken und ihnen so eine persönliche Identifikation mit den Rhythmen und Energien des Universums zu ermöglichen.

Bis vor relativ kurzer Zeit hatten nur die reichen und höheren Gesellschaftsschichten Zugang zu einer Ausbildung, konnten nur sie lesen und schreiben, und in vielen Teilen der Welt ist dies noch immer der Fall. In vielen dieser Gesellschaften wurde das Wissen, die Weisheit und das Erlernte in Form von Geschichten unter den verschiedenen Stämmen und Clans und von Generation zu Generation mündlich weitergegeben. Geschichten, die die Gemeinschaft über die Ordnung des Universums, die Natur seiner Energien, über die das Leben der Menschen beeinflussenden Göttinnen und Götter, die Rhythmen der Erde und den Platz der Menschheit in dieser Ordnung aufklärten. Die Geschichtenerzähler sprachen in Bildern und Symbolen, die in Geist und Psyche der Zuhörerschaft Gestalt annahmen und im Unterbewußtsein haftenblieben, von wo aus sie ins Alltagsbewußtsein integriert wurden.

Im Rahmen dieser Geschichten bediente man sich üblicherweise des *Archetypus* oder der repräsentativen Charakterfigur. Damit sind universelle Gestalten gemeint, in denen sich gewisse Wahrheiten widerspiegeln, auf die die Menschen auf einer inneren Ebene reagieren. Auch heute bedienen sich die modernen Medien in Film, Büchern und Theaterstücken für Erwachsene und Kinder des Archetypus. In Horrorfilmen sehen wir das todbringende, das sexuell verführerische oder das schreckliche alte Weib geschildert;

in Abenteuerfilmen die hilflose Jungfrau, die errettet werden muß und sich unvermeidlich in ihren Retter verliebt; und als unverrückbaren Fels des Familienlebens bekommen wir die »gute Mutter« vorgeführt. Ein solcher Archetypus wird oft über die Leinwandrolle hinaus als Mythos und Bild ausgemalt, weitergeführt und sorgsam um die Person der Schauspielerin als »Leinwandgöttin« oder »Sexsirene« aufgebaut.

In den früheren Gesellschaften hatte der Archetypus die Funktion eines Lerninstruments. Über die Identifikation mit dieser Gestalt machten die Zuhörer bewußt oder unterbewußt einen inneren Erkenntnisprozeß durch, wodurch sie dann in sich die Energien dieses Archetypus erwecken und zum Ausdruck bringen konnten.

Einer der weitverbreitetsten Archetypen, der sich in vielen Kulturen fand, war der der universellen weiblichen Kraft und Macht oder »Großen Göttin«. Oft drückte sie sich in drei verschiedenen weiblichen Gestalten oder Göttinnen aus, die den Lebenszyklus aller Frauen repräsentierten: das Mädchen oder die Jungfrau, die Mutter und die Alte oder Greisin.

Die Mädchengestalt wurde allgemein als vitalisierend und dynamisch dargestellt, spiegelte das stärker werdende Licht des zunehmenden Mondes, und ihre Farbe war Weiß. Die lichte Mutter wurde als fürsorglich und fruchtbar dargestellt, sie spiegelte das ausstrahlende Licht des Vollmondes, und ihre Farbe war das Rot. Die Alte war die Bewahrerin der Weisheit, das Tor zum Tod und der Weg zu den Mächten der inneren Welt. Sie spiegelte die zunehmende Dunkelheit des abnehmenden Mondes, das zum verborgenen Aspekt des dunklen Mondes oder Neumondes führt, und ihre Farbe war Blau oder Schwarz.

Der Aspekt der (weisen) Alten oder Greisin wurde einer Frau zugeschrieben, die die Lebensphase des menstruellen Zyklus beendet hatte. Man glaubte, daß Frauen in diesem Lebensabschnitt ihr menstruelles Blut allmonatlich absorbieren, sich öffnen und diese Kraft nun für die Kreativität, die Magie und die innere Einsicht verfügbar machen. In vielen Gesellschaften wurde die postmenstruelle Frau als eine »weise Frau« oder Zauberin angesehen, deren Fähigkeit, zu prophezeien und mit den Geistern zu kommunizieren, außerordentlich respektiert wurde. Heutzutage hat dieses Bild von der weisen Alten seine Macht verloren, und ältere Frauen werden kaum mit Respekt behandelt, ja sie werden geradezu als für die Bedürfnisse der Gesellschaft entbehrlich erachtet.

Die Beschreibung des Lebenszyklus der Frau ist jedoch ohne die Nennung einer vierten Phase unvollständig, dem verborgenen Aspekt der Göttin, der im allgemeinen getrennt von der lichten Dreifaltigkeit dargestellt wird. Dies war die dunkle Mutter oder schreckliche Mutter. Sie wurde als Tod dargestellt und als die Seele des Göttlichen, zu der alle zurückkehren, um wiedergeboren zu werden. Im Lebenszyklus der Frau bezeichnete diese Phase die Seele, die im Tod freigesetzt wird.

So konnten die verschiedenen Aspekte des gesamten Lebens einer Frau in Abschnitte unterteilt werden und in verschiedenen Aspekten und Archetypen des Göttlichen zur Darstellung kommen. Doch auch der lunare Zyklus wurde als ein Ausdruck des göttlichen Prinzips des Weiblichen betrachtet, das sich in der Erde und der Frau spiegelt, und daher finden wir auch viele archetypische Gestalten in der Mythologie und Folklore, die verschiedene Aspekte der menstruellen Frau repräsentieren. Die junge, schöne *Jungfrau* oder das unschuldige *Mädchen* stand für die Phase vor dem Eisprung und des zunehmenden Mondes, die dynamischen Energien des Frühlings und die Energien der Erneuerung und Inspiration. Die gute *Mutter* oder Königin repräsentierte die Zeit des Eisprungs, des Vollmondes und die Fülle der Energien des Sommers. Sie herrschte über die Energien der Fruchtbarkeit, der Erhaltung und Ernährung und der Befähigung. Die prämenstruelle *Zauberin* oder Hexe stand für die sich zurückziehenden Energien des Herbstes und die zunehmende Dunkelheit des abnehmenden Mondes. Sie war eine sexuell sehr machtvolle, über magische Kräfte verfügende Frau, die verzaubern und Männer herausfordern konnte; sie war schön oder häßlich, und in den Geschichten wird ihr allgemein die Fähigkeit zugeschrieben, ihren Körper und ihre Sexualität als Verzauberungsmittel einzusetzen. Die Zauberin stand für Rückzug und Zerstörung und trat oft als Auslöserin für Tod oder Unglück auf, die für das Wachstum unentbehrlich sind. Das häßliche *alte Weib* oder die abscheuliche, schreckenerregende *Greisin* repräsentierte die menstruelle Phase der zurückgezogenen Energien und der verlorengegangenen Schönheit des Landes im Winter. Sie war der Schwarzmond, der dunkle Mond oder Neumond, schwanger mit den Energien der Transformation, Gestation und inneren Dunkelheit.

Diese vier Gestalten von *Jungfrau/Mädchen, Mutter, Zauberin* oder *Greisin/Alte* finden wir überall in der Volkskunde und in den Legenden, wo sie den Jahreszeitenzyklus nicht nur mit dem Mondzyklus, sondern auch mit dem Monatszyklus der Frau verknüpfen. Die Interpretation der weiblichen Mysterien aus moderner Sicht läßt fast immer die Bedeutung und Erfahrung des menstruellen Zyklus aus. Ursprünglich brachten die Mythologien nicht nur die äußeren Rhythmen und Energien des Lebens, sondern auch die von der menstruellen Frau erlebten inneren Rhythmen und Energien zum Ausdruck. Diese Rhythmen waren so eng mit dem eigenen Verständnis der Frau vom Mond, vom Land und von der Göttin des Lebens verwoben, daß unsere heutige – weitgehend von kulturellen Tabus geprägte – moderne Anschauung für Frauen in der Vergangenheit undenkbar gewesen wäre. Die Archetypen der Jungfrau, Mutter, Zauberin und Greisin haben jeweils ein Verständnis von der wahren Natur der Frauen anzubieten und betonen die Notwendigkeit, daß Frauen sich ihrer eigenen Natur bewußt werden müssen.

Die ein Wissen um das Weibliche offenbarenden Geschichten sind nicht nur jene Geschichten, die ganz augenfällig mit den alten Religionen verbunden sind, sondern es sind auch die, die als Geschichten und Märchen für Kinder weitergegeben wurden. Sie enthalten einen Reichtum an alten Symbolen und Weisheiten, der bis in die mündlichen Überlieferungen dieser alten Stammesgesellschaften zurückreicht.

Wir wollen uns nun detaillierter einigen dieser Gestalten und Archetypen und deren traditionellen Wurzeln und Ursprüngen zuwenden, die auch in der Geschichte »Die Erweckung« in Erscheinung treten.

Das zweigeteilte weibliche Wesen

In vielen Geschichten werden Frauen auf zwei verschiedene Weisen dargestellt: entweder als positiver Aspekt in der Gestalt der keuschen Jungfrau oder guten Mutter oder als negativer Aspekt in

Gestalt der häßlichen, zerstörerischen Hexe oder schönen und bösen Zauberin. Die ursprüngliche Bedeutung der Geschichte wird dabei oft durch das Einfließen der weiblichen Rolle in einer von Männern beherrschten Gesellschaft bis zur Unkenntlichkeit verzerrt. Der dunklere Aspekt der Frau wird als zerstörerisch geschildert, fungiert aber in vielen Fällen als Initiator eines neuen Lebens- oder Bewußtseinsstadiums. Die Geschichten von »Lady Ragnell« aus dem Umkreis der Artuslegenden oder von »Schneewittchen« und »Dornröschen« sind hierfür Beispiele. Sie können tatsächlich auch als *Mythos des Menstruellen* gelesen werden, das heißt als Lehrgeschichten über die Erfahrungen des menstruellen Zyklus und des Überganges vom Mädchendasein zum Frausein.

Die Geschichte von »Lady Ragnell« beginnt damit, daß König Artus von einem geheimnisvollen dunklen Ritter herausgefordert und im Zweikampf besiegt wird. Doch anstatt ihn zu töten, gibt der dunkle Ritter ihm ein Rätsel auf, das Artus binnen dreier Tage (in anderen Versionen binnen eines Jahres, A. d. Ü.) lösen muß, andernfalls er sein Leben und sein Land verliert. Die Rätselfrage lautet: »Was ist es, wonach Frauen am allermeisten verlangen?« Auf dem Weg zurück nach Camelot spricht Artus jede Frau an, derer er ansichtig wird, um ihr diese Frage zu stellen. Doch leider bekommt er ebenso viele Antworten wie er Frauen fragt. Schließlich stößt Artus auf ein gräßlich unförmiges und häßliches altes Weib in einem Eichenhain, das behauptet, das Rätsel lösen zu können, was es aber nur tut, wenn Artus ihm einen Wunsch erfüllt. In seiner Verzweiflung willigt dieser in den Handel ein und erhält die Lösung des Rätsels, was ihm sein Leben und Reich rettet. Doch zu seinem Entsetzen muß er erfahren, daß die alte Vettel als Preis dafür einen von Artus' Rittern heiraten will.

Artus nimmt die schreckliche Frau mit an seinen Hof und stellt ohne Überraschung fest, daß alle seine Ritter nur Entsetzen und Abscheu bei ihrem Anblick empfinden und der Gedanke an eine Eheschließung mit einem so gräßlichen Weib mehr ist, als sie ertragen können. Nur der galante Ritter Gawain erbietet sich schließlich, die Aufgabe zu übernehmen, und zum Erstaunen des ganzen Hofes heiratet er sie in aller Feierlichkeit.

Als Gawain in der Hochzeitsnacht schließlich diese gräßliche alte Frau zum Hochzeitsbett führt, verwandelt sie sich plötzlich in eine junge und wunderschöne Dame. Sie erklärt ihm, daß sie unter einem Zauberbann steht, und daß Gawain durch die Hochzeit mit ihr schon die Hälfte dieses Banns aufgehoben hat und sie nun völlig erlösen kann, wenn er ihr eine Frage richtig beantwortet. Die Dame stellt dann folgende Frage: »Möchtest du lieber, daß ich am Tag oder in der Nacht schön bin?« Gawain ist nicht in der Lage eine Entscheidung zu treffen. Wenn sie in der Nacht schön ist, wird sie eine akzeptable und begehrenswerte Geliebte sein. Ist sie am Tag schön, werden ihn alle beneiden und wird er bei Hof an Status gewinnen. In seiner Verzweiflung erklärt er ihr, daß sie selbst entscheiden muß. Und das ist natürlich die richtige Antwort auf die ihm gestellte Frage. Im Moment, da er ihr selbst die Wahl überläßt, ist der Bann gebrochen, und seine Frau bleibt schön bei Nacht und Tag.

Die Antwort auf die an Artus gestellte Rätselfrage und auf die Frage an Gawain lautet in beiden Fällen gleich. Eine Frau muß ihrer eigenen Natur treu bleiben, oder in den Worten Artus' ausgedrückt, die er schließlich dem Schwarzen Ritter übermittelt: »Wonach eine Frau am allermeisten verlangt, ist ihr Recht, ihren eigenen Willen auszuüben.« Eine Frau verlangt es am allermeisten danach, als sie selbst akzeptiert zu werden. Eine männlich orientierte Gesellschaft hat die Tendenz, Frauen in ein vom linearen Denken geprägtes, klischeehaftes Bild zu zwängen, und ignoriert deren zyklische Natur. Da ihr die Wahl zwischen den beiden Polen ihres Wesens überlassen blieb, konnte sich Lady Ragnell ihre gesamten Aspekte aneignen und zu einer schönen, ausgeglichenen Frau werden. Achten Sie darauf, daß dies in beiden Fällen den Männern zu Bewußtsein gebracht werden mußte. In unserer westlichen Gesellschaft darf eine Frau nur selten ihrem Wesen treu sein – oft muß sie den Männern dieses Rätsel aufgeben, um in ihnen ein entsprechendes Verständnis zu erwecken.

Im Märchen »Schneewittchen« tritt der dunklere weibliche Aspekt in der Gestalt der bösen Stiefmutter in Erscheinung, während Schneewittchen selbst die lichte Jungfrau- oder Mädchengestalt darstellt. In der ursprünglichen Version der Geschichte ist die böse Stiefmutter oder Königin eine reife, schöne, erfahrene Frau, die die magischen Kräfte des Frauseins vollkommen beherrscht. In der Verkleidung einer alten Frau bietet sie

Schneewittchen einen auf seiner roten Seite vergifteten Apfel an – die Farbe ist hier von großer Bedeutung. Die Königin übernimmt die Rolle der Initiatorin; sie vernichtet das junge Mädchen und bietet ihr durch den roten Apfel die Kräfte der Menstruation an.

Nachdem Schneewittchen in den Apfel gebissen hat – und nun für tot gehalten wird –, legt man sie in einen gläsernen Sarg, der von drei Vögeln aufgesucht wird; einer Eule, einem Raben und einer Taube. Die Eule wird schon seit altersher mit dem Tod, der Weisheit des Unterbewußten und mit Selbstverwirklichung in Verbindung gebracht. Der Rabe ist ebenfalls ein Todesvogel, und die Taube symbolisiert Erleuchtung.

Schneewittchen wird später von einem Prinzen »erweckt«, der sie zu seiner Frau und Königin macht. Sie ist nun nicht mehr ein jungfräuliches Mädchen, sondern eine durch ihre Menstruation zu ihrer Sexualität und ihren schöpferischen Energien vollständig erwachte Frau. So kann die gesamte Geschichte als eine Allegorie der Initiation ins Erwachsenenleben, in die Sexualität und letztlich in die Lebensphase der *Mutter* verstanden werden.

Interessant hierbei ist auch, daß zu Beginn der Geschichte Schneewittchens Mutter nähend an einem Fenster mit einem Rahmen aus Ebenholz sitzt. Und während sie auf die fallenden Schneeflocken hinausblickt, sticht sie sich mit der Nadel in den Finger und ein Blutstropfen fällt in den Schnee. Dieser Blutstropfen im Schnee sieht so wunderschön aus, daß sie sich ein Mädchen wünscht, so weiß wie Schnee, so rot wie Blut und so schwarz wie Ebenholz. Bald darauf bringt sie eine Tochter zur Welt, deren Haut weiß wie Schnee ist, deren Lippen rot sind wie Blut und deren Haar schwarz ist wie Ebenholz. Diesen Farben kommt eine wichtige Bedeutung zu, denn es sind die Farben der Aspekte der dreifaltigen Göttin im Leben einer Frau.

In »Schneewittchen« treten alle drei Aspekte der dreifaltigen Göttin sowie auch der vierte Aspekt der Zauberin in Erscheinung. Schneewittchen steht zunächst für den Aspekt der Mädchengestalt, während ihre echte Mutter den mütterlichen Bereich repräsentiert. Die böse Stiefmutter übernimmt zwei Rollen: Erst spielt sie die Rolle der schönen Zauberin und dann, als alte Apfelverkäuferin verkleidet, die Rolle der weisen Alten.

»Dornröschen« können wir ebenfalls als mit der Thematik des Menstruellen verbunden ansehen. In dieser Geschichte versucht der Vater und König seine Tochter am Erwachsen- und Frauwerden zu hindern. Nach der Geburt seiner Tochter lädt er die weisen Frauen seines Landes ein, dieses Ereignis zu feiern. Leider hat er nur zwölf goldene Teller, und es gibt dreizehn weise Frauen. Deshalb versäumt er es, die am wenigsten attraktive und häßlichste dieser Frauen einzuladen. Während des Festes tritt nun jede weise Frau an die Wiege des Kindes und macht ihm ein Geschenk, das ihm in seinem Leben nützlich sein wird. Und noch während die zwölfte weise Frau an der Wiege des Kindes steht, stürmt die dreizehnte, uneingeladene in die Halle des Königshofes und prophezeit, daß sich das Kind, wenn es fünfzehn Jahre alt ist, an einer Spindel in den Finger stechen und sterben wird. Die zwölfte weise Frau hat zwar nicht die Macht, diese Prophezeiung auszulöschen, kann sie aber mildern, indem sie mit ihrem Wunsch das Kind nicht sterben, sondern in einen hundertjährigen Schlaf fallen läßt.

Die dreizehnte weise Frau steht für das Mondjahr, und indem der König die Dreizehnte ausläßt, greift er in den Rhythmus der Natur ein und hindert sie an der Vollendung ihres Zyklus. Wie die uneingeladene Frau prophezeit, ist die unvermeidliche Strafe dafür der Tod, das Ende des Wachstums.

Im hoffnungslosen Versuch, dieser Prophezeiung zu entkommen, verbannt der König alle Spindeln aus seinem Reich – glaubt er doch, so seine Tochter in Sicherheit bringen zu können. Die Spindel ist ein Symbol für die zyklischen Rhythmen des Universums und die spiralförmige Kontinuität des Lebensfadens. Durch die Verbannung aller Spindeln versucht der König wiederum, dem natürlichen Verlauf des Lebens Einhalt zu gebieten und zu verhindern, daß die Menstruation seiner Tochter einsetzt und sie zur Frau wird.

Wie vorhergesagt, wird die Prinzessin in ihrem fünfzehnten Lebensjahr in ein vergessenes Turmzimmer gelockt, in dem sie einer ihr unbekannten alten Frau begegnet, die an einem Spinnrad sitzt und spinnt. Das Mädchen sticht sich mit der Spindel am Finger und verfällt sofort in Schlaf. Auch hier fungiert der Göttinnenaspekt der alten Frau oder Greisin als Initiatorin der Menstruation, und das »Sich-in-den-Finger-Stechen« dient als Umschreibung für das erste menstruelle Blut der Prinzessin. Es ist von Bedeutung, daß sich dies im fünfzehnten Lebensjahr des Mädchens ereignet. Nicht nur war dies ein Alter, in dem üblicherweise die Menstruation einsetzte, sondern der fünfzehnte Tag des Mondzyklus ist auch Vollmondzeit. Das Mädchen ist kein Mädchen mehr; es ist zur Reife gelangt, und nun beginnt mit dem Übertritt in die Dunkelheit des abnehmenden Mondes die Phase der Menstruation und des Frauseins.

Die Prinzessin wird der Dimension der Zeit entrückt, und eine Dornenhecke rankt sich um das Schloß und isoliert es von der Welt. Nachdem hundert Jahre vergangen sind, ist auch hier, wie in »Schneewittchen«, das Erweckungsinstrument der Prinzessin ein Prinz. Der Prinz darf die Hecke durchdringen und erweckt die jetzt menstruelle Prinzessin mit einem Kuß.

Diese Geschichte wirft nicht nur ein Licht auf den Wandel vom Mädchen zur Frau, sondern auch auf die Beziehung zwischen dem Vater und der Tochter, bei der die Menstruation einsetzt. Die Angst des Vaters, daß seine Tochter erwachsen und zur Frau wird und sich dann nach einem anderen Mann umsieht, wird hier in seinen Versuchen ausgedrückt, ihrer Entwicklung zur Frau Einhalt zu gebieten.

In der Geschichte »Die Erweckung« zeigt die Rote Herrin die Gesichter der bösen Stiefmutter, der dreizehnten weisen Frau und Lady Ragnells. Sie ist die Initiatorin, die die dunkleren Energien und das Verstehen in Eva erweckt. Hier steht der Begriff »dunkel« für befähigende, sich sammelnde »innere« Energien und nicht für an sich zerstörerische oder böse Kräfte. Die Herrin des Mondes steht für die vitalisierenden und nährenden Kräfte des Frauseins, und sie führt Eva zu einem Bewußtsein von ihrem Zyklus und dessen Energien. Die Herrin des Mondes ist die wahre Mutter von Schneewittchen und die wunderschöne Version von Lady Ragnell, und wie diese integriert sie beide Seiten oder Aspekte des Zyklus in sich, um so am Ende der Geschichte zu einer geeigneten, ausgeglichenen Frau zu werden. Eva spielt natürlich die Rolle der archetypischen Mädchengestalt und steht für alle Frauen, die nach dem Wissen um ihre eigene wahre Natur streben.

Die Bewahrerin des Maßes

Die Entwicklung des Menstruationszyklus war ein wichtiges Ereignis im Evolutionsprozeß der Frau über das Stadium des Tierreichs hinaus. Durch den Menstruationszyklus waren Frauen während des ganzen Monats zur sexuellen Erregung und Aktivität fähig, anstatt auf periodische Phasen der »Läufigkeit« beschränkt zu sein. Im Laufe des Monats erlebten Frauen Höhepunkte ihrer Sexualität und Kreativität sowohl zur Zeit des Eisprungs wie auch der Menstruation, die ihnen Zugang zu schöpferischen Energien eröffneten, die Tiere nur für den Zweck der Fortpflanzung zur Verfügung hatten. Diese schöpferischen Energien boten Frauen in den Zeiten, in denen sie physisch gesprochen nicht fruchtbar waren, die Möglichkeit zur Hervorbringung neuer Ideen statt neuen biologischen Lebens.

Die Erfahrung des menstruellen Zyklus und dessen Parallelen zum Mondzyklus führten zu den ersten Konzeptionen von Maß und Zeit. Seit Anbeginn der Menschheit wurden der Körper und seine Interaktion mit den ihn umgebenden Dingen als fundamentale Maßeinheit eingesetzt. Zum Beispiel wurden die Länge eines Fußes oder eines einzigen Schrittes zu Einheiten der Abmessung von Entfernungen. Aus den Konzeptionen von Abfolge und Bemessung entstanden die Unterteilung der Zeit und die ersten Uhren und Kalender. In vielen Kulturen wurde die Zeit nach Nächten und Mondmonaten bemessen und die religiösen Feste nach den Zeiten des Vollmondes festgelegt. Selbst heute noch richtet sich das christliche Osterfest nach dem Vollmond, und das gleiche ist bei vielen islamischen und jüdischen religiösen Festen der Fall.

Die Vorstellung einer Verbindung zwischen Frauen und ihrer Menstruation, dem Mond, Bemessung und Weisheit spiegelt sich in vielen Kulturen überall auf der Welt und auch in vielen Sprachen wider. Das Wort *Menstruation* leitet sich aus dem lateinischen Wort für Monat ab, das wiederum in seiner Wurzel mit dem Wort für Maß verbunden ist (wie auch unter anderem mit Seele, Geist, Sinn, Gemüt, Herz; *Mens* ist die Göttin der Besinnungskraft, A. d. Ü.). Das lateinische Wort für Monat, *luna,* bedeutet ebenfalls Monat. Diese Vorstellungen fanden in einer ganzen Skala zum Aufbau der Zivilisation führenden Aktivitäten Ausdruck – im Ackerbau, in der gesellschaftlichen Organisation und Ordnung, in der Kunst und im Handwerk, im Handel, im Unterrichts- und im Weissagungswesen und in der Religion. Viele überlieferte Bilder und Mythen von frühen Göttinnen zeigen diese als Gestalten, die die Menschheit diese Fähigkeiten und Fertigkeiten lehrten. So gesehen war die Menstruation keinesfalls ein »Fluch«, der den Frauen auferlegt war, sondern ein Geschenk, das die Struktur und die Vielfalt menschlicher Kultur entstehen ließ. Das Bild des Mondes als ein Spiegel des Zyklus der Frau wurde zum Symbol der schöpferischen Energien, die sie in ihrer Person verkörperte.

In der Synchronizität von weiblichem und lunarem Zyklus spiegelte sich auch die Verbindung zwischen der Frau und dem Göttlichen wider. Durch ihren Zyklus trug die Frau das Geheimnis des Lebens in ihrem Körper und hatte die Fähigkeit, Leben zu schaffen und die Zukunft ihres Volkes zu sichern. Sie brachte das Unmanifestierte in die Welt der Schöpfung und verfügte somit über die lebengebenden, erhaltenden, schöpferischen Kräfte des Universums.

Ein ähnliches Symbol fand sich in der Gestalt der Spinne. So wie die Spinne ihr Netz aus ihrem Körper heraus webt, wurde die Spinnengöttin als Schöpferin des Netzes von Raum und Zeit betrachtet, die so in alle Schöpfung Struktur und Leben brachte und sich gleichzeitig jeder Schwingung in diesem Netz bewußt war. Als Herrin des Netzes spann sie die Lebensfäden und verwob sie in die Muster und Gewebe aller lebendigen Dinge. Spätere Göttinnen wurden mit der Fähigkeit des Spinnens und Webens assoziiert, und zwar nicht nur als Schutzgöttinnen dieser Kunst, sondern auch als die Spinnerinnen und Weberinnen von Leben und Tod. Die Göttin mit der Spindel spann den Faden eines Menschen aus den Fasern des Lebens, die Göttinnengestalt der Mutter wob den Teppich der Erfahrung, die Zeit schnitt die Fäden durch, und die Dunkle Göttin löste den Teppich wieder in seine Fasern auf, damit der Faden neu gesponnen werden konnte.

Der menstruelle Zyklus der Frau wurde zur Zeit des Eisprungs als Zyklusphase des Lebens und der Fruchtbarkeit, und zur Zeit der Menstruation als Zyklusphase des Todes und der Unfruchtbarkeit gesehen; ein Zyklus, der sich auch in den Phasen des Mondes und in den Jahreszeiten widerspiegelte. In vielen Mythologien wird dieses Mysterium des weiblichen Schoßes durch das Bild des magischen oder transformierenden Gefäßes dargestellt. In den Gralslegenden nimmt es die Form eines Kelchs oder Grals an, in der frühen keltischen Mythologie die Form eines Kessels und in späteren alchimistischen Texten die Form einer Flasche oder Retorte. Alle diese Gefäße boten Fülle, Fruchtbarkeit, Leben, Transformation, spirituelle Inspiration und Initiation.

Vor allem die Gralslegenden hatten ein Verständnis und Bewußtsein von den Energien des Schoßes und des menstruellen Zyklus der Frauen anzubieten. Der Heilige Gral war der Legende nach der Kelch, den Christus beim letzten Abendmahl verwendet hatte und den Joseph von Arimathea in seinen Händen hielt, um das Blut aus den Wunden des sterbenden Christus aufzufangen. Er war eine Quelle des Lebens und des Todes, denn jene, die zu ihm gelangten, erstarben für diese Welt, um in der nächsten wiedergeboren zu werden. Der Gral konnte weißen oder roten Wein spenden, so wie der Schoß die weißen und roten Kräfte des Eisprunges und der Menstruation, des Lebens und des Todes.

Die Frauen in den Gralslegenden jagten dem Gral nicht nach, weil der Gral, das heißt die Mächte des göttlichen Prinzips des Weiblichen, bereits ihrer Natur innewohnten. In allen diesen Geschichten spiegeln die weiblichen Charaktere die Aspekte und Energien des göttlichen Prinzips des Weiblichen wider, und zwar nicht in der Form von vielen verschiedenen Frauen, sondern als viele verschiedene Aspekte in ein und derselben Frau. Die Gralslegenden offenbaren den Frauen ihr eigene wahre Natur und, als Trägerinnen des Grals, die sie sind, die Notwendigkeit, alle Aspekte ihrer Energien in sich zu erkennen, zu akzeptieren und in der äußeren Welt zum Ausdruck zu bringen.

In der Geschichte »Die Erweckung« findet sich die Bewahrerin des Maßes als Sinnbild für alle menstruierenden Frauen. Sie gelangte mit dem Vergießen des ersten menstruellen Blutes zur Existenz und bewahrt den Rhythmus der Frau bis zur letzten Blutung. Sie symbolisiert die Macht der Zeit, die schöpferischen Energien, die Zivilisation und das Leben selbst. Einmal im Monat läßt sie eine salzige Träne, »das Wasser des Lebens«, ein Ei und einen Tropfen Blut, »die Quelle des Lebens«, in einen Gral, in den Schoß fallen.

Der Baum des Schoßes

Es gibt zwei tiefe und wesentliche Sinnbilder in der Mythologie und in den Legenden, die die weiblichen Energien symbolisieren. Das eine ist der Kelch oder Gral, der für das regenerative und transformative Potential steht, und das zweite ist der Baum oder die Säule, die die dynamischen, inspirativen, ekstatischen Energien repräsentiert. Das Bild des heiligen Mondbaumes ist sehr alt und taucht immer wieder in der religiösen Kunst so verschiedener Kulturen auf wie der alten assyrischen Kultur bis hin zu der mittelalterlichen und modernen christlichen Kirche. In der assyrischen Kultur wurde der Mondbaum als ein mit Früchten beladener Baum dargestellt, über dessen Zweigen ein Sichelmond schwebt, wobei dieser Baum zuweilen auch zu einer vom Mond gekrönten Säule stilisiert wurde. Oft war dieser Baum auch mit Lichtern oder Bändern geschmückt, ein uns noch heute vertrautes Bild, wenn wir an den Weihnachtsbaum oder Maibaum denken. Der Maibaum kann als stilisierter Mondbaum betrachtet werden, und beim Tanz um den Maibaum werden die verschiedenen weiblichen Energien, dargestellt in weißen, roten und blauen Bändern, zusammengeflochten, um die Fruchtbarkeit des Frühlings anzuregen.

Viele Mondgöttinnen verbanden sich mit einem bestimmten Baum, von denen manche der magischen, andere der allgemein verbreiteten und profanen Art angehörten. In der griechischen Mythologie repräsentierte die Göttin Athene das schöpferische Feuer der Inspiration und wurde durch einen Olivenbaum mit dunklen Früchten dargestellt. Der Lebensbaum der alten Griechen trug goldene Äpfel und wurde Heras Baum genannt – nach der Mondgöttin der Abend- und Morgendämmerung, deren Namen auch »Schoß« bedeutet.

Der Apfelbaum taucht auch in zahlreichen Legenden und Geschichten als Baum auf, der die Frucht des Lebens trägt und die Quelle menstrueller Weisheit darstellt. Im Märchen von Schneewittchen und in der Geschichte von Adam und Eva zeigt sich, daß die Frucht des Apfelbaumes sowohl das Erwecken der Menstruation wie auch den »Fluch« des Todes mit sich bringt. In der mittelalterlichen »Vita Merlini«, der Lebensgeschichte Merlins, taucht eine Apfelfrau als die Todesbringerin auf. Vom jungen Merlin zurückgewiesen, versucht sie Rache zu nehmen, indem sie ihm später in seinem Leben ihre vergifteten Äpfel wiederum anbietet. Merlin entkommt seinem Schicksal, doch seine Gefährten essen die Äpfel und werden in den Wahnsinn getrieben. In den Artuslegenden wird der in der Schlacht von Camlann auf den Tod verwundete König Artus von der Fee Morgane nach Avalon, der anderweltlichen Insel der Apfelbäume gebracht, um dort geheilt zu werden.

Ein anderer Baum, der rote Früchte trägt und stark mit der Symbolik des Mondbaums verhaftet ist, ist die Eberesche oder der Vogelbeerbaum. Die Eberesche wird im Englischen auch *quickbeam* genannt, was »Baum des Lebens« bedeutet. (In der germanischen Mythologie kennen wir Yggdrasil, die Weltesche, A. d. Ü.) Neben der Haselnuß und dem Apfel wurden die Früchte dieses Baumes als Götternahrung angesehen, und es war ein Tabu, seine leuchtend roten Beeren zu verspeisen. Mit der Farbe Rot verbinden sich uralte Assoziationen mit den Energien des Lebens; sie steht für das Lebensblut, das Blut der Geburt, das Blut der Fruchtbarkeit und das Blut der Menstruation. Wie der Baum des Schoßes sind die Zweige der Eberesche beladen mit Trauben von leuchtend roten Beerenfrüchten, denen man die Kräfte der kreativen Energien, der Inspiration, der Prophezeiung, des Heilens und der Wahrsagekunst zuschrieb.

In »Die Erweckung« stellt der Baum des Schoßes ein persönliches Sinnbild des heiligen Mondbaums dar, des Baums des Lebens und der Erkenntnis. Er hat die Form des Schoßes (der inneren weiblichen Geschlechtsorgane: Eierstöcke, Gebärmutter, Eileiter und Vagina, A. d. Ü.), birgt die Früchte des Lebens und die Form des Mondes in seinen Zweigen und stellt so eine bewußte Verbindung zwischen der Frau, den Energien ihres Zyklus und dem Mond her. Die Wasser des Baums des Schoßes sind die Wasser des weiblichen Unterbewußtseins. Sie sind die innere Quelle schöpferischer Inspiration und aus diesen Wassern werden Ideen und intuitive Einsichten geboren. Wasser war schon immer eng mit der inneren Welt verbunden, und in früheren Zeiten wurde ein Weiheopfer als Dank- oder Bittgebet ins Wasser geworfen. Wenn wir den Baum des Schoßes visualisieren und eine Bitte in seine Wasser werfen, können wir eine Verbindung mit unserer schöpferischen Quelle herstellen und geistige Kinder zur Welt bringen. Über die Visualisierung des Baums des Schoßes wird in Kapitel 4 noch eingehender gesprochen.

Die Frucht des Baums des Schoßes birgt das Wissen und die lebenspendende Macht des menstruellen Zyklus und der Lebensrhythmen in sich. Als Eva diese Frucht pflückt, erweckt sie diese Rhythmen in sich und aktiviert die Beziehung zwischen ihrem Geist, ihrem Schoß und ihren schöpferischen Energien. Die Frucht kann aber nicht ohne die Schlange gepflückt werden, da es die Erfahrung der Schlange mit ihren sich erneuernden Energien ist, die das Wissen des menstruellen Zyklus mit sich bringt.

Die Schlange

Die Schlange taucht in der Mythologie als das vielleicht machtvollste aller Sinnbilder für Erneuerung und Transformation auf. Sie ist die Hüterin der Weisheit der Unterwelt und der Prophezeiung. Ihre Fähigkeit, regelmäßig ihre alte Haut abzustreifen und sich zu erneuern, spiegelte sich jeden Monat in der Erneuerung des Mondes (Neumond) und im menstruellen Zyklus der Frau. Wie der Mond galt auch die Schlange als ein Symbol des Lichtes und der Dunkelheit; sie lebt über der Erde wie auch in der Erde in Erdlöchern und Höhlen. Sie stand für die Mächte des dunklen Mondes, die die dynamische Energie, die aus dem inneren Bewußtsein oder der Unterwelt aufsteigt und die Kräfte der Prophezeiung, der Weisheit, der Inspiration und Fruchtbarkeit ans Licht bringt. Die wellenartigen Bewegungen der Schlange unterstrichen die Assoziation mit dem Wasser, und sie wurde zu einem Symbol der Wasser des Himmels in Form des fruchtbaren Regens, der Wasser der Erde in Form lebenspendender Flüsse, und der Wasser der Unterwelt in Form des Schoßes der Wiedergeburt, der neues Leben hervorbringt.

In manchen Mythologien steht die Schlange für den schöpferischen Urquell, aus dem das Universum hervorging. Man sah in der Schlange die dynamische Energie der Göttin, die sowohl der Erdschoß wie auch die Kraft innerhalb der Erde war, die die Pflanzen wachsen ließ.

Mit der Schlange verbanden sich viele Göttinnen. In manchen Fällen mag dies ein Hinweis darauf sein, daß diese Göttinnen ursprünglich mit dem gesamten Mondzyklus in Verbindung gebracht wurden und nicht nur mit einer seiner Phasen, mit denen sie später assoziiert wurden.

Hel, die germanische Göttin der Unterwelt und der Toten, war die Schwester der Weltschlange Uroboros, die die Ozeane der Erde umschloß. Die Göttinnen Inanna und Ischtar, die den Titel Königin der Oberen und Unteren Wasser trugen, wurden mit Schlangen dargestellt, die sich mehrmals um einen Stab ringelten. Im Heiligtum von Knossos auf Kreta fand man Statuen und Figuren von Göttinnen oder Priesterinnen mit schlangenumwundenen Körpern und Schlangen in ihren Händen. Hekate, die griechische Göttin des dunklen Mondes, wurde mit Schlangen in ihrem Haar dargestellt, und Demeter, die Korngöttin, wurde von einer Schlange begleitet.

Die Göttinnen, die die Schutzpatroninnen der Gelehrsamkeit, des Orakels, des Heilens, der Weisheit und Inspiration waren, wurden in ganz besonderem Maße mit der Schlange in Verbindung gebracht. Die Priesterin der Artemis wurde »Pythia« oder Schlange genannt, und ihr Heiligtum war ein Ort der Heilung und Prophezeiung. Zu Athenes Attributen gehörte neben ihrem Schild die Aigis, ein magischer Ziegenfellbeutel, der eine Schlange enthielt und von einer Gorgonenmaske mit Schlangenhaaren geschützt wurde. In der keltischen Mythologie wurde die Göttin Brigid insbesondere mit Schlangen assoziiert. Die ägyptische Nut, Göttin des Himmels und der ewigen Nacht, die jeden Morgen die Sonne gebiert, Beschützerin der Toten und Mutter der ägyptischen Hauptgottheiten, wird zuweilen auch mit einem Schlangenkopf dargestellt.

Schlangen finden sich in der Mythologie und in den Sagen und Legenden auch als Wächterinnen des Lebensbaumes. Der Baum als Symbol für die Göttin verband Erde, Himmel und Unterwelt zu einer Einheit, die von den Lebensenergien, dargestellt in der Gestalt der Schlange, durchströmt wurden. Die Schlange repräsentierte den aufsteigenden und sinkenden Lebenssaft, den lebenden, sterbenden und sich erneuernden Aspekt der ewigen Quelle des Lebens. Die in der Geschichte von Adam und Eva enthaltene Symbolik gleicht jener, die wir in Geschichten über das göttliche Prinzip des Weiblichen aus Mesopotamien, Ägypten und anderen Kulturen finden. Der Lebensbaum, der mit seiner alljährlichen Entkleidung von seinen Blättern und deren anschließender Wiedergeburt die Rhythmen der Schlange, des Mondes und der Frauen widerspiegelt, war ein Sinnbild für Tod und Wiedergeburt. In der Geschichte von Adam und Eva kommen zwei Bäume vor, der Baum des Lebens und der Baum der Erkenntnis, wodurch eine Spaltung zwischen dem Bewußtsein des Individuums vom Zyklus des Lebens und der Wiedergeburt und dem Zyklus der Natur vorgenommen wird. Eva bringt jedoch dadurch, daß sie die Frucht pflückt, die beiden Konzeptionen wieder zusammen. Sie nimmt sich die Frucht und nimmt damit die zyklische Natur der Menstruation auf sich; dadurch verbindet sie sich mit den Rhythmen der Natur und des Universums und wird sich auf persönlicher Ebene der allseitigen und wechselseitigen Verbindungen dieser Rhythmen und Lebenszyklen bewußt.

Dieses Geschenk, das ein Geschenk des Wissens um Leben, Tod und Wiedergeburt durch den Zyklus der Frau darstellt, wurde hier statt dessen in ein Symbol für Verrat umgedeutet, durch den das weibliche Geschlecht den Tod und das Böse in die Welt brachte. Evas Menstruation und die anschließende Vertreibung aus dem Paradiesgarten wurden zur Ursache für die Sterblichkeit und den Tod, ein Tod, der nun als ein Ende und nicht mehr als Bestandteil eines fortwährenden Zyklus verstanden wurde. Diese verzerrende Betrachtungsweise ging noch weiter, denn dieses Geschenk, die mit dem Zyklus der Frau verbundene Sexualität und Fruchtbarkeit, wurde nun ebenfalls als sündig betrachtet. Durch seine Geburt aus dem Schoß erbte alles menschliche Leben das in diesem Schoß existierende Böse, die »Erbsünde«. Das Geschenk des Frauseins wurde zum »Fluch« des Frauseins.

Obgleich in der Bibel nichts davon erwähnt wird, gibt es doch viele Überlieferungen, wonach Eva Adams zweite Frau war. Seine erste, Lilith, wurde Adam gleichgestellt erschaffen und floh aus dem Paradies, als sie in ihrer Sexualität abgelehnt wurde. Anders als Eva verfügte Lilith bereits über alle mit dem Frausein verbundenen Kräfte. Lilith wurde zum Sinnbild der Zerstörerin, der Versucherin und des Todes, allesamt Aspekte des dunklen Mondes, die

die patriarchale Gesellschaft fürchtet und der anfänglich »guten« und unschuldigen Gestalt der Eva verwehrte. In späteren Legenden wird sie zur aggressiven, sexuellen Versucherin, zur Gefährtin Satans, deren Hoheitsgebiet die niedrigen Instinkte und fleischlichen Vergnügungen sind. In der Kunst des Mittelalters steht sie für die um den Baum des Lebens geringelte Schlange, die oft das gleiche Gesicht wie Eva trägt. Indem Lilith Eva in »Versuchung führt«, erweckt sie in ihr den menstruellen Zyklus, öffnet sie sie für das damit verbundene Wissen um Licht und Dunkel und macht aus ihr, in den Augen der Männer, eine ebenso »schlechte« Frau wie sie (Lilith) es vermeintlich ist.

Nachdem Eva erst einmal selbst in den Apfel gebissen hat, bietet sie die Frucht Adam an, was bedeutet, daß sie ihm das Bewußtsein und die Erkenntnis, die mit dem Baum des Lebens verknüpft sind, über ihre eigene Person anbietet. In anderen Geschichten und Legenden wird den Männern erzählt, daß sie die Frucht vom Baum des Lebens nicht pflücken dürfen, weil sie für sie giftig ist. In einem mittelalterlichen schottischen Feenmärchen wird diese Warnung dem Sterblichen Thomas dem Reimer von der Feenkönigin erteilt, die ihn entführt und in die Anderwelt gebracht hat. Die Frucht der Menstruation kann nicht von Männern gepflückt werden, da sie ein der rhythmischen Natur der Frauen inhärentes Wissen enthält; aber deren Geschenke können von Frauen, die selbst diese Frucht gepflückt haben, den Männern überreicht werden. Der machtvolle und wichtige symbolische Gehalt der Geschichte von Adam und Eva wurde durch herabwürdigende Bilder und Gestalten von Frauen ersetzt, die von Natur aus schwächer als Männer sind und für diese eine Quelle der Versuchung, sich vom Göttlichen weg statt sich zu ihm hin zu bewegen, darstellen.

In manchen Kulturen glaubte man, daß ein Mädchen seinen ersten sexuellen Akt mit einer Schlange vollzog, was dann die Menstruation verursachte. In anderen Kulturen war es ein Schlangenbiß, der zum Beginn der Blutung führte. Sowohl die Frau namens Eva in »Die Erweckung« als auch die Frau namens Eva im Paradiesgarten erwachte durch die Intervention der Schlange zu ihrem Frausein. Das Wissen vom Leben, das die Frucht offeriert und das dem Frausein innewohnt, kann nicht erlangt werden, wenn nicht auch die Rhythmen und schöpferischen Energien der Schlange akzeptiert werden.

Mondtiere

Tiere spielen in den Legenden und in der Mythologie eine wichtige Rolle, in denen sie oft als mit magischen Fähigkeiten begabt geschildert werden. In diesen Geschichten findet sich eine Fülle an Informationen und ein Verständnis, das unserer modernen Gesellschaft buchstäblich verlorengegangen ist. Tiergestalten sind nun »niedlich«, steril oder einfach als Figuren abgestempelt, die in Kindergeschichten vorkommen.

Doch viele der Tiere, die sich in diesen alten Geschichten und Legenden finden, weisen starke lunare Verbindungen auf und sind oft mit Frauen oder Göttinnen verknüpft. Sie spielen eine wichtige Rolle, entweder indem sie Unterweisung oder Führung anbieten oder Energien der Frau oder Göttin auf eine Weise versinnbildlichen, auf die wir uns auf einer nichtintellektuellen Ebene beziehen können. Manche Tiere repräsentieren einen ganz bestimmten Aspekt einer Göttin, der in manchen Fällen inzwischen seine Bedeutung verloren hat oder aber versteckt wurde. Andere verkörpern die den Frauen oder dem Mond zugrundeliegenden Energien.

Die Tiere sind nicht nur ein Teil der Geschichte, sie sind Gestalten, die in unserer Vorstellung und Phantasie Realität annehmen. Sie stellen die instinktive Ebene unseres Wesens dar, eine für Frauen wichtige Ebene, die jedoch in der modernen, wissenschaftlich orientierten Gesellschaft unterdrückt wird.

In einem Buch wie diesem können nicht alle Tiere mit lunaren oder weiblichen Verbindungen vorgeführt werden, aber es lohnt sich, sich ein paar Tiere anzusehen, bei denen eine solche Verbindung ganz augenfällig ist, wie auch einige mit etwas weniger offensichtlichen Verbindungen.

Der Schmetterling

Der Schmetterling als ein Symbol für Weiblichkeit reicht sogar bis in neolithische Zeiten zurück. Das Bild des Schmetterlings stand für die minoische Göttin des Lebens und der Fruchtbarkeit, da die Form seiner Flügel an Schamlippen denken läßt, die den Eingang zur Vagina der Frau bilden. In der aztekischen Kultur war der Schmetterling ein Symbol für Fruchtbarkeit und Vegetation und eine spezielle Schmetterlingsart symbolisierte die Göttin bei Riten, die sich mit Frauen und Blumen verbanden.

Der Schmetterling wurde mit der Seele, dem Feuer des Geistes und der Wiedergeburt assoziiert. Die Verwandlung von der Raupe in einen Schmetterling wurde als Metapher für die Vorstellung vom Leben nach dem Tode verstanden, für das Verlassen des alten erdgebundenen Körpers für eine neue und schönere Form. In der irischen Legende wurde das Mädchen Etain von einer Nebenbuhlerin in einen Schmetterling verwandelt und wanderte in dieser Gestalt um die Welt, bis sie aufs neue in menschlicher Gestalt wiedergeboren wurde. Der Schmetterling wurde auch mit Feuer assoziiert, und das gälische Wort für die an einem zeremoniellen Freudenfeuer angezündete Fackel, mit der dann die Feuerstellen in der Gemeinschaft entzündet wurden, war dasselbe wie für »Schmetterling«.

Wie andere weibliche Symbolgestalten war auch der Schmetterling mit dem Mond verknüpft, da wir in den Biegungen seiner Flügel die Sichel des zunehmenden und abnehmenden Mondes erkennen können. Diese Form wurde in der minoischen Kultur zur Doppelaxt oder *Labrys* stilisiert.

Das Einhorn

Das Einhorn galt als ein Geschöpf des Mondes. Es war weise und schön, repräsentierte Reinheit, Sanftheit und Schutz und führte in das Frausein ein. Es wird in vielfacher Gestalt geschildert, Beschreibungen, die von der Körpergestalt und Größe einer Ziege bis hin zu einem großen Hirsch reichen, aber das lieblichste Bild ist das des schneeweißen Pferdes, das ein spitz zulaufendes Horn auf seiner Stirn trägt. Das Horn, das spiralig gewunden oder auch gerade sein kann, war der Beschreibung nach unten weiß, in der Mitte schwarz und an der Spitze rot, Farben, die mit den weiblichen Mondgestalten assoziiert werden. Dieses Horn hatte die Fähigkeit zu schützen und konnte Gift unschädlich machen, worin sich die Gabe des Verwandelns spiegelte. In der römischen Mythologie wurde das Einhorn mit der Göttin Diana, der Jägerin, assoziiert, die in einem von acht Einhörnern gezogenen Wagen fuhr.

Das Einhorn galt als edles und intelligentes Geschöpf, das als Beschützer und Hüter der anderen Waldtiere für sich allein in den wilden Wäldern lebte. Es war zu ungestüm und gefährlich, als daß es mit normalen Methoden hätte gejagt werden können. Man konnte ihm nur eine Falle stellen, um es einzufangen, wobei hier eine Jungfrau als Köder diente, die dies, manchmal schön gekleidet und mit Blumen geschmückt, freiwillig tat, manchmal aber auch gegen ihren Willen nackt an einen Baum gefesselt wurde. Von der Reinheit der Jungfrau angezogen, legte das Einhorn dann seinen Kopf in den Schoß des Mädchens und ließ sich einfangen oder töten. Die rote Spitze dieses Horns der Transformation, die im Schoß des Mädchens liegt, kann als Symbol für die Menstruation und das Erwachen der Pubertät und sexuellen Erfahrung verstanden werden.

Das Einhorn führte die erste Blutung des Mädchens herbei und bot ihm den spiralförmigen Zyklus durch die Phasen und Farben des Mondes an. Das Einhorn wurde nicht vom Mädchen geködert, sondern brachte vielmehr allen Mädchen das Geschenk des Frauseins. Das Horn als phallisches Symbol mag darauf verweisen, daß das Einhorn, wie die Schlange, als der erste sexuelle Partner einer Frau angesehen wurde, der ihre Blutung herbeiführte.

Männer konnten auf der Jagd das Einhorn nicht fangen, weil es die lunaren Mächte des Frauseins repräsentierte. War es aber einmal von einer Jungfrau eingefangen, konnte es von ihr gefahrlos geführt werden, denn nun war es ein Teil von ihr selbst. In der Jagd nach dem Einhorn finden wir vielleicht einen Anklang an die Jagd nach dem Heiligen Gral, der ebenfalls nur mit der Hilfe von Frauen gefunden werden konnte. Es gab auch den Glauben, daß mit jedem Tod eines Einhorns ein bißchen Magie und Zauber die Welt verließ. In unserer heutigen Welt, in der die weiblichen

Energien unterdrückt werden, gibt es nur noch sehr wenige Einhörner. Vielleicht ist es an der Zeit, sie wieder zurückzurufen.

Die Taube

Viele Mondgöttinnen werden auch als Vogelgöttinnen dargestellt, und vor allem die Taube verband sich schon lange mit dem göttlichen Prinzip des Weiblichen und dem Mond. Sie war ein Symbol der Ischtar, Astarte, Inanna, Rhea, Demeter, Persephone, Venus, Aphrodite und Isis und wurde auch zu einem Sinnbild für den Heiligen Gral. Auf vielen Bildern von der Jungfrau Maria ist die Taube ebenfalls zu sehen. Allerorten war die Taube ein Symbol für die Himmelskönigin, für Weiblichkeit, Sanftheit, Liebe, Sexualität, Spiritualität, Weisheit und Frieden.

Als Symbol für das Licht des Mondes brachte die Taube Weisheit und Inspiration in die Welt. In der gnostischen Überlieferung wurde Sophia, die »Heilige Weisheit« Gottes, als Taube dargestellt, was bedeutet, daß sie das Licht der Himmelsmutter auf die Erde brachte. In der mittelalterlichen christlichen Kunst stand die Taube für den Heiligen Geist, der auf Bildern von der Verkündigung über Marias Haupt und über Christus bei seiner Taufe schwebt.

Die Taube wurde auch mit dem Mondbaum assoziiert, und man findet sie oft in den Zweigen dieses Baumes sitzend dargestellt. Ebenso finden wir auch Abbildungen von einer Taube im Haar der Mondgöttin. Die Taube mit einem Olivenzweig im Schnabel, die die Frucht dieses Baumes anbietet, war ein Emblem für die Erneuerung des Lebens bei Ischtar und Athene.

Als ein den Göttinnen heiliger Vogel war die weiße Turteltaube speziell den Parzen oder Schicksalsgöttinnen heilig, was auf eine Verbindung zwischen diesen Vögeln und den lunaren Mächten der Prophezeiung und des Orakels verweist. Das alte Orakel in Dodona war ein Eichenbaum, in dem eine Schar von Tauben lebte, betreut von einer Reihe von Priesterinnen, die selbst »Tauben« genannt wurden. Die Orakelaussagen wurden den Stimmen der Vögel, ihrem Geraschel in den Blättern des Baumes und ihrem Flug entnommen. In Bildern von der Verkündigung sieht man manchmal eine Taube, die ihren Kopf Marias Ohr zuneigt, so als weissage sie ihr ihr Schicksal.

Die Taube symbolisierte den Aspekt des Mondes, der Leben und Liebe schenkt. Sie stand für die Fähigkeit des weiblichen Wesens, Harmonie durch die Wiederverbindung von göttlichem Geist und Bewußtsein, Menschheit und Natur und der inneren Stimme der Weisheit und Intuition zu schaffen.

Das Pferd

In vielen Kulturen standen das Pferd und vor allem die Stute für die Kräfte der Fruchtbarkeit, für die Lebensenergie, Prophezeiung, Magie und emotionale und instinktive Tiefe. Vor allem die weiße Stute symbolisierte die Mächte des Mondes, und ihr sichelförmiges Hufeisen brachte Glück und Schutz. Die Stute versinnbildlichte Mutterschaft, Liebe und die Fruchtbarkeit des Landes. Sie war ein Symbol für die Kraft und Macht des Landes und die Herrschaft über das Land, und in Irland war das Pferd ein Bestandteil der mit der Krönung ihrer Könige verbundenen Rituale. Man glaubte, daß der Korngeist zur Erntezeit die Gestalt eines Pferdes annahm.

Bei den Kelten spielte das Pferd eine große Rolle. Die Pferdegöttin der gallischen Kelten, Epona, war eine dreifaltige Göttin, die oft auf einer Stute sitzend oder in Begleitung von Stuten und Fohlen dargestellt wurde, wobei sie ein Füllhorn, einen Kamm, einen Spiegel oder einen Kelch in den Händen hielt. Bei den walisischen Kelten hieß diese Pferdegöttin Rhiannon, und sie verfügte über eine Schar von Vögeln, deren Gesang Tote erwecken oder Wachende in den Schlaf versinken lassen konnte, was den tieferen Aspekt der Göttin als Göttin des Todes und der Wiedergeburt anklingen läßt.

Das Pferd wurde mit Seen und dem Meer sowie mit dem Land in Verbindung gebracht. Die Stute versinnbildlichte die Große Mutter der Urwasser, die Quelle allen Lebens. Selbst heute noch bezeichnet man (im Englischen) die weißen Schaumkronen der Wellen als »weiße Pferde«. Das Wasser steht mit der Anderwelt der Kelten in Verbindung, und in vielen Legenden tragen Zauberpferde Helden über das Meer in ein wunderbares Feenreich. Volksmärchen erzählen von Zauberpferden, die am Ufer von Seen und Teichen grasen; wenn irgend jemand den Versuch machte, auf ihnen zu reiten, warfen sie ihn ins Wasser und ertränkten oder verspeisten ihn. In manchen Geschichten konnte man diese Pferde daran erkennen, daß das Hintere ihrer Hufe und Hufeisen nach vorne wies. In diesen Wasserpferdgestalten spiegelt sich der dunkle Mondaspekt des Todes und der Beförderung in die inneren Tiefen.

Pferde waren das Bindeglied zwischen den sichtbaren und unsichtbaren Welten und wurden von Schamaninnen und Schamanen geritten, die zwischen diesen beiden Welten hin- und herreisen konnten. Das Pferd war auch eines der Tiere, in das sich, wie man glaubte, eine Hexe verwandeln konnte.

Das Pferd versinnbildlicht in seiner Gestalt den vollständigen Mondzyklus. Es steht für die dynamischen Kräfte des Lebens und die manifest gewordene Fruchtbarkeit der sichtbaren Mondphasen und zugleich für die verborgenen, inneren Kräfte der Transformation und des Todes der Phase des dunklen Mondes.

Der Kranich

Der Kranich ist ein Vogel, dessen symbolische Verbindungen in vielen Volksmärchen und Legenden nicht unmittelbar augenfällig sind. In der griechischen Mythologie tritt er als Wächter und als ein Symbol für Wachsamkeit und Geduld auf, und im keltischen Sagengut zeigt er starke Verbindungen mit dem Weiblichen. Der europäische Kranich ist ein großer grauer Vogel mit einem langen weißen Hals, einem schwarzen Kopf und einer leuchtend roten Haube. Als Wasservogel war er mit der Anderwelt assoziiert und galt als ein geheimnisvolles und magisches, mit dunklen Kräften begabtes Geschöpf.

In den keltischen Legenden war er mit der feindseligen Göttin, der alten Frau und der reizbaren oder sexuell promiskuitiven Frau verbunden. Es gibt eine Reihe von Geschichten, in denen Frauen in einen Kranich verwandelt werden. St. Columba von Irland verwandelte zur Strafe eine Königin und ihre Dienerinnen in Kraniche. Der Seegott Mannanan besaß einen Zauberbeutel aus der Haut eines Kranichs, der vormals eine wegen ihrer Eifersucht verwandelte Frau gewesen war. Und der irische Held Fionn wurde, als er als Kind von einer Klippe fiel, von seiner Großmutter gerettet, die sich in einen Kranich verwandelt hatte.

Der Kranich wurde auch mit dem Tod assoziiert sowie mit dem Tod des alten Jahres und dem Wandel der Jahreszeiten. Irische Geschichten erzählen von den »vier Kranichen des Todes«, die die verzauberten Söhne einer alten Frau waren, die man »Die Alte vom Tempel« nannte. Der Gott Midir besaß drei Kraniche, die Kriegern ihren Mut und ihre Kampffähigkeit rauben konnten, und wenn ein Krieger auf dem Weg in die Schlacht einen Kranich sah, galt dies als ein sehr böses Omen. Die dem Kranich zugeschriebene Fähigkeit, den Kampfgeist schwächen zu können, erinnert sehr stark an Tabus, die sich mit der menstruierenden Frau verbanden.

In allen diesen Geschichten zeigen Kranichfrauen ein bestimmtes Verhalten und Fähigkeiten, die große Ähnlichkeiten mit denen der prämenstruellen und menstruierenden Frauen aufweisen. Sie werden als grob, feindselig, sexuell lüstern und als fähig betrachtet, Männern Tod und Unglück zu bringen. Doch der Kranich wurde auch mit der Prophetie, dem Wandel der Zyklen, dem inneren, reflektierenden Trancezustand und mit Hüterschaft in Verbindung gebracht, die die positiven Aspekte dieser Phasen darstellen.

Die Eule

In heutiger Zeit wurde die Eule wegen ihrer Verbindung mit der griechischen Göttin Athene und der römischen Göttin Minerva zum Symbol der Weisheit, aber in ihrer älteren Symbolik, die sich in den Volkslegenden findet, ist sie mit Tod und Zerstörung assoziiert. Der Ruf der Eule bei Tag oder dreimal hintereinander in der Nacht kündigte den Tod an, so der Glaube. In Schottland war die Eule als die *cailleach* oder alte Frau bekannt, die sich mit Tod und Winter verband.

Mit der Eule hing auch eine starke sexuelle Symbolik zusammen. In Wales hieß es, der Ruf der Eule bedeute, daß eine unverheiratete junge Frau gerade ihre Jungfräulichkeit verloren hatte. In den keltischen Legenden erscheint die Eule in der Geschichte von Lleu. Die Onkel Lleus, die Magier waren, erschufen für ihn eine Braut aus Blumen und Pflanzen, der sie den Namen Blodeuwedd gaben, was in der walisischen Sprache »Blumengesicht« heißt. Doch Blodeuwedd war Lleu nur solange treu, wie die Blumen ihren Duft behielten, und verliebte sich dann in einen Jäger. Dieser brachte Lleu eine tiefe Wunde mit dem Speer bei, und er war dem Tod schon nahe, als ihn seine Onkel fanden und heilten. Als Strafe für ihren Verrat wurde die untreue Braut in eine Eule verwandelt, und bis auf den heutigen Tag heißt die Eule auf walisisch *Blodeuwedd.*

Blodeuwedd war eine sexuell fühlende Frau, die ihrer eigenen Natur folgte. In vielerlei Hinsicht war nicht ihr die Schuld für den Verrat anzulasten, sondern den Männern, die sie mit unrealistischen Erwartungen geschaffen hatten. Ihre Geschichte ähnelt der von Lilith, die wie Adam aus Staub erschaffen worden war. Ihm gleichgestellt weigerte sie sich, sich in der Rückenlage mit ihm sexuell zu vereinen, und floh aus dem Paradies. Lilith wurde mit der Zwergohreneule assoziiert und mit Klauen an den Füßen und mit Vogelflügeln dargestellt. Sie wurde als dämonisch, als der dunkle Aspekt des Mondes und der Weiblichkeit angesehen. Sie war die Königin der Unterwelt, sie brachte Babys den Tod und verführte Männer in der Nacht. Als solche war sie der dunkle Aspekt von Eva, der menstruelle Fluch, den Eva durch die Schlange in die Welt brachte.

Beide Geschichten zeigen die wahre Natur der Frauen auf, die Entwicklung vom Mädchen bis zur Greisin. Die Eule symbolisiert die dunklen inneren Mächte und die Weisheit des menstruellen Zyklus und die notwendige Transformation, den Tod des alten Selbst, der eine Erneuerung ermöglicht.

Der Hase

Hasen, und später Kaninchen, waren ein Symbol für Fruchtbarkeit, die dynamische Energie des Lebens, Wachstum, Erneuerung und sexuelles Vergnügen und waren eng mit dem Mond und seinen Göttinnen verknüpft. Vor allem der Hase wurde mit der Göttin Ostara assoziiert, von der sich unser heutiges Osterfest herleitet. Sie wurde mit einem Hasenkopf dargestellt, und ihre Hasen legten die Eier des neuen Lebens und kündigten so die Geburt des Frühlings an.

Die nordische Mondgöttin und die germanische Göttin Freyja wurden beide von Hasen begleitet, wie auch die römische Göttin Venus. Die Muster und Umrisse, die wir im Antlitz des Vollmondes entdecken können, sollen, so sagt man, einen Hasen oder ein Kaninchen darstellen, und gemäß der österlichen Tradition gelangt der Hase zu seiner Fruchtbarkeit, weil er den Mond anschaut.

Der Hase wurde auch mit den lunaren und weiblichen Kräften der Weissagung, der Transformation, der inspirierten Verrücktheit und der Sexualität assoziiert. Die keltische Königin Boadicea hielt sich einen Hasen für die Weissagung. Vor einer Schlacht entließ sie ihn aus ihrem Umhang und sagte dann aus dem Weg, den er verfolgte, den Ausgang des Kampfes voraus.

Die Assoziierung mit der Sexualität hat sich bis auf den heutigen Tag erhalten und zum Beispiel seinen Niederschlag in den *bunny girls* gefunden. Möglicherweise hat die mittelalterliche Kirche wegen dieser »unliebsamen« Aspekte den Hasen als ein unheilverkündendes Tier betrachtet. Hasen wurden auch mit Hexen in Verbindung gebracht, und eine Hexe, die sich die Gestalt eines Hasen gegeben hatte, konnte nur mit einem silbernen Kruzifix oder später nur mit einer Silberkugel getötet werden.

Die Dunkle Göttin

Das prähistorische Bild von der Quelle des Lebens wurde in der Göttin gesehen, die *beides* verkörperte, den verwandelnden Schoß und die dynamischen, generativen Kräfte, die das Universum und alles Leben erschufen. Man sah in ihr die kontinuierliche, unsichtbare Lebenskraft des Universums, und die Schöpfung war ihr manifest gewordener Körper.

Dies alles sah man im Zyklus des Mondes und seiner Phasen ausgedrückt. Die sich manifestierende Göttin beobachtete man in den drei lichten Phasen des Mondes als eine Dreieinigkeit von Wachstum, Früchtetragen und Verfall, die sich im wechselnden Zyklus der Jahreszeiten und des Lebens widerspiegelten. Die unmanifestierte Göttin war die dunkle Phase des Mondes, der Schoß, die unsichtbare, fortgesetzte Quelle des Lebens. Spätere Abbildungen von Mondgöttinnen zeigen sie als eine Dreifaltigkeit und nicht mehr in ihrem vierfaltigen Aspekt, nicht weil der vierte Aspekt unbekannt, sondern weil er dem menschlichen Auge ebenso wie die dunkle Phase des Mondes verborgen war. Sie war die Dunkelheit des Unsichtbaren, Unmanifestierten, die Quelle des Lebens und das Potential, sie war das reine Bewußtsein, das der Dreifaltigkeit des Lichtes zugrunde lag. Ihre Dunkelheit war die Essenz des gesamten Zyklus, da die Lichtphasen nur in Beziehung zur Dunkelheit wahrgenommen werden konnten.

Die Gestalt der Göttin von Leben und Tod, Dunkelheit und Licht wie auch der gesamte Mondzyklus wurden aufgespalten, wobei der Aspekt der dunklen Göttin der destruktiven Energien und des Todes von ihrem zusätzlichen Aspekt der generativen Energien und des Lebens losgelöst wurde. Auf die weibliche Gestalt von Tod und Zerstörung folgte nicht mehr die kompensierende Gestalt, die für die Rückkehr in den universellen Schoß und die Wiedergeburt stand, und damit war der lunare Zyklus von Leben, Tod und Wiedergeburt zerbrochen. Das göttliche Prinzip des Weiblichen spaltete sich auf und polarisierte sich in die lichte Göttin des Lebens und die schreckliche Unterweltgöttin, die die Endgültigkeit des Todes mit sich brachte.

Die starken sexuellen und destruktiven Energien, die die Frauen innerhalb ihres menstruellen Zyklus erlebten, wurden nun in der Gestalt der nach Blut dürstenden Kriegsgöttinnen zusammengeführt. Der kreative Aspekt dieser Energien wurde ignoriert, und der wilde, blutrünstige, sexuelle Aspekt in Göttinnen wie Ischtar, Sachmet und Morrigain zum Ausdruck gebracht. Die willkommen heißende Mutter des Todes wurde als böse wahrgenommen, als eine, die sinnlos und willkürlich Zerstörung brachte. Diese Verbindung von »Sex und Gewalt« hat sich bis in unsere heutige Gesellschaft fortgesetzt und spiegelt sich in Filmen, Büchern und in den zahllosen Vergewaltigungen von Frauen wider. Die ursprüngliche Gestalt, in der schöpferische Sexualität und Tod miteinander verwoben waren, wurde auf grauenhafte Weise verzerrt. Die Gestalt der Zerstörerin als Bringerin von Veränderung und Wandel ist aus der linearen Perspektive gesehen angsterregend, aber wenn Leben und Tod als fortlaufender Zyklus begriffen werden, wird die Zerstörerin zum Weg zu einer neuen Existenz und zu neuem Wachstum.

Die Mythologie hat die Göttinnen oft auf die Aspekte der »guten Mutter des Lebens« und der »schrecklichen Göttin des Todes« reduziert, aber häufig stecken in ihnen noch Überbleibsel des gesamten Zyklus. Hekate, die griechische Göttin des dunklen Mondes, war die Königin der Hexen und eine Göttin des Todes. Zur Zeit des abnehmenden Mondes und Neumondes war sie die Schutzpatronin der Weissagung, Träume und Magie. Sie war die Kraft, die aus der inneren Dunkelheit emporstieg und Visionen, zwanghafte Triebe, ekstatische Inspiration und zerstörerische Verrücktheit mit sich brachte. Als Königin der Unterwelt hielt sie die Fackel der Regenerierung und Wiedergeburt. Andere Geschichten erzählen, daß Hekate ein helles Kopfband trug und ein weiches Herz hatte; sie war es, die der trauernden Demeter nach der Entführung von Persephone ihr Mitgefühl zeigte. Sie wurde in dreifaltiger Gestalt und vor allem an Wegkreuzungen, wo vier Wege die vier Phasen des Mondes widerspiegelten, verehrt. Wenn wir an einer solchen Kreuzung ankommen, sehen wir drei Wege vor uns, aber der vierte ist unserem Blick verborgen.

Die Göttin Athene, die eine jungfräuliche Göttinnengestalt der Weisheit und des Intellekts war, trug auch Symbole ihres dunkleren Aspekts bei sich. Das Gorgonenhaupt, das auf ihrem Schild oder ihrer Aigis abgebildet war, wurde eng mit ihr assoziiert. Der Sage nach handelte es sich um die Gorgo Medusa, eine Frau, deren Haar aus Schlangen bestand und deren tödlicher Blick Männer in Stein verwandelte. Ihr Blut hatte die Macht zu töten oder zu erneuern, je nachdem, aus welcher Ader es floß. Die Tatsache, daß ihr Antlitz von sich windenden Schlangen umkränzt war, worin man eine Widerspiegelung der Vulva sah, machte sie zu einem Symbol der Sexualität, Regeneration, Schöpfung, Erneuerung und des Todes. Athene wurde auch mit einer Eule und deren Assoziationen mit Tod und den Kräften der Prophezeiung dargestellt.

Somit beherbergen Hekate und Athene bis zu einem gewissen Grad auch andere Aspekte der Mondphasen in einer einzigen Gestalt.

Der Abstieg der Göttin in das Totenreich, um neues Leben und Wissen zurückzubringen, ist ein in der Mythologie immer wiederkehrendes Thema und spiegelt den Zyklus der Jahreszeiten, des Mondes und der Frauen wider. In der griechischen Mythologie gibt es Kore, die Tochter der Korngöttin Demeter, die in die Unterwelt entführt wurde. Demeter zog in ihrer Trauer die Kräfte der

Fruchtbarkeit und des Wachstums von der Erde ab, bis ihre Tochter gefunden war. Kore konnte nur dann wieder vollständig in die Oberwelt zurückkehren, wenn sie in der Unterwelt nichts zu sich nahm, aber sie aß ein paar Granatapfelkerne, ein Akt, der sie verpflichtete, alljährlich wieder für eine gewisse Zeit in die Unterwelt zurückzukehren.

Persephone, wie Kore nun hieß, war die Mädchengestalt der Göttin, die Kornpflanze, der Getreidesame, während Demeter das Korn selbst war. In dieser Geschichte finden wir den Widerhall des vereinenden Prinzips des Mondzyklus – das Kind der Mutter ist aus demselben Stoff wie die Mutter. Das Schneiden des Korns und sein Tod tötete nicht das, was das Korn wachsen läßt, sondern war vielmehr eine Notwendigkeit, damit das Korn wieder zum Leben erweckt werden konnte. Persephone, in Form des Getreidesamens, ruhte in der Unterwelt, bis sie im Frühling wiedergeboren wurde, und war während dieser Zeit die Königin der Unterwelt.

Den Abstieg Kores/Persephones können wir auch als eine Widerspiegelung des Zyklus der Frauen und des Lebenszyklus betrachten. Einmal im Monat zogen sich die Frauen in die abnehmende Phase ihres monatlichen Zyklus zurück, um in der Dunkelheit der Menstruation zu ruhen. Persephone pflückt wie Eva die rote Frucht der Menstruation und verbindet sich so mit einem Zyklus von Rückzug, Erneuerung der Energien und Abstieg in die Unterwelt. In der Welt über ihr werden die Energien der Fruchtbarkeit zur Winterzeit von Demeter zurückgezogen, was die Gleichgestimmtheit des Zyklus der Frauen und des Zyklus des Landes widerspiegelt. Während der Menstruation erlebt die Frau einen Rückzug ihrer Energien aus der äußeren Welt, sie konzentriert ihr Bewußtsein nach innen, um ihr eigenes Wachstum und Verstehen zu unterstützen und dann ihr Wissen in die äußere Alltagswelt zurückzubringen. Sowohl Persephone wie auch die menstruierende Frau befinden sich in einem Winterzustand der zurückgezogenen fruchtbaren Energien. Der erste Abstieg in die Dunkelheit ist notwendig, damit das Mädchen zu einer Mutter heranwachsen kann. Die folgenden allmonatlichen Abstiege ermöglichen es der Frau, den jüngeren Aspekt in sich selbst zurückzugewinnen, damit sie mit dem Leben aufs neue beginnen kann. Der allmonatliche gemeinsame Abstieg mit Persephone bedeutet, in die Unterwelt des Unterbewußtseins hinabzusteigen, um sich mit der Quelle allen Lebens und Bewußtseins enger zu verbinden und dem Leben Sinn und Geist zu verleihen.

Die Geschichte »Die Erweckung« folgt dem Weg von Evas erstem Abstieg. Die Rote Herrin ist die Zauberin oder böse Stiefmutter; sie zerstört das Kind in Eva, indem sie in ihr die Kräfte des Frauseins erweckt. Die Rote Herrin verfügt über die Kräfte der Vision, Magie, Transformation und Wahrheit. In der Dunkelheit erfährt Eva in ihren Visionen Verrücktheit, Zwanghaftigkeit, ekstatische Inspiration, sexuelle und dynamische Energien. Bevor diese Energien in und durch Eva zerstörerisch werden, wird sie von der Mutter der Dunkelheit aufgerufen, ihre Energien zu transformieren, aus der Zerstörung etwas zu erschaffen und Licht in die Dunkelheit zu bringen. Durch ihren Abstieg erlebt Eva auch, daß es zwei Welten gibt, die sichtbare Alltagswelt und die innere unsichtbare Welt. Wie die prähistorische Göttin gehört sie beiden Welten an und bewegt sich jeden Monat zwischen beiden Welten hin und her. Ihr erster Abstieg initiiert die sich spiralig bewegenden Zyklen der Erneuerung, die sie ihr gesamtes gebärfähiges Leben begleiten werden.

Souveränität oder die Göttin des Landes

In den keltischen Geschichten und in den späteren Artuslegenden finden sich oft geheimnisvolle Frauen, die als irdische Repräsentantinnen der Göttin der Souveränität oder des Landes in Erscheinung treten. In dieser Funktion haben sie Gaben wie Kreativität, Weisheit und das Geschenk der von der Göttin verliehenen Königswürde anzubieten. Durch ihre Ehe mit der Repräsentantin der Göttin des Landes wurde den keltischen Königen das göttliche Recht zu herrschen verliehen, und ihre Königsherrschaft und Königswürde war auf mythische Weise mit der Göttin des Landes verbunden. Vom König wurde erwartet, daß er sein Volk führte und ihm gegenüber aufrichtig war, wofür ihm die Göttin der Souveränität die Kräfte und Weisheit der Anderwelt anbot. Bei den irischen Zeremonien zur Kür des Königs war die Göttin des Landes durch eine weiße Stute und in den Artuslegenden durch die dreifache Gestalt der Ginevra vertreten. Der walisische Name Gwenhwyfar bedeutet »Weiße Erscheinung« und spiegelt die lunare Eigenschaft dieser Göttin wider.

Diese tritt in den Legenden in der Gestalt einer Reihe von Frauen auf, die alle eine lunare Eigenschaft aufweisen und einen Aspekt des Landes und des göttlichen Prinzips des Weiblichen vertreten. So kann sie die Gestalt des anmutigen jungen Mädchens, der Fülle spendenden Königin, des scheußlichen Weibes oder der dunklen Jungfrau oder der Greisin annehmen. Diese Frauen erscheinen den Helden und Königen, bieten ihnen Geschenke und Unterweisung an und stellen ihnen Aufgaben, die ihnen erlauben, für die Sache des Landes zu kämpfen.

Die Mädchengestalt, deren Farbe Weiß ist, wird als die Quelle der Vision, als Handlungsinitiatorin geschildert. Sie spielt eine ähnliche Rolle in Volksmärchen, in denen sie von Drachen, Monstern oder bösen Hexen errettet werden muß, und selbst heute noch finden wir diese Thematik in vielen Filmen und Büchern. Ginevra spielte zuerst die Rolle der schönen Blumenbraut, als die sie Quelle der Souveränität für Artus war, aber nachdem sie vom König vernachlässigt wurde, wurde sie zur Souveränitätsvision für Lancelot.

In den früheren Geschichten hatte Ginevra die Rolle der Königin inne, die den Hof regierte und Artus' Machtposition aufrechterhielt. Die mächtige und einflußreiche Königin, deren Farbe Rot ist, wird oft als eine Frau geschildert, die dem Helden bei der Bewältigung der ihm gestellten Aufgabe hilft oder ihn bei seiner Gralssuche unterstützt. Als ihre zeitlich begrenzte Rolle als Königin ein Ende hatte, zog sich Igraine, die Mutter Artus', in die Anderwelt zurück, wo sie ihre Machtrolle als Königin des Jungfrauenschlosses weiterhin behielt.

Die dunkle Jungfrau betritt in den Legenden die Bühne, um den Helden aktiv herauszufordern, ihn zur Selbsterkenntnis und zu einem verantwortlichen Verhalten zu zwingen. In den Artuslegenden tritt sie als die Zauberin Kundry in Erscheinung, die Peredur rügt, weil er nicht die Gralsfrage gestellt hat, und die die fahrenden Ritter zum Handeln anspornt, nachdem sie sie wegen ihrer Untätigkeit gerügt hat. Sie wird als eine Gestalt mit sehr boshafter Zunge geschildert, die die Ritter prüft und plagt.

Auch die Zauberfee Morgane wies den dunklen Jungfrau-Aspekt in ihrer Feindseligkeit gegenüber König Artus auf und in ihrer ständigen Bezweiflung seiner Würdigkeit als König. Diese dunkle Jungfraugestalt konnte als kriegerische Form oder Amazone auftreten, die in ihrer Gefährtinnenrolle die Aufgabe hatte, den Helden zu unterweisen und seine Denkweise zu transformieren. Ihr war die Macht der Magie und Dunkelheit zu eigen, aber sie stand auch für die Dynamik der Mädchen- und Jungfraugestalt.

Diese Aspekte der Souveränitätsgöttin spiegelten den Mondzyklus wider. Wie beim Mond sind die Aspekte von Mädchen, Mutter, dunkler Jungfrau und Greisin nicht feststehend, sondern sie ändern und verwandeln sich vom einen ins andere. Souveränität als Göttin des Landes reflektierte die Natur des Landes, die überströmende Energie des Frühlings, die Fülle des Sommers, den Rückzug des Herbstes und die Dunkelheit des Winters, die Zeit, in der die sich manifestierende Schönheit des Landes verborgen lag, aber sie stand auch für den Zyklus ihrer irdischen Repräsentantinnen, den menstruellen Zyklus der Frau.

Wie der Mond und die Jahreszeiten geht auch die Frau fließend von einem Aspekt ihres Zyklus in den nächsten über und wandelt und transformiert sich in Übereinstimmung mit ihrer Wesensnatur. Die Göttin als Personifikation des Landes inspiriert die Menschen, bietet ihnen ihre Fülle an, tadelt sie für ihre Untätigkeit oder Fehlhandlungen und transformiert sie in ihrem Wesen.

Die Göttin des Landes kann in den Geschichten und Mythen auch als »Idealbild der Frau« auftreten, die in ihrer Erscheinung alle drei lunaren Farben aufweist: weiße Haut, schwarzes Haar und rote Lippen – so balanciert sie alle Farben und die mit ihnen verbundene Symbolik in sich aus. Sie verfügt über Selbsterkenntnis und ist ihrer Wesensnatur treu. In einer Version der Geschichte von Gawain lautete die Antwort auf die Rätselfrage des Schwarzen Ritters, daß eine Frau am allermeisten nach »Souveränität« verlangt, und das hat eine weitaus tiefere Bedeutung als nur »den eigenen Willen durchzusetzen«!

Die Artuslegenden zeigen nicht nur die verschiedenen Aspekte der Göttin der Souveränität auf, sondern auch die Interaktionen zwischen Frauen und Souveränität und Männern und Souveränität. Frauen müssen den Gral, den Kelch der Souveränität, in ihren eigenen Erfahrungen und in der Identifikation mit jedem der Souveränitätsaspekte in sich selbst suchen und in ihren Zyklen finden. Für Männer jedoch gilt, daß nur derjenige, der gerecht, ehrlich, wahrhaftig und liebevoll ist, die Königswürde des Landes als Repräsentant oder Partner der Souveränitätsgöttin oder Göttin des Landes erlangen kann. Sie vergilt es ihm, indem sie ihn inspiriert, befähigt und bemächtigt, ihn unterweist und führt. Eine normale sterbliche Frau vermag einem Mann die gleichen Geschenke anzubieten, aber nur, wenn er sie in ihrer Souveränität anerkennt und es ihr ermöglicht, ihrer eigenen Natur treu zu bleiben. Souveränität erfordert die Freiheit der Frau, sie selbst zu sein, und diese Freiheit muß ihr von anderen Frauen wie auch Männern zugestanden werden. Die Liebe und das Vertrauen, die ein Mann einer Frau schenkt, indem er ihr ihre Souveränität zugesteht, wird ihm durch die Geschenke und Gaben ihrer Souveränität zurückerstattet.

Die Schamanin und Priesterin

Eine Frau, die sich ihrer Energien und ihres Zyklus bewußt wird, gelangt auch zu einem Bewußtsein von einer Ebene des Lebens jenseits des Sichtbaren. Sie bewahrt eine intuitive Verbindung mit den Energien des Lebens, der Geburt und des Todes und nimmt das dem Lande und ihrer eigenen Person innewohnende Prinzip der Göttlichkeit wahr. Aus diesem Gewahrsein heraus interagiert die Frau nicht nur mit den sichtbaren und weltlichen, sondern auch mit den unsichtbaren und spirituellen Aspekten ihres Lebens.

Durch diese allmonatlichen veränderten Bewußtseinszustände brachten die Schamanin, Medizinfrau oder später die Priesterin ihre Energien, Einsichten und Verbindungen mit dem Göttlichen in die manifeste Welt und in ihre Gemeinschaft ein. Heilen, Magie, Weissagung, Unterweisung, Inspiration, Überlebensfähigkeiten und Überlebenstechniken – all dies entstand aus ihrer Fähigkeit, beide Welten wahrzunehmen und ihre Erfahrungen von der einen in die andere Welt zu tragen.

Die zunehmende Vorherrschaft der Männer in der Gesellschaft und Religion führte zu einem statusmäßigen Abstieg der Schamanin und Priesterin, bis die Männer schließlich ihre Positionen und

Rollen ganz übernahmen. Die Priesterinnenrolle wurde so gründlich und vollständig unterdrückt, daß die Frau in der institutionalisierten Religion in aktiver höherer Position praktisch nicht mehr vorkommt. Die weniger strukturierte Position der weisen Frau oder Hexe konnte sich noch eine Weile im »Untergrund« halten und wurde zum letzten Bindeglied zu den alten matriarchalen Religionen. Die Dorfhexe war in bezug auf die Naturmagie, das Heilen und die Beziehungen versiert, und sie war in der Lage, im Wechselspiel auf ihren menstruellen Zyklus, die Jahreszeiten und ihr inneres intuitives Selbst einzuwirken. Sie bot Hilfe und Anleitung beim Übergang ins Leben und in den Tod an, sie brachte durch Initiationsrituale Initiation und Transformation, und sie führte die ekstatischen Riten an, die ihrem Volk ein Gefühl der Verbundenheit, der Fruchtbarkeit und der Inspiration schenkten.

In der Dorfhexe verbanden sich weibliches Gewahrsein und weibliche Energien in ausbalancierter Form in einer von Männern beherrschten Gesellschaft und Religion. Unseligerweise wurden diese Kräfte des Weiblichen auch ganz offensichtlich als Bedrohung für die männliche Ordnung betrachtet, und die Hexenverfolgungen im Mittelalter zerstörten dann die Hexentraditionen oder Traditionen der weisen Frauen. Durch ihren Angriff auf die Hexen erkannten deren Verfolger an, daß diese Frauen über Macht und Kräfte verfügten, aber die eigentliche Zerstörung der Hexenkunst und ihres Stellenwertes erfolgte durch die spätere gesellschaftliche Leugnung dieser weiblichen Kräfte. Die Hexe wurde zum Gegenstand des Spottes, die in Kinderbüchern zur lächerlichen und komischen Figur verkam. Die Strafen, die früher Hexen, wenn sie erwischt wurden, auferlegt wurden, und die spätere Indoktrinierung mit Angst und Scham hielten Frauen davon ab, diesen Fähigkeiten und Bedürfnissen Ausdruck zu verleihen, was sonst zu einer Wiedererweckung der Tradition geführt hätte. Die direkten Auswirkungen der Hexenverfolgungen sind heute noch im Fehlen jeglicher gesellschaftlich akzeptierter spiritueller Lehren, Archetypen oder Traditionen spürbar, die die weibliche Natur und die weiblichen Energien anerkennen, ganz zu schweigen von einer Unterweisung in ihrem Gebrauch.

Die Folge davon, daß Frauen eine aktive Erfahrung ihrer Spiritualität verweigert wird, ist, daß sie für sich selbst eine männlich strukturierte und dominierte Religion akzeptieren, ohne eine Ahnung von der ihnen selbst innewohnenden Spiritualität zu haben. Will sich eine Frau dieser Spiritualität bewußt werden, muß sie sich außerhalb der von Männern beherrschten und geprägten Religion und der Majorität der religiösen Gemeinde stellen, was für sie sehr schwierig ist, wenn sie in einer solchen männlich orientierten Religion ohne Konzeption eines »Außerhalb« aufgewachsen und erzogen wurde. Das kann aufgrund des Mangels an Tradition und Führung große Angst auslösen. Die Zerstörung und Auslöschung einer weiblich orientierten Spiritualität ist ein relativ junges Ereignis in der Menschheitsgeschichte, aber sie wurde so gründlich vollzogen, daß sich davon nur noch Spuren in der westlichen Volkskunde, in archäologischen Ausgrabungsstätten, in Mythen und Legenden und im noch immer empfundenen Bedürfnis der Frauen findet.

Mit dem ansteigenden Status der Frau im 20. Jahrhundert ging auch ein wachsendes Bedürfnis nach dem Ausdruck weiblicher Spiritualität in anerkannter Form einher. Unter dem Druck der Frauen haben einige christliche Kirchen Frauen zur Priesterschaft zugelassen, aber obgleich dies eine Anerkennung der Frau als spirituelles Wesen bedeutet, wird doch weiterhin ihre Weiblichkeit negiert. Sie sind eher als »Ehrenmitglieder« des männlichen Geschlechts zu betrachten, nicht als Priesterinnen im eigentlichen Sinn, denn ihre weibliche Natur und die Kräfte, die sie verkörpert, werden weiterhin geleugnet. Eine Frau kann nicht allein dadurch ein weiblicher Priester sein, daß sie dem weiblichen Geschlecht zugehört, aber es sind *gerade ihre Weiblichkeit* und Sexualität, die sie mit dem Bewußtsein vom Göttlichen, von den Rhythmen des Lebens und des Universums verbinden. Die Rolle des weiblichen Priesters offeriert Frauen eine *anerkannte* spirituelle Rolle, aber mehr überträgt sie ihnen nicht. Die Fähigkeit, ein spirituelles Wesen zu sein, wohnt der Wesensnatur und dem Körper der Frau inne.

Die Fähigkeit der Priesterin/weisen Frau, Schamanin/Hexe, die Kräfte des Göttlichen zu übermitteln, ist allen Frauen inhärent und kommt aus ihrem Gewahrsein von sich selbst. Eine Priesterin zu werden heißt in sich selbst suchen. Die Frau, die einen Kelch hält, hat eine andere Bedeutung als der Mann, der einen Kelch hält, gleich, ob dies bewußt oder unbewußt erkannt wird, und vielleicht haben Männer aus diesem Grund Angst, daß die Frauen ihre Religion »übernehmen« werden. Es müssen beide Bilder und Sinngestalten wiedererweckt werden, die ausgewogen und miteinander vereinbar sein sollten, ein jedes in seinem Recht akzeptiert. Der Mythos des Männlichen und der Mythos des Weiblichen beinhalten nicht das gleiche, aber sie sind auch nicht voneinander zu trennen; sie sind in Ausgewogenheit und Harmonie aufs engste ineinander verwoben.

In der Vergangenheit wurde die mondige Natur der Frauen als eine Demonstration der Verbindung zwischen Frauen und Universum anerkannt. Durch ihren Körper erfuhr die Frau intuitiv die wechselseitige Verbundenheit allen Lebens, erfuhr, daß es keinen Unterschied zwischen dem Göttlichen und der Schöpfung gibt, erfuhr den Zyklus von Leben, Tod und Wiedergeburt. Diese Einsichten und Erkenntnisse fehlen in unserer modernen Gesellschaft und sind schwer zu verstehen, wenn sie nicht von Frauen direkt über ihren Körper und von Männern durch Frauen erfahren werden. In unserer heutigen Gesellschaft gibt es keinen Platz für ekstatische Tänze, durch Sexualität und den Körper ausgedrückte Spiritualität oder die Stimme der Prophezeiung und des Orakels. Unsere Gesellschaft ist von den Kräften des Weiblichen, der Inspiration und der Empathie abgeschnitten, Kräfte, die Wachstum und Verstehen mit sich bringen, das Ende der Angst vor dem Tod und die Einheit von Geist, Körper, Schöpfung und dem Göttlichen.

Der Fortschritt der Frauen im Zuge ihres Vordringens in die »männliche Welt« war im großen und ganzen intellektueller Natur, bar des intuitiven Verstehens und der Kreativität, die die Grundlage unserer Wesensnatur bilden. Es gibt keine Archetypen oder Traditionen, die Frauen in ihren Bedürfnissen und Fähigkeiten, die aus ihren neuen Arbeits- und Erfahrungsbereichen resultieren, anleiten. Es ist deshalb grundlegend wichtig, daß Frauen diesen Mangel beheben und Wachstum und gesellschaftliche Anerkennung in allen Aspekten ihrer Natur erfahren können.

Die Entwicklung des Verstehens und der inneren Intelligenz in jeder einzelnen Frau ist wichtig, und deshalb ist auch die Führung im Übergang von der Kindheit zum Frausein wichtig. Unsere Gesellschaft hat viele ihrer Initiationsriten verloren, und deshalb besteht das Bedürfnis nach einer Wiedereinsetzung von Initiationsriten in der Pubertät, der jahreszeitlichen und lunaren Riten und der Rituale der Transformation beim Tod und der Wiedergeburt – ein Bedürfnis, das erfüllt werden muß, damit die Gesellschaft wieder Zugang zu den mit dem menstruellen Zyklus verbundenen Einsichten und Erkenntnissen gewinnt. Neue Geschichten und Mythen müssen geschrieben, neue Lieder gesungen und mehr archetypische Gestalten gemalt werden, wenn die Tradition der Frauen wieder aufgebaut werden und ihren ursprünglichen Platz einnehmen soll. Der Akt dieser Wiedererweckung verbindet Frauen wieder in aller Vollständigkeit mit ihrer Natur und bietet künftigen Generationen ein Bewußtsein darüber an in der Hoffnung, daß es nie wieder verlorengehen wird. Am wichtigsten aber ist, daß dies der Schamanin, der weisen Frau, der Orakelpriesterin, der Hexe, der Medizinfrau und der Fee wieder einen Platz in der Gesellschaft zuweist.

In »Die Erweckung« wird Eva als ein Wesen beider Welten und in ihrer Fähigkeit, zwischen beiden Welten hin- und herzuwandern, anerkannt und geachtet. Indem sie den roten Schleier der Menstruation trägt, verfügt sie selbst über die Kräfte und Wesensnatur des göttlichen Prinzips des Weiblichen. Diese Verantwortung begleitet ihre Erweckung zur Verwirklichung ihrer wahren Natur. Der modernen Frau, die das Wesen ihres Zyklus nicht versteht, offeriert der menstruelle Zyklus eine entschuldigende Erklärung und Ausrede für Verhaltensprobleme. Aber auch selbst jene, die ihren Zyklus verstehen, sind nicht in der Lage, die Verantwortung dafür zu übernehmen, weil die Gesellschaft es nicht zuläßt, daß sie ihrer wahren Natur Ausdruck geben.

4
Begegnung mit dem Mond

Der menstruelle Zyklus

Bei den meisten Mädchen setzt die erste Menstruation etwa im Alter von zwölf Jahren ein und pendelt sich dann bei einem Zyklus von ungefähr 28 Tagen ein, obwohl er auch zwischen 14 und über 30 Tagen variieren kann. Dieser Zyklus wird Bestandteil des Lebens der Frau, bis sie etwa 47 Jahre alt ist, es sei denn, sie wird schwanger oder bekommt aus irgendwelchen physiologischen Gründen keine Periode mehr.

Jeden Monat erlebt der Körper der Frau eine Reihe von Veränderungen, von denen sie viele gar nicht bewußt wahrnimmt. Zu den vielen Dingen, die Schwankungen unterliegen und sich verändern können, gehören unter anderem das hormonelle Gleichgewicht, die Vaginaltemperatur, Urinzusammensetzung und -volumen, das Körpergewicht, die Vitaminkonzentrationen, die Wasserretention, der Herzschlag, Umfang und Gewebestruktur der Brüste, Konsistenz des vaginalen Ausflusses, das Konzentrationsvermögen, das Seh- und Hörvermögen, die medialen Fähigkeiten und die Schmerzgrenze. Wichtig ist, daß wir uns bewußt werden, wie unser Körper auf unseren persönlichen Zyklus reagiert, wenn wir die Auswirkungen auf unsere Persönlichkeit und schöpferischen Energien verstehen wollen.

Der allmonatliche physische Zyklus besteht aus vier Phasen: Die präovulatorische Phase, die Ovulationsphase, die prämenstruelle Phase und die Menstruationsphase. In den Eierstöcken der Frau befinden sich Zellversammlungen, Follikel genannt, die noch unreife Eier oder Ova enthalten. In der *Präovulationsphase* reift ein Follikel heran, wobei Östrogen produziert wird, das sich auf die Brüste und die Gebärmutterwand stimulierend auswirkt (Abb. 1 und 2). Um den 14. bis 16. Zyklustag bricht der Follikel auf und setzt ein reifes Ei frei. Das ist die *Ovulationsphase.* Manche Frauen bemerken in dieser Zeit gewisse physische Symptome. Dazu können Schmerzen im Beckenbereich, Zwischenblutungen oder

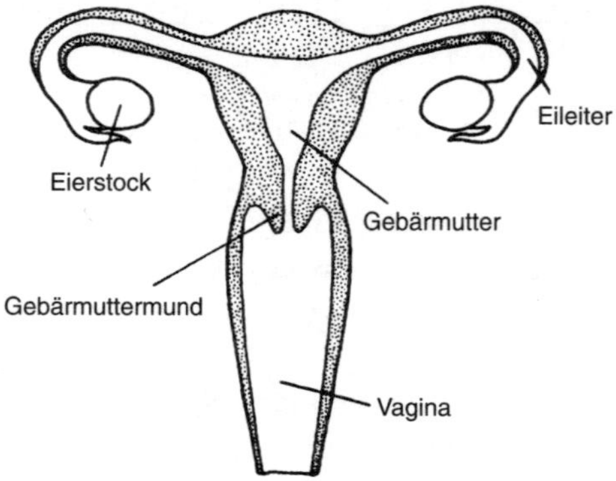

Abbildung 1. Die inneren weiblichen Geschlechtsorgane (Der Schoß)

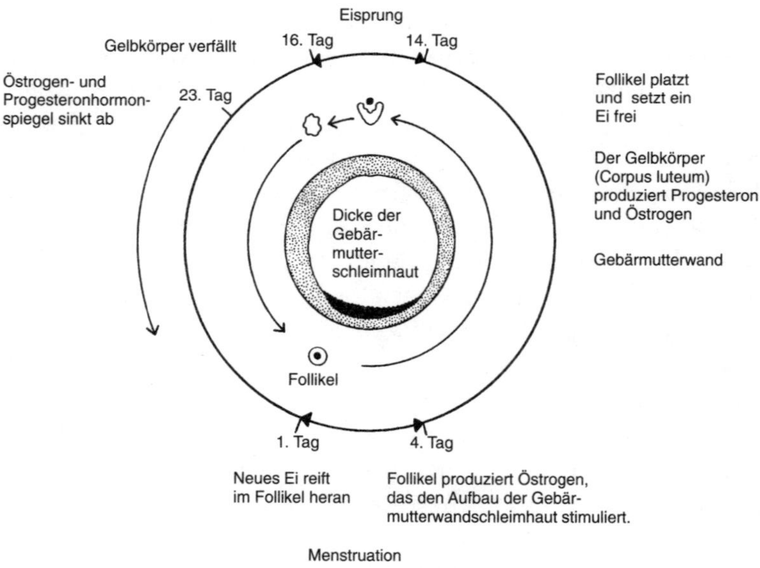

Abbildung 2. Der ovarielle und uterine Zyklus

Schmierblutungen, verstärkte Empfindlichkeit oder Vergrößerung der Brüste oder bestimmte Essensgelüste gehören. Nach der Ovulation, dem Eisprung, wird der Follikel zu einem Corpus luteum oder Gelbkörper umgewandelt und produziert sowohl Progesteron wie Östrogen. Das Progesteron bereitet die Gebärmutterwand und -schleimhaut auf die Einnistung eines befruchteten Eis vor. Wenn keine Befruchtung stattfindet, verfällt der Gelbkörper allmählich und der Progesteron- und Östrogenhormonspiegel fallen in der *prämenstruellen* Phase ab. Die Gebärmutterschleimhaut beginnt, sich abzubauen und aufzulösen, was dann zur *Menstruationsblutung* führt.

Die prämenstruellen physischen und emotionalen Veränderungen in Frauen werden nun allmählich von den Ärzten, Anwälten, Richtern und Arbeitgebern als real existent anerkannt. Doch die Symptome können äußerst unterschiedlich ausfallen und sich in verschiedenem Maße auswirken. Zu den verbreitetsten Symptomen gehören Rückenschmerzen, Ohnmachtsanfälle, Migräne, starkes Verlangen nach Zucker und Kohlenhydraten, Müdigkeit und Schlaffheit, Konzentrationsmangel, Allergien, Reizbarkeit, Stimmungsumschwünge, Feindseligkeit und Depression. Ein hoher Prozentsatz aller menstruierenden Frauen ist mehr oder minder von prämenstruellen Symptomen betroffen.

Es gibt viele physische Mittel, mit deren Hilfe die Symptome gelindert werden können, angefangen von Vitaminen und Mineralien in der Nahrung bis hin zur Massage und Aromatherapie, aber nichts davon macht sich die Verbindung zunutze, die die Frau bereits über ihr Unterbewußtsein zu ihrem Schoß hat. Die physischen Mittel gehen hier in ihrem Behandlungsansatz eher von einer Krankheit des Körpers aus, die nichts mit unserem Geist und Bewußtsein zu tun hat. Wenn wir unseren Zyklus verstehen lernen, wenn wir diese Veränderungen akzeptieren und unserer eigenen Natur treu bleiben, können wir unseren Zyklus wieder ausbalancieren.

Das bedeutet nicht, daß wir uns nicht jedweder Methoden bedienen sollten, die die physischen Symptome lindern können; es bedeutet aber, daß wir aufhören, gegen diese Symptome anzukämpfen und wir sie lieber als Bestandteil unserer Person annehmen sollten. Das ist offensichtlich nicht immer ganz leicht, wenn wir uns gerade in einem tiefen Loch einer prämenstruellen Depression befinden oder von qualvollen Menstruationskrämpfen geschüttelt werden.

Obgleich die durch den menstruellen Zyklus bedingten physischen Veränderungen allmählich besser verstanden und in der Gesellschaft breiter diskutiert werden, werden die inneren Veränderungen auf den Ebenen der Sexualität, Spiritualität und Kreativität nach wie vor weitgehend ignoriert. Wie bereits dargestellt, sind die Mondzyklen und menstruellen Zyklen der Frauen aufs engste miteinander verknüpft, und der weibliche Körper reagiert auf die Mondphasen. Aber der Mondzyklus ist nicht nur der Kalender des Körpers der Frau, er ist auch ein Indikator für die Veränderungen in ihrem Bewußtsein. Der durchschnittliche synodische Zyklus des Mondes beträgt 29 Tage, zwölf Stunden und 44 Minuten. Zum Zeitpunkt des Neumondes ist die helle Seite des Mondes von der Erde abgewandt, und nach ein paar Tagen wird die Sichel des zunehmenden Mondes sichtbar. Diese Sichel wird allmählich immer breiter, bis wir Halbmond haben, der bei Sonnenuntergang im Zenit sichtbar ist. Das Licht des Mondes nimmt weiterhin zu bis zum Vollmond, der am östlichen Horizont aufsteigt, wenn die Sonne im Westen untergeht. Nach dem Vollmond nimmt das Licht des Mondes wieder ab, bis zu Neumond Sonne und Mond zur gleichen Zeit aufgehen.

Die meisten Frauen interagieren mit dem Mondzyklus auf eine von zwei Weisen; ihre Menstruation fällt entweder mit der Vollmond- oder mit der Neumondphase zusammen. Der menstruelle Zyklus stimmt vielleicht nicht vollkommen und ganz präzise mit dem Mondzyklus überein, aber er verlängert und verkürzt sich immer wieder so, daß letztlich die Menstruation doch jeden Monat um die Zeit des Vollmondes oder Neumondes einsetzt.

Übung

Inzwischen haben Sie wohl schon für Ihr Journal die relevanten Mondphasen ausfindig gemacht. Nun sollten Sie beginnen, die tatsächlichen Phasen und jeweiligen Positionen des Mondes am Himmel zu beobachten. Gehen Sie, wenn möglich, nach draußen und achten Sie darauf, wie sich das Licht der jeweiligen Mondphase auf Ihre Emotionen und intuitive Fähigkeit auswirkt. Versuchen Sie sich die jeder Phase zugehörigen weiblichen Energien vorzustellen; sie können die Gestalt von uralten Göttinnen annehmen oder von Frauen, die Sie als ein Archetypus der jeweiligen Phase betrachten, oder die Form von Musik, Tieren, Jahreszeiten oder abstrakten Mustern.

Um zu einem umfassenderen Verständnis von den Veränderungen in Ihrem kreativen Vermögen gelangen zu können, müssen Sie die Energien der vier Phasen des menstruellen Zyklus und des synodischen Monats untersuchen. Zunächst aber ist wichtig, daß Sie das allmonatlich angesammelte Informationsmaterial in eine Form bringen, die Ihnen das Erkennen von Mustern erlaubt.

Die Mond-Chronik

Wenn Sie erst einmal ein paar Monate lang Informationen über Ihren eigenen Zyklus zusammengetragen haben, werden Sie wahrscheinlich über eine ziemliche Fülle an Material verfügen, das sich nur mühsam sichten läßt. Mit der *Mond-Chronik* haben Sie ein einfaches Instrument an der Hand, mit dessen Hilfe Sie Informationen und Ergebnisse eines jeden Monats miteinander vergleichen und zusammenfassen können, woraus sich dann ein Leitfaden für Ihren persönlichen menstruellen Zyklus erstellen läßt. Das adaptierte Konzept dieser Mond-Chronik entstammt ursprünglich einer Idee von Penelope Shuttle und Peter Redgrove in ihrem Buch »Die weise Wunde Menstruation«.

Zeichnen Sie, wenn Sie mit dem ersten Monat beginnen, einen großen Kreis auf ein Blatt Papier. Unterteilen Sie diesen Kreis in die Anzahl Ihrer Zyklustage in diesem Monat und vereinen Sie sie zu einem Rad, indem Sie jeweils Linien bis zum Mittelpunkt des Kreises ziehen. Vermerken Sie am Außenrand des Kreises die jeweiligen Kalendertage und im Inneren des Kreises den jeweiligen Zyklustag. Tragen Sie an entsprechender Stelle die verschiedenen Mondphasen ein (Abb. 3).

Gehen Sie nun Ihr angesammeltes Informationsmaterial durch und tragen Sie neben dem entsprechenden Abschnitt folgende Details (falls Sie sie sich notiert haben) in Stichpunkten ein:

1. *Energieebene* – dynamisch, gesellig, niedrig, zurückgezogen.
2. *Emotionen/Gefühlslage* – friedlich, harmonisch, zornig, reizbar, liebevoll, großherzig, mütterlich, intuitiv, medial.
3. *Gesundheit* – müde/schlapp, Schlafqualität, Essensgelüste, physische Veränderungen.
4. *Sexualität* – aktiv, passiv, erotisch, sinnlich, fordernd, aggressiv, keine, liebevoll, fürsorglich, geil.
5. *Träume* – sexuelle Akte, Interaktion mit Männern und Frauen, Auftreten von starken Farben, Tieren, menstruelle und magische Inhalte, vorhersagende/mediale und sich wiederholende Träume.

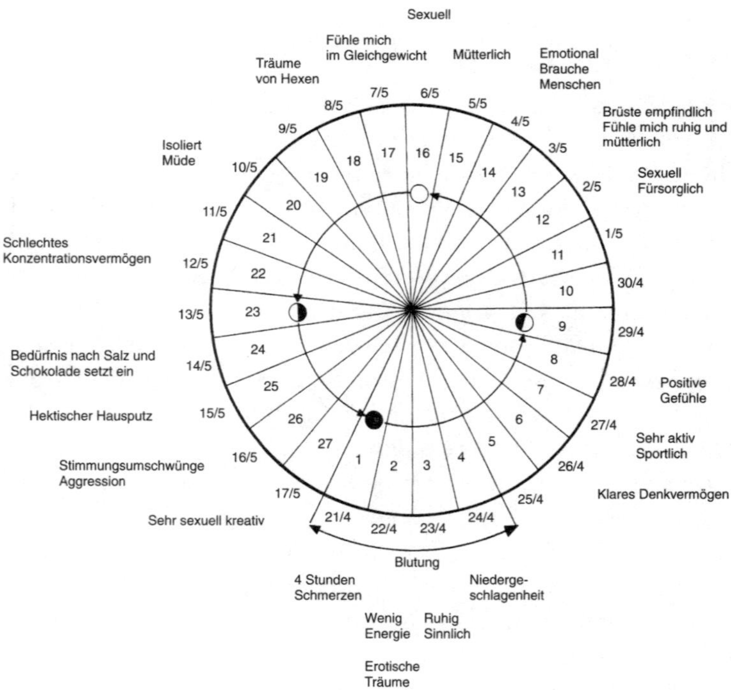

Abbildung 3. Die Mond-Chronik

6. *Nach außen gerichtete Ausdrucksformen* – Kreativität, sportliche Aktivitäten, Zuversicht, Organisationsfähigkeit, Konzentration, Alltagsbewältigung, Kleidung.

Das Diagramm wird möglicherweise etwas angefüllt wirken, was Sie aber vielleicht vereinfachen können, indem Sie ähnlich gelagerte Tage zu einer Gruppe zusammenfassen. Verfahren Sie dann in gleicher Weise mit dem Informationsmaterial eines jeden Monats, und Sie werden allmählich einige Muster erkennen können. Diese werden nicht exakt übereinstimmen, doch stellen Sie vielleicht fest, daß Sie an bestimmten Tagen des Monats ähnliche Energien oder physische Veränderungen erleben und sich Ihre Träume vor der Menstruation oder Ovulation in der Thematik gleichen. Fassen Sie dann diese Übereinstimmungen in einer weiteren Mond-Chronik zusammen. Falls Sie nur sehr schwer irgendwelche Übereinstimmungen ausfindig machen können, sollten Sie ein paar weitere Monate mit Ihren Aufzeichnungen fortfahren. Vielleicht kann Ihnen der Abschnitt »Mond-Chronik und Alltagsleben« in diesem Kapitel einige Anhaltspunkte geben, wonach Sie suchen sollten.

Wie ich bereits sagte, sind die Eintragungen in das Journal und die daraus folgenden Mond-Chroniken als langfristiges Projekt gedacht, damit Sie über Jahre hinweg mit Ihrem Zyklus in Kontakt bleiben. Nach einer Weile werden Sie feststellen, daß Sie Ihre Reaktionen auf Ihren Zyklus so gut kennen, daß Sie nur noch ungewöhnliche Ereignisse notieren müssen, die auf eine Veränderung in Ihrem Zyklus hindeuten. So wie Ihnen im Laufe der Monate Ähnlichkeiten in bezug auf den Zeitpunkt bestimmter physischer Veränderungen auffallen werden, werden Sie auch sich stets wiederholende Phasen spezifischer emotionaler, kreativer und sexueller Energien beobachten.

In der Mythologie und in den Legenden wurden die Energien, die die Frau allmonatlich in ihrem Menstruationszyklus durchlebt, als vierphasiger Rhythmus begriffen, der die lunaren Phasen widerspiegelt.

Das Mädchen oder die Jungfrau und der zunehmende Mond repräsentierten die Phase vom Ende der Menstruationsblutung bis etwa zum Eisprung. Die Energien dieser Phase ähneln denen eines jungen Mädchens, sie sind generativ, dynamisch und inspirierend. Die Mutter und der Vollmond repräsentierten die Phase zur Zeit des Eisprungs. Die Energien der Mutterschaft und der Mutter-Phase ähneln einander in ihrer Kraft und Fähigkeit zu nähren, zu erhalten und zu befähigen. Die inneren schöpferischen Energien der Muttergestalt steigen auf, um neues Leben zu schaffen.

Der Rückzug des Lichts in der sich verdunkelnden Phase des abnehmenden Mondes spiegelt den Rückzug der physischen Energien in der Zeit vom Eisprung bis zur Menstruation wider und die Steigerung der Sexualität der Frau, ihrer Kreativität, Magie, ihrer destruktiven inneren Energien und ihres Gewahrseins. Energien, die wir in der Volkskunde in den Hexen, Zauberinnen, Vampiren, Verführerinnen, Magierinnen und bösen Stiefmüttern personifiziert sehen. In diesem Buch wurde der Begriff »Zauberin« für diese Phase gewählt, weil er sich auf jede Frau jeglichen menstruellen Alters anwenden läßt, die über die Macht der Magie und die Kräfte ihres Geschlechts, zu erschaffen oder zu zerstören, verfügt. Das Bild des gefangenen und eingeschlossenen Merlin, der durch die schöne und sexuell anziehende Zauberin Nimue seines magischen Wissens beraubt wurde, reflektiert die Macht der Gestalt der Zauberin. In der Zauberin-Phase werden die schöpferischen Energien, die ansonsten in die Erschaffung eines Kindes geflossen wären, freigesetzt und nehmen in der Außenwelt Form an.

Der Schwarzmond oder der dunkle Mond/Neumond und das schwarze alte Weib repräsentieren die Phase der Menstruation. Die Gestalt der Alten spiegelt die aus der äußeren Welt zurückgezogenen physischen Energien wider und eine Hinwendung des Bewußtseins und Gewahrseins zur inneren Welt des Geistes. In der Menstruationsphase der Alten keimen die inneren kreativen Energien in der geistigen Sphäre, um neues Leben und geistige Kinder hervorzubringen.

Die Phasen des zunehmenden und abnehmenden Mondes beinhalten Zeiten der Veränderung, und die Phasen des Vollmondes und Neumondes stellen Dreh- und Angelpunkte dar. Die Phasen der Jungfrau und der Zauberin bedeuten für die Frau Phasen der Veränderung, die Phasen der Mutter und der Alten bezeichnen hingegen Dreh- und Angelpunkte. Die Jungfrau-Phase beinhaltet einen Aufstieg ins Licht, einen nach außen manifestierten Aspekt

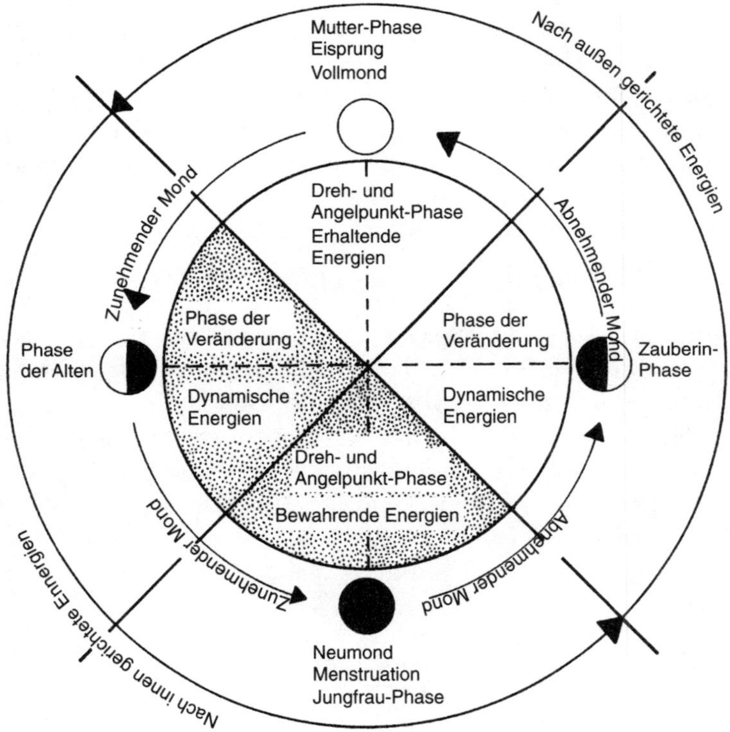

Abbildung 4. Der Weiße Mondzyklus

der Wesensnatur der Frau. Die Zauberin-Phase bedeutet einen Abstieg von der nach außen gewandten Wesensnatur in den dunklen, unmanifestierten, inneren Aspekt. Die Mutter-Phase balanciert den nach außen gerichteten Ausdruck von Energie mit dem inneren Ausdruck von Liebe aus. Und die Phase der Alten balanciert die Ruhe und Stille der inneren Welt mit dem Aufkeimen eines neuen Zyklus aus (Abb. 4). Obgleich in dieser Darstellung alle vier Abschnitte gleich groß gezeigt werden, können die Phasen in der graphischen Darstellung der individuellen Mond-Chronik einer Frau doch eher so wie auf Abb. 5 aussehen.

Obschon der Kreis in vier Phasen unterteilt ist, verlaufen die Grenzen zwischen diesen Phasen doch nicht starr; vielmehr geht natürlich in die nächste über. Dieser Gedanke fand auch seinen Ausdruck in den Volksmärchen, wo Frauen sich auf magische Weise in Tiere verwandeln, alte Frauen in junge Mädchen, Mädchen in Frauen und Frauen in Vampire. Der vierfaltige lunare Rhythmus ist das einfachste Bild vom menstruellen Zyklus, und so manche Frauen mögen feststellen, daß sich ihr Zyklus in einem komplizierteren Muster ausdrückt.

Die Energien des Jungfrau-Aspekts

Diese Energien sind dynamisch und von ausstrahlendem Wesen. In dieser Phase ist die Frau nicht dem Zeugungszyklus unterworfen und gehört nur sich selbst. Sie entwickelt Selbstvertrauen, ist gesellig und imstande, mit all den profanen Ärgernissen des irdischen Lebens fertig zu werden. Sie spürt in sich eine stärkere Entschlußkraft, größeren Ehrgeiz und ein vermehrtes Konzentrationsvermögen und kann in ihrer Arbeit mehr leisten. Es ist eine Zeit für den Beginn neuer Projekte. Ihre Sexualität ist sozusagen neu und

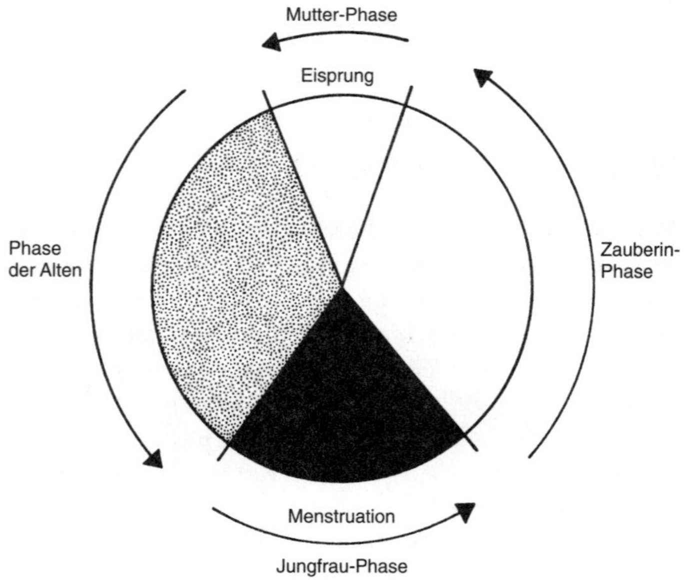

Abbildung 5. Beispiel für den Zyklus einer Frau

frisch, und dies ist eine Zeit für Spaß und Freude. Ihr ganzes Auftreten drückt Enthusiasmus für die Außenwelt aus und den Wunsch, sie in all ihrer Fülle zu erleben.

Die Energien des Mutter-Aspekts

Diese ihrem Wesen nach ebenfalls ausstrahlenden Energien machen sich um die Zeit des Eisprungs bemerkbar, haben aber eine andere Schwingung als die Energien des Jungfrau-Aspekts. Dies ist eine Zeit, in der in der Frau das Gefühl für das eigene Selbst schwächer wird und sie sich auf die mit der Mutterschaft verbindende Selbstlosigkeit vorbereitet. Ihre eigenen Bedürfnisse und Wünsche werden für sie weniger wichtig; sie wird fürsorglich und strahlt Liebe und Harmonie aus. Ihre Sexualität entfaltet sich in einem Gefühl tiefer Liebe und gemeinschaftlicher Teilhabe. Sie ist auch in der Lage, Verantwortung auf sich zu nehmen, zu nähren und neue Projekte und Ideen zur Welt zu bringen und die, die bereits existieren, zu erhalten und zu unterstützen. Sie stellt vielleicht fest, daß sie Menschen magnetisch anzieht, und die Menschen wenden sich an sie, um bei ihr Hilfe und Unterstützung zu suchen.

Die Energien des Zauberin-Aspekts

Diese Energien entstehen, wenn das Ei freigesetzt, aber nicht befruchtet worden ist. Die Frau beginnt, die inneren Aspekte ihres Wesens zu erfahren. Sie wird sich der der Natur innewohnenden Mysterien gewahr, und ihre sexuellen Energien werden machtvoll. Sie wird sich auch ihrer persönlichen magischen Fähigkeiten und Kräfte und der Auswirkung, die diese auf die Männer haben kann, bewußt. Diese Energien können sehr feurig werden und sich, wenn sie freigesetzt werden, in einer ungeheuren, ungehinderten Kreativität manifestieren. Wenn sich diese Phase dem Aspekt der Alten nähert, wird sie vielleicht der irdischen Welt gegenüber etwas intolerant und ihre Konzentrationsfähigkeit hinsichtlich äußerlicher Dinge läßt nach, aber ihre intuitive Fähigkeit und ihre Fähigkeit zu träumen erfährt eine Steigerung.

Die Energien des Aspekts der Alten

Diese Energien werden bei der Menstruation als Vertiefung des inneren Gewahrseins der Zauberin-Phase erlebt. Es sind ihrem Wesen nach bewahrende und intuitive Energien, die nicht länger nach einer äußeren Ausdrucksform streben, es sei denn in Form gelegentlicher Ausbrüche ekstatischer Vision. Die Frau interagiert mehr auf der Ebene ihrer Träume; sie empfindet sich als Teil der Natur und erkennt intuitiv die Muster und Strukturen, die ihr zugrunde liegen.

Diese Phase ist eine Zeit der Innenschau, eine Zeit, sich aus der Welt des Alltagslebens zurückzuziehen, zu schlafen und zu träumen, der Magie auf sanfte Weise Ausdruck zu verleihen und das eigene Leben langsamer anzugehen. Es ist eine Zeit, um Lösungen für Probleme zu finden und zu lernen, die Vergangenheit und die Ungewißheit der Zukunft zu akzeptieren. Die Frau öffnet sich mehr den älteren, uranfänglichen Energien und Instinkten. Ihre Sexualität entfaltet sich so stark wie zur Zeit des Vollmondes, aber sie bringt diese Energien nicht in die physische Welt ein, sondern nutzt sie zu einer Vertiefung ihrer Spiritualität.

Zu jedem Zeitpunkt birgt die Frau einen Teil der dunklen und der lichten Energien in sich. Es gibt keine festgefügten Grenzen zwischen den einzelnen Phasen, sie gehen fließend ineinander über. Wenn sie den Jungfrau- und Zauberin-Aspekt verkörpert,

Abbildung 6. Yin-Yang-Symbol

trägt sie Licht und Dunkel in wechselnder Stärke in sich, und wenn sie den Mutter-Aspekt und den Aspekt der Alten verkörpert, findet sich in ihr der Keim der Menstruation und Ovulation. Wenn in der Mutter-Phase das Ei freigesetzt wird, beginnt der Entwicklungsprozeß zur Menstruation, und wenn sich in der Phase der Alten die Gebärmutterschleimhaut ablöst, nimmt die Reifung des nächsten Eis für den Eisprung ihren Anfang. Diesen Keim des Lichtes in der Dunkelheit und Keim der Dunkelheit im Licht sehen wir in der graphischen Darstellung von Yin und Yang als einen ineinander übergehenden Energiefluß ausgedrückt (Abb. 6).

Sie mögen feststellen, daß sich die Energien Ihres persönlichen Zyklus noch unterteilen lassen. Wenn Sie für sich jede dieser Phasen bestimmt haben und ihr ein Symbol zuweisen, auf das Sie sich beziehen können, werden Sie allmählich alle Seiten Ihrer Natur akzeptieren und erwecken können.

Wie ich bereits sagte, setzt die Menstruation meist um die Zeit des Vollmondes oder Neumondes ein. Der mit dem Vollmond ein-

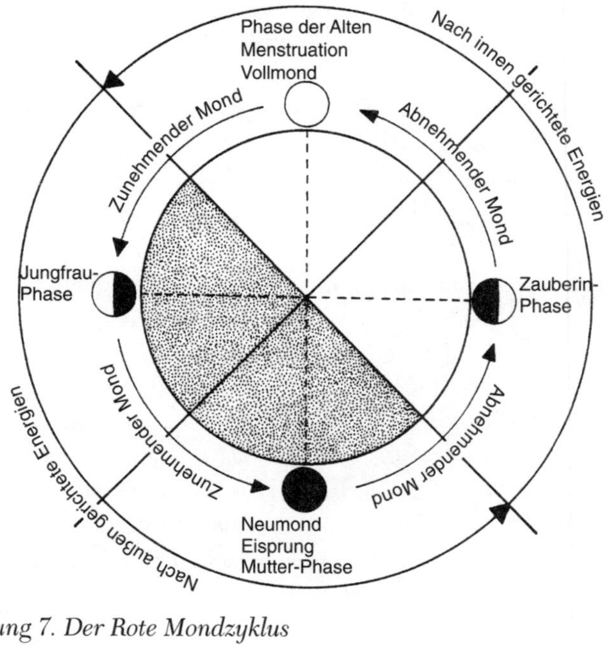

Abbildung 7. Der Rote Mondzyklus

hergehende Eisprung korrespondiert mit dem Weißen Mondzyklus, der in den meisten Fruchtbarkeitsreligionen und -ritualen gefeiert wird. Die fruchtbaren Kräfte der Frau und des Vollmondes treffen hier zusammen und bilden die besten Bedingungen, um den schöpferischen Energien der Empfängnis Ausdruck zu verleihen. Der Weiße Mondzyklus wurde zum Zyklus der »guten Mutter«, der einzige akzeptable Aspekt des Frauseins in der patriarchalen Gesellschaft.

Weniger akzeptabel war der Zyklus, der sich mit dem Eisprung zur Zeit des Neumondes verbindet. Wenn der Vollmond am Horizont aufsteigt, nimmt er durch die dichtere Atmosphäre oft eine rote Farbe an. Der Rote Mondzyklus ist dann gegeben, wenn die Menstruation mit dem Vollmond zusammenfällt. Der persönliche Zyklus der Frau durchläuft weiterhin alle Phasen von Jungfrau, Mutter, Zauberin und Alter, aber er steht um 180 Grad im Gegensatz zu denen des Mondzyklus (Abb. 7). Der Eisprung findet in der dunklen Zeit des Mondes statt, und die kreativen Energien werden in der Zeit des zunehmenden Lichtes des Mondes freigesetzt.

Der Rote Mondzyklus weist eine andere Orientierung auf als jene, die sich in den Energien der Zeugung und materiellen Welt äußern, sie bezeichnet vielmehr eine Hinwendung zur inneren Entwicklung und deren Ausdrucksformen. Die Männer betrachteten diesen Zyklus als machtvoller und weniger kontrollierbar, und so wurde er zum Zyklus des »bösen Weibes«, der Verführerin, der weisen Frau oder häßlichen Hexe, die ihre sexuellen Energien zu etwas anderem nutzte als zur Hervorbringung der nächsten Generation.

Die Frauen, die im Rhythmus des Roten Mondzyklus lebten, wurden von den Vollmondritualen und Feiern der Frauen, die zu dieser Zeit ihren Eisprung hatten, ausgeschlossen. Sie erinnerten an die dunkle Hälfte des hellen Vollmondes.

Beide Zyklen sind Ausdruck der weiblichen Energien, und keiner ist machtvoller oder richtiger als der andere. Sie werden vielleicht feststellen, daß sich Ihr Zyklus im Laufe Ihres Lebens in seiner Orientierung verändert und je nach Umständen, Bestrebungen, Emotionen und Zielsetzungen zwischen Rotem und Weißem Mondzyklus hin- und herpendelt.

Übung

Schauen Sie sich die zusammengefaßte Version Ihrer Mond-Chronik an, und sehen Sie nach, wo sich in Ihrem Zyklus die verschiedenen Energien bemerkbar zu machen scheinen. Vielleicht stellen Sie zunächst fest, daß Sie eine Weile lang offensichtlich nur einige dieser Energien erfahren haben. Die Energien sind nach wie vor in Ihnen vorhanden, aber äußere Faktoren wie Streß und Erschöpfung oder auch ein Zusammenbruch der intuitiven Verbindung zwischen Ihrem Körper und Ihrem geistigen Bewußtsein können dazu führen, daß Sie sie nur unter großen Schwierigkeiten wahrnehmen können. Markieren Sie mit vier verschiedenen Farbstiften die Tage, an denen Sie sich dieser verschiedenen Energien bewußt sind. Mit der Zeit und mit zunehmendem Bewußtsein von Ihrem Zyklus werden Sie eine farbige Mond-Chronik erstellen können, die Ihnen einen Schlüssel zu Ihrem menstruellen Zyklus an die Hand gibt.

Entwicklung des Selbst-Bewußtseins

Die Menstruationsblutung gehört zu den am stärksten tabuisierten Themen unserer modernen Gesellschaft, und nimmt man bei einer Frau Spuren davon wahr, kann das äußerst peinlich sein. Es lohnt sich, Ihre eigenen Reaktionen auf Ihre Regelblutung zu untersuchen, um herauszufinden, warum Sie die Gefühle haben, die Sie haben. Was empfinden Sie, wenn Sie Blutflecken an Ihrer Kleidung bemerken? Was für ein Gefühl haben Sie, wenn Ihr Partner das Blut sieht? Benutzen Sie Tampons, und erwarten Sie von sich, daß Sie Ihr Leben so führen wie den Rest des Monats auch? Merken Sie es, wenn andere Frauen, mit denen Sie in Kontakt kommen, ihre Menstruation haben, und kennen Sie ihre Zyklen?

Wir können auch die Frage stellen: Wie viele Frauen sind sich ihrer Regelblutung wirklich bewußt und halten sie nicht nur für eine monatlich auftretende Funktion, die ärgerlich und unsauber ist und den normalen Gang des Lebens stört? Heutzutage benutzt ein hoher Prozentsatz der weiblichen Bevölkerung jeden Monat in irgendeiner Form einen Tampon, was den Frauen während dieser Zeit erlaubt, ein »normales, aktives« Leben zu führen, ohne sich über Blutflecken und häßliche Ausbeulungen in der Kleidung Gedanken machen zu müssen, und schwimmen und anderen körperlichen Aktivitäten nachgehen zu können. Der Tampon hat uns eine Bewegungsfreiheit eingeräumt, die mit den herkömmlichen Binden nicht möglich war, aber er vermindert auch das Bewußtsein von der stattfindenden Blutung. Wenn wir nicht durch prämenstruelle Syndrome oder Menstruationsschmerzen dazu gezwungen werden, von unserem Zyklus Kenntnis zu nehmen, kann es passieren, daß wir, sofern wir nicht gerade den Tampon wechseln müssen, die Blutung gar nicht mehr wahrnehmen.

Das der Menstruationsblutung anhaftende gesellschaftliche Stigma hat damit zu tun, daß sie *unkontrollierbar* ist. Wenn eine Frau ihre Regelblutung frei fließen läßt, ist sie sich der Tatsache bewußt, daß sie sie nicht stoppen kann. Die Blutung ist so unvermeidlich wie die Energien, die sich mit der Menstruation verbinden. Was ein natürliches Symbol der Schönheit des weiblichen Zyklus sein sollte, wurde zu einem Stigma, das die Gesellschaft an die unkontrollierbare und ungezügelte Natur der Frauen erinnert, eine Natur, die als minderwertiger und erniedrigend angesehen wurde. Die Benutzung des Tampons blockiert auf mentaler Ebene den Hinweis auf die Menstruation der Frau – und auch ihre eigene Akzeptanz der Menstruation.

Das soll nicht heißen, daß Tampons, wenn gewünscht, nicht benutzt werden sollten; aber wenn wir sie während der Menstruation ab und zu nicht verwenden, können wir wieder ganz bewußt das Gefühl haben, daß wir bluten, was uns die Möglichkeit gibt, die Blutung zu akzeptieren und dieses Bewußtsein in das Alltagsleben zu integrieren.

Übung

Räumen Sie sich, wenn Sie Tampons benutzen, während der Menstruation eine gewisse Zeit ein, in der Sie Ihre Blutung bewußt erleben. Verwenden Sie Binden, oder basteln Sie sich selbst etwas aus Stoff oder Papiertaschentüchern und Watte zurecht. Das gibt Ihnen, falls Sie wollen, die Möglichkeit, wiederverwertbare und ungebleichte Produkte zu verwenden. Aus praktischen Gründen können Sie das vielleicht nur tun, wenn Sie nicht arbeiten oder herumrennen müssen, denn die Auswirkungen der Blutung machen sich in der Art, wie Sie sich bewegen, verhalten und Arbeiten erledigen, sehr bemerkbar. Notieren Sie Ihre Erfahrungen in Ihrem Journal und vergleichen Sie sie mit dem noch folgenden Abschnitt »Die Mond-Chronik und das Alltagsleben«.

Inneres Gewahrsein

Die Mond-Chronik ist sozusagen ein Protokoll des äußeren Ausdrucks Ihres Monatszyklus, Ihrer Emotionen, Gesundheit, Sexualität und Kreativität. Nachdem Sie angefangen haben, etwas über die äußere Form Ihres Zyklus in Erfahrung zu bringen, müssen Sie sich auch unbedingt seiner inneren Form zuwenden, um mit den ihn begleitenden Energien richtig umgehen zu können. Der Menstruationszyklus kann auf viele Faktoren äußerst sensibel reagieren, so unter anderem auf starken Gewichtsverlust, Drogen und Medikamente, Krankheit und Angst, Schock oder Streß. Steht eine Frau unter Streß, verändert sich ihr Zyklus oft, setzt die Blutung verspätet ein, ist der Blutfluß anders als sonst, hat sie stärkere Schmerzen oder empfindet größeres Unbehagen. In solchen Situationen reagieren der Körper und der Menstruationszyklus auf den mentalen Zustand. Ihre jeweilige Perspektive von Ihrem Leben kann sich ebenfalls dahingehend auswirken, daß sich der Zyklus in seiner Mondphasenorientierung verändert.

Umgekehrt kann der menstruelle Zyklus, abhängig von den in seinen verschiedenen Phasen freigesetzten Hormonen, einen dramatischen Einfluß auf die physischen Fähigkeiten der Frau nehmen, auf ihre Persönlichkeit, ihre schöpferischen und sexuellen Energien. Zwischen der Frau und ihrem Schoß besteht eine wechselseitige Verbindung, eine Verbindung, auf die sie über den Weg ihres Unterbewußtseins ganz bewußt einzuwirken vermag. Wir können in diese Verbindung und damit auf den Zyklus auch störend eingreifen, wenn wir zum Beispiel die Auswirkungen unseres Zyklus hassen oder den Fluß und den Ausdruck seiner Energien hemmen und die Bedürfnisse unseres Körpers unterdrücken. Diese Störung zieht weitere Störungen nach sich und bewirkt schließlich eine sich selbst perpetuierende Feedbackschleife. Wenn wir diese Schleife durchbrechen und wieder eine positive Verbindung herstellen wollen, müssen wir lernen, uns unseres Körpers, unseres Zyklus und seiner Energien auf innerer Ebene bewußt zu werden und unsere zyklische Natur zu akzeptieren.

Die Verbindung mit unserem menstruellen Zyklus läßt sich am leichtesten herstellen, wenn wir unsere Imaginationsfähigkeit, Visualisierungs- und Gedankenkraft einsetzen, um zu einem Bewußtsein von unserem Körper und unseren Geschlechts- und Fortpflanzungsorganen zu gelangen und auf sie einzuwirken. Nicht selten fällt einer Frau nur dann auf, daß sie eine Gebärmutter hat, wenn sie menstruiert oder schwanger ist. Die folgenden Übungen sollen Ihnen nun helfen, Ihr Bewußtsein von Ihrem Schoß zu wecken und eine innere Beziehung zwischen ihm und Ihrem geistigen Bewußtsein herzustellen. Wenn Sie mit Hilfe dieser Übungen diese Verbindung hergestellt haben, können Sie sich durch Visualisierungen schwierige Zeiten in Ihrem Zyklus erleichtern und, wenn nötig, Ihre Verbindung zu Ihrem Zyklus immer wieder erneuern und Ihr Unterbewußtsein anleiten, Ihnen die Bedeutung, die die Menstruation für Sie persönlich hat, zu eröffnen.

Möglicherweise fallen Ihnen die folgenden Visualisierungsübungen leichter, wenn Sie sie erst auf Tonband aufnehmen und dann abspielen. Achten Sie darauf, daß Sie beim Aufnehmen langsam sprechen und sich auch genügend Zeit einräumen, um das Szenarium vor Ihrem geistigen Auge aufbauen und damit in Interaktion treten zu können.

Übung

Diese Übung soll Ihnen helfen, eine bewußte Verbindung zwischen »Kopf« und »Bauch« herzustellen. Ist diese erst einmal geschaffen, kann sie auch jederzeit wieder aktiviert werden. Wenn Sie wissen, daß diese wechselseitige Verbindung existiert und sich Veränderungen im einen Bereich auf den jeweils anderen Bereich auswirken, wird sie zu einem Instrument, mit dessen Hilfe Sie Symptome wie einen unregelmäßigen Menstruationszyklus, Menstruationsschmerzen oder prämenstruelle Spannungen akzeptieren und in Ihr Leben integrieren können.

Machen Sie die folgende Übung, wann immer Sie wieder die bewußte Verbindung mit Ihrem Schoß aufnehmen wollen. (Schoß ist hier der gewählte Begriff, um sowohl den diesbezüglichen physiologischen Bereich wie auch seine psychische Dimension zu benennen, A. d. Ü.) Sie brauchen diese Übung nicht jedesmal im stillen Kämmerlein und bei Kerzenschein zu machen, doch beim ersten Mal ist ein solches Ambiente vielleicht gut geeignet, um dem Ereignis einen besonderen Charakter zu verleihen. Ihrer Verbindung mit Ihrem Schoß können Sie ansonsten auch während der Arbeit, beim Einkaufen oder wann auch immer Anerkennung zollen!

Bewußtsein von Ihrem Schoß

Setzen Sie sich in einem ruhigen Raum bequem hin. Sie haben vielleicht schon einige Erfahrung mit Visualisierungen. Setzen Sie sich, falls Sie mit der Prozedur noch nicht vertraut sein sollten, aufrecht auf einen Stuhl. Die Hände ruhen locker im Schoß oder auf den Oberschenkeln, Ihr Kopf ist leicht nach vorn geneigt. Sie können sich auch auf den Boden legen, Arme und Beine leicht gespreizt, der Kopf ruht auf einer weichen Unterlage. (Hier besteht allerdings die Gefahr, daß Sie leicht einschlafen.)

Schließen Sie nun die Augen, und entspannen Sie Ihren Körper. Stellen Sie sich beim Ausatmen vor, wie alle Spannungen und Sorgen der Alltagswelt Ihren Körper verlassen und in den Boden unter Ihren Füßen abfließen. Lenken Sie Ihr Bewußtsein in Ihre Füße, spüren Sie den Druck an den Fußsohlen. Lassen Sie Ihr Bewußtsein nun allmählich durch den Körper hinaufwandern, durch Ihre Beine, durch den Unterleib, die Brust, Hände und Arme, Schultern und Gesicht. Erfühlen Sie den Rhythmus Ihres Atems. Werden Sie sich schließlich Ihres gesamten Körpers gewahr.

Lenken Sie nun Ihr Bewußtsein in die Schoßregion. Stellen Sie sich vor Ihrem geistigen Auge die Gebärmutter vor, mit den Eileitern zu beiden Seiten und den Eierstöcken an ihren Enden. Werden Sie sich erst des einen, dann des anderen Eierstockes bewußt. Sie werden vielleicht ein Gefühl einer zunehmenden Verdichtung oder wachsenden Wärme in dieser Region wahrnehmen. Stellen Sie sich nun vor Ihrem geistigen Auge vor, wie diese Schoßregion immer größer und größer wird, bis sie schließlich Ihren ganzen Körper einhüllt. Spüren Sie, wie die Eileiter sich über Ihre Schultern hinaus erstrecken; visualisieren Sie jetzt, wie sich Ihre Arme wie Zweige ausbreiten und Sie Eiertrauben wie eine Frucht in Ihren Händen halten. Lassen Sie zu, daß die schöpferische Energie Ihres Schoßes in Ihnen aufsteigt, durch Ihre Arme bis in Ihre Fingerspitzen strömt, die zu kribbeln beginnen. Fühlen Sie sich mit diesem Bild von Ihrem Schoß völlig eins.

Visualisieren Sie nun, wie sich Ihre Arme langsam wieder senken und Ihr Schoß allmählich zu seiner normalen Größe zurückfindet. Erweisen Sie in Ihrer Vorstellung seiner Präsenz Achtung, und werden Sie sich wieder Ihres restlichen Körpers bewußt. Öffnen Sie die Augen, und atmen Sie tief durch.

Es kann sein, daß Sie sich nach dieser Übung sehr friedvoll fühlen oder das Bedürfnis haben, die erweckte Energie zu nutzen und etwas Kreatives damit anzufangen. Sie müssen ja nicht gleich ein Meisterwerk erschaffen – nutzen Sie diese Energie in Ihrem Alltagsleben, für ein Handwerk, Musik oder Dichtung, beim Kochen, Nähen, Gärtnern oder in Ihrer Beziehung zu anderen Menschen, indem Sie ihnen helfen, sich zu heilen oder ihre Probleme zu lösen.

Der Baum des Schoßes

Der erste Teil dieser Übung führt Sie in das Bild vom Baum des Schoßes ein. Dieses Bild können Sie jederzeit für die innere Interaktion mit Ihrem Schoß und menstruellen Zyklus einsetzen. Der zweite Teil der Übung macht Sie mit Ihrer Hüterin bekannt, die den Schlüssel zu den in Ihrem Körper und Geist aufsteigenden schöpferischen Kräften besitzt. Sie kann Ihnen helfen, sich bei irgendwelchen Problemen wieder ins Gleichgewicht zu bringen, und

Ihnen den Zugang zum inneren Wissen Ihres menstruellen Zyklus eröffnen. Die Hüterin kann jede Form annehmen, und die Gestalt, in der sie sich Ihnen zeigt, mag Sie etwas überraschen. Ebenso stellen Sie vielleicht fest, daß die visualisierte Szenerie eigene Formen annimmt, um sich Ihrer jeweiligen Monatsphase anzupassen.

Sie können beide Übungen jederzeit machen, um Kontakt mit Ihrem Schoß aufzunehmen und etwas über Ihr inneres Wesen in Erfahrung zu bringen. Möglicherweise möchten Sie Ihre dabei gewonnenen Einsichten aufschreiben.

Das Herstellen einer Verbindung

Entspannen Sie sich wie es in der ersten Übung erklärt wird. Stellen Sie sich vor, daß Sie in einen silbrigen Nebelschleier eingehüllt sind. Der Nebel teilt sich, und Sie treten in eine mondbeschienene Lichtung ein. In der Mitte dieser Lichtung ragt ein riesiger Baum auf einem kleinen Hügel auf, der sich aus der Mitte eines runden Teiches erhebt. Sie kommen näher und sehen, daß der Baumstamm silbrigrosa schimmert und sich oben in zwei große Äste teilt, an deren Enden Blätterbüschel wachsen und zahlreiche rote Früchte glänzen. Über dem Baum, so als streife er die obersten Blätter, sehen Sie, wie der Vollmond die Szenerie mit silbrigem Licht überflutet.

Sie sind innerlich sehr still und ruhig und erfüllt von einem Gefühl des Staunens. Der gesamte Baum scheint vor Leben zu vibrieren, und Sie fühlen eine innere Verbundenheit mit ihm. Sie gehen bis zum Rand des Teiches, eine Armlänge von den Blättern des Baumes entfernt, die sich über das dunkelblaue Wasser zu Ihnen hin erstrecken. Sie sehen die Baumwurzeln in der Tiefe des Wassers verschwinden. Etwas regt sich in Ihrem Bewußtsein, und Sie bemerken kleine Ranken, die Ihren Geist mit Ihrem Schoß, Wurzeln ähnlich, verbinden. Sie fühlen, daß das Wasser lebendig ist und blicken hinein und sehen dort Ihr eigenes Spiegelbild im tanzenden Mondlicht. Das Wasser birgt in seinen Tiefen die Mysterien des Universums, und Sie erkennen die universelle Verbundenheit zwischen der Frau und dem Mond, dem Schoß und dem Zyklus des Mondes, dem Schoß und dem Geist, dem Geist und dem Schoß.

Bleiben Sie eine Weile dort, fühlen Sie Ihre enge Verbindung mit dem Baum. Breiten Sie über die Szene, wenn Sie bereit sind, sie zu verlassen, den silbrigen Nebelschleier, und werden Sie sich nun allmählich wieder Ihres Körpers bewußt. Spüren Sie noch einmal die Ranken, die Ihren Geist mit Ihrem Schoß verbinden, und öffnen Sie dann die Augen.

Begegnung mit der Hüterin

Entspannen Sie sich wieder, und stellen Sie sich vor, wie Sie im Sonnenschein auf warmem Gras stehen. Bleiben Sie dort eine Weile stehen, spüren Sie das Gras unter Ihren nackten Füßen, riechen Sie Gerüche in der Luft, nehmen Sie den Stand der Sonne und die Jahreszeit wahr. Vor Ihnen steht Ihr Baum des Schoßes, und während Sie auf ihn zugehen, bemerken Sie, daß die Jahreszeit seine Zweige berührt hat. Eine leichte Brise läßt die Blätter rascheln. Sie blicken hinauf zu den Zweigen und bitten darum, daß Ihre Hüterin erscheinen möge. Sie senken wieder den Blick und sehen Ihre Hüterin vor sich stehen. Betrachten Sie die Erscheinung ganz genau.

Schweigend hält Ihnen die Hüterin einen Gegenstand entgegen, und Sie spüren, daß von ihm eine feine Aura der Macht ausgeht. Sie sehen, daß dieser Gegenstand ein wunderschönes Miniaturgebäude ist, geformt wie ein kurzes Kreuz, eine Kuppel in seiner Mitte. Es besteht aus Gold, weist zarte verschlungene Muster auf und ist mit Edelsteinen besetzt. Seine Schönheit und Kunstfertigkeit setzt Sie in Erstaunen, und als die Hüterin die Kuppel lüftet, sehen Sie, daß es sich um ein Behältnis handelt, in dem sich ein Kelch befindet. Der Kelch ist außen aus Gold und innen aus Silber und paßt genau in das Behältnis. Im Kelch sehen Sie eine geringe Menge einer dunkelroten Flüssigkeit, die einen Ring nahezu bedeckt, in den ein riesiger rechteckiger Rubin eingelassen ist.

Die Hüterin hebt den Kelch aus dem Behältnis und bietet ihn Ihnen an. Sie sagt Ihnen, daß der Wein Sie vergiften wird, wenn Sie den Ring berühren, daß Sie aber den Ring gefahrlos herausnehmen können, wenn Sie zuerst den Wein trinken. Sie heben den Kelch an Ihre Lippen und trinken den Wein, schmecken den intensiven Geschmack von Gewürzen auf Ihrer Zunge. Sie nehmen den Ring aus dem Kelch und stecken ihn an Ihren Finger und bemerken, daß gerade etwas sehr Wichtiges geschehen ist. Sie fühlen eine Wärme in Ihrem Schoß, und eine innere Stärke gibt Ihnen Zuversicht und schenkt Ihnen Einsicht. Sie sind eine Frau und alles, was das Frausein bedeutet. Sie akzeptieren Ihren Körper und haben Vertrauen in Ihre Natur und wissen, daß Sie ebensosehr Teil der inneren wie der äußeren Welt sind.

Mit diesem Akzeptieren und Vertrauen geht ein Gefühl von Anmut einher, und während Sie sich nun Ihres physischen Körpers bewußt werden, nehmen Sie diese Anmut und wohl bemessene Stärke in sich auf. Künftig können Sie durch die Visualisierung Ihres Baums des Schoßes jederzeit Kontakt mit Ihrer Hüterin aufnehmen.

Unser inneres Gewahrsein von unserem menstruellen Zyklus kann sich auch durch das Erscheinen von Mondtieren in unseren Träumen und unserer Vorstellungswelt ausdrücken. Sie stellen vielleicht anhand Ihrer Mond-Chronik fest, daß Sie im Laufe des Monats von ganz bestimmten Tieren träumen. Diese können Ihren Eisprung oder Ihre Blutung ankündigen oder auch verborgene Ängste und Traumata widerspiegeln. Sie bieten Ihnen ein Verständnis Ihrer wahren Natur an, bringen Ihnen eine Führung zu Bewußtsein, die wir normalerweise nicht zur Kenntnis nehmen. Es ist wichtig, daß Sie ein Traum-Journal führen, da dadurch diese Tiere und ihre Weisheit in Ihr Wachbewußtsein gelangen. Die Beziehung zu den Mondtieren ist nicht auf ein passives oder reagierendes Träumen beschränkt, sie kann auch über Tagträume, Visualisierung und Meditation zu Bewußtsein gebracht werden, indem Sie Geschichten oder Gedichte über sie schreiben oder sie malen.

Eine Unterdrückung oder Einschränkung Ihrer Wesensnatur kann zur Folge haben, daß diese Tiere etwas Alptraumhaftes an sich haben, aber nur deshalb, weil sie die Angst und die Abneigung, die Sie gegenüber Ihrem Zyklus und somit gegenüber sich selbst empfinden, widerspiegeln. Ihr Unterbewußtsein wird sich dieser Tiergestalten bedienen, um diese Informationen in einer Form auszudrücken, die Ihr geistiges Bewußtsein versteht.

Übung

Wenn Sie in Ihren Träumen keine besonderen Tiere ausmachen konnten oder in sich eine innere Welt schaffen möchten, in der Sie einem bestimmten Mondtier begegnen können, können Sie die Beschreibung von Evas Begegnung mit den Mondtieren in der Geschichte »Die Erweckung« als Grundlage für Ihre eigene Visualisierung nehmen.

Wenn Sie die Tiere dann vor sich sehen, wird das Tier, das zu Ihnen vortritt, eine besondere Bedeutung für Sie haben. Dieses Tier mag zu Ihnen sprechen, Ihnen Szenen zeigen, Ihnen einen Gegenstand mit einer speziellen Bedeutung anbieten oder bestimmte Gefühle in Ihnen wecken. Wenn Sie einen Traum von einem ganz bestimmten Tier hatten, können Sie es bitten vorzutreten und Ihnen bei der Deutung dieses Traumes behilflich zu sein. Möglicherweise müssen Sie den Traum noch einmal durchleben, bevor Ihnen seine Bedeutung klar wird.

Vielleicht möchten Sie die Visualisierung vor dem Einschlafen machen, da sich dann jenes Tier, das Ihnen hilft, die Freiheit Ihrer Träume zunutze machen kann.

Bewußtheit als Instrument

Nachdem Sie nun mit Hilfe von Visualisierungen eine innere Verbindung mit Ihrem Schoß hergestellt haben, können Sie diese Bilder jederzeit verwenden, um sich mit Ihrem Zyklus wieder in Einklang zu bringen oder sich in Zeiten menstrueller Leiden zu helfen.

Wenn Sie zu irgendeiner Zeit während Ihres Zyklus Schmerzen haben, können Sie das Bild vom Baum des Schoßes auf folgende Weise benutzen, um mit Ihrem Schoß zu kommunizieren, auf ihn einzuwirken und die Schmerzen zu lindern.

Übung

Setzen oder legen Sie sich in einer möglichst bequemen Position hin. Versuchen Sie aber, falls es doch möglich sein sollte, in aufrechter Position zu sitzen oder zu knien. Machen Sie einen tiefen Atemzug, und entspannen Sie beim Ausatmen die Muskeln, die sich in Reaktion auf den Schmerz verspannt haben. Konzentrieren Sie sich nicht auf den Schmerz, aber seien Sie sich Ihres Schoßes doch so bewußt wie in der Übung »Bewußtsein von Ihrem Schoß« und lassen Sie zu, daß ein Gefühl von Wärme in dieser Region entsteht. Visualisieren Sie Ihren Baum des Schoßes über Ihren Bauch, und schicken Sie ihm Gefühle der Liebe und Zuneigung. Das verstärkt die sich auf Akzeptanz gründende Verbindung zwischen Geist und Schoß.

Nehmen Sie den Schmerz an, versuchen Sie nicht dagegen anzukämpfen. Visualisieren Sie nach einigen Minuten eine Kaskade warmen Wassers, die von Kopf bis Fuß Ihren Körper überströmt. Atmen Sie langsam und tief, und lassen Sie zu, daß das warme Wasser den Schmerz fortspült und die Muskelkrämpfe lindert.

Diese Übung mag Sie vielleicht nicht vollständig von den Schmerzen befreien, kann Ihnen aber über die schlimmsten Momente hinweghelfen. Der Umgang mit Schmerz ist nicht leicht – er bedarf der Übung und verlangt, daß Sie sowohl mental als auch physisch ruhig und gelassen bleiben. Ganz wichtig ist, daß Sie nicht gegen den Schmerz ankämpfen. Lassen Sie ihn zu, aber erleichtern Sie sich die Situation durch Liebe und Akzeptanz.

Machen Sie, wenn Sie sehr starke mentale oder physische menstruelle Qualen leiden, den gesamten Monat hindurch die Übungen »Bewußtsein von Ihrem Schoß« und »Baum des Schoßes«, um eine ständige positive Verbindung zu Ihrem Zyklus aufrechtzuerhalten. Sie müssen vielleicht auch Ihre Lebensweise überprüfen, um festzustellen, ob Sie Ihre zyklische Natur oder zyklischen Energien unterdrücken. Wir werden später in diesem Kapitel auf die verschiedenen Phasen des menstruellen Zyklus und die unterschiedlichen Möglichkeiten der Interaktion eingehen.

Gehen Sie hinaus, und setzen Sie sich dem Licht des Vollmondes aus, um Ihren Zyklus mit Ihrem geistigen Bewußtsein oder mit den Mondphasen in Einklang zu bringen. Stellen Sie sich so hin, daß Sie den Mond sehen können, und seien Sie sich seines Lichtes am Himmel und in Ihrem Inneren gewahr. Fühlen Sie die Präsenz Ihres Schoßes und Ihres Baums des Schoßes. Sehen Sie, wie der Vollmond in den Zweigen dieses Baumes ruht, wie sich sein Licht in dem ihn umgebenden Wasser spiegelt. Spüren Sie, wie seine Wurzeln sich tief in die Wasser Ihres Geistes hineinranken. Seien Sie sich des Mondes in Ihrem Schoß gewahr, des Mondes in Ihrem Geist und des Mondes am Himmel. Sie mögen dies als einen allmonatlichen Akt der Hingabe Ihrer geistigen Natur an Ihre tiefere zyklische Natur betrachten. Es spielt bei dieser Übung keine Rolle, wenn Ihre persönliche Phase nicht mit der Mondphase übereinstimmt.

Lassen Sie sich im Schlaf vom Licht des Vollmondes bescheinen, wenn Sie versuchen, Ihren Zyklus mit den Mondphasen in Übereinklang zu bringen, oder lassen Sie, wenn das nicht möglich ist, zur Zeit des Vollmondes während der Nacht ein kleines Licht brennen. Denken Sie aber daran, daß Sie nicht den gleichen Rhythmus wie der Mond haben müssen, um sich in Harmonie mit den Phasen und Energien Ihres eigenen Zyklus zu befinden.

Vielleicht haben Sie nach dem Ende Ihrer Regelblutung den Wunsch, die Beendigung des einen Zyklus und den Beginn des neuen Zyklus irgendwie zu kennzeichnen; das Ende der dunklen Phase und den Beginn der Phase des Jungfrau-Aspektes. Im alten Athen suchten die Frauen nach Beendigung ihrer Regelblutung den Tempel der Athene auf, um ihre blutverschmierte Wäsche zu waschen und als Jungfrau wiedergeboren zu werden. Die folgende Übung kann als Reinigungsprozeß nach der Menstruation eingesetzt werden, für ein Wegwaschen des Alten in Vorbereitung auf das Neue oder für eine Reinigung und Wiederherstellung der Integrität Ihres Schoßes und Zyklus, wenn Sie Übergriffe, Mißbrauch oder eine Vergewaltigung erlitten haben.

Übung: Reinigung

Die folgende Reinigungsübung gründet sich auf die von Ihnen gewählte Ansicht. Sie können soviel Symbolik hineinnehmen, wie Sie Zeit oder Bedarf haben; das einzige Erfordernis auf praktischer Ebene ist etwas Wasser. Ein Bad ist die luxuriöseste Form der Durchführung der Reinigung, aber Sie können auch, wenn Ihnen das lieber ist, eine Dusche oder ein einfaches Wasserbecken zu Hilfe nehmen.

Wenn Sie ein Bad nehmen, dann entspannen Sie sich im Wasser, befreien Sie sich von allen Sorgen und Spannungen des Tages. Stellen Sie sich nach einer Weile den Mond in seiner gegenwärtigen Phase am Himmel vor, baden Sie in seinem Licht oder seiner Dunkelheit. Seien Sie sich des Sie umgebenden Wassers bewußt, des Wassers in Ihrem Körper und der auf das Wasser ausgeübten Anziehung durch die Gezeiten des Mondes. Spüren Sie die Präsenz Ihres Schoßes, und visualisieren Sie Ihren Baum des Schoßes und den Mond, der in jeder seiner Phasen in dessen Zweigen ruht. Schöpfen Sie etwas Wasser mit Ihren Händen, heben Sie sie hoch und fühlen Sie, während das Wasser durch Ihre Finger rinnt, wie das Licht oder die Dunkelheit des Mondes vom Kopf über Ihren Körper bis zu Ihrem Schoß hinabrieselt. Halten Sie Ihre Hände so lange hoch, wie es Ihrem Bedürfnis entspricht, senken Sie sie dann langsam, und spüren Sie, wie Sie sich gereinigt, erneuert, rein und im Frieden mit sich fühlen.

Genießen Sie diese Gefühle so lange wie Sie können, und steigen Sie dann aus dem Bad. Spüren Sie, während die Wassertropfen an Ihnen herabrinnen und die Wanne sich leert, wie mit dem Wasser auch der alte Zyklus mit all seinen Emotionen und Problemen abfließt und Sie wie Aphrodite neu und schön aus dem Bade hervorgehen.

Die Mond-Chronik und das Alltagsleben

Wir Frauen wurden in unserem Wesen von der Gesellschaft sehr stark auf eine männliche, lineare Sichtweise der menschlichen Persönlichkeit eingeschränkt und festgelegt. Die persönlichen Erfahrungen einer Frau, wie sie sich über die Monate hinweg in ihrer Mond-Chronik herausbilden, betonen nicht nur die zyklische Natur ihrer Person, sondern ermöglichen ihr auch ein intellektuelles Begreifen dieser Konzeption und lassen sie selbst die Wahrheit und Gültigkeit ihrer Lebensrhythmen erspüren. Da die Gesellschaft den natürlichen Ausdruck des weiblichen zyklischen Wesens unterdrückt hat, bleibt Frauen nichts anderes übrig, als auf der Grundlage ihres eigenen Zyklus wieder zu lernen, ihm Ausdruck zu geben.

In den folgenden Abschnitten betrachten wir im größeren Detail die vier Hauptphasen des menstruellen Zyklus und gehen auf verschiedene Möglichkeiten ein, wie sich diese Phasen ausdrücken und wie wir damit umgehen können. Wie ich schon erwähnte, stellt diese vierfaltige Unterteilung nur die simpelste Zyklusunterteilung dar, und der Zyklus einer jeden Frau manifestiert sich auf seine eigene Weise. Doch die hier vorgestellten Ideen und Konzeptionen können als allgemeine Richtschnur für eine Interpretation und Umgangsweise genommen werden.

In jedem Abschnitt findet sich eine Bewußtseinsübung, die weniger einer intellektuellen als vielmehr einer erfahrenen oder erlebten Herangehensweise an bestimmte Energien dienen soll. Wenn möglich, sollten diese Übungen während der ihr zugeordneten Zyklusphase vorgenommen werden, können aber auch jederzeit dazu benutzt werden, die Energien innerhalb des Zyklus wieder auszubalancieren. Wie auch schon bei den vorangegangenen Visualisierungen mag es Ihnen eine Hilfe sein, wenn Sie diese Übungen vorher auf Tonband sprechen. Jeder Abschnitt wird auch auf das Ungleichgewicht eingehen, das entsteht, wenn eine Frau ihr Leben von einer einzigen Energiephase dominieren läßt. Die Reihe von Schlüsselworten am Ende einer jeden Übungseinheit kann später im Abschnitt »Erweiterung der Mond-Chronik« Verwendung finden.

Die Phase der Alten

Diese Phase stellt eine Zeit des Rückzuges dar, eine Zeit, um auf das innere Selbst und den Körper zu hören. Sie kann mit dem Einsetzen der Menstruation oder ein wenig davor beginnen und endet um die Zeit, wenn die Regelblutung aufhört. Zwischen den einzelnen Phasen gibt es keine starren Grenzen; die Energien fließen frei von einer Phase in die andere über, und Sie werden sich auf allmähliche Weise der Veränderung in Ihren Energien bewußt werden, die den Beginn der nächsten Phase kennzeichnet. Diese Phase ist eine Zeit des Angelpunktes, des Drehmomentes. Sie balanciert den inneren Ausdruck der intuitiven Energien mit dem äußeren Ausdruck des Intellekts aus.

Die Zeit der Blutung ist eine Zeit, in der die Barrieren zwischen Bewußtsein und Unterbewußtsein etwas niedriger liegen, was Ihnen ermöglicht, Ihre Gewahrseinsebene zu erhöhen oder zu erweitern und mit Ihrem Körperbewußtsein in Interaktion zu treten. Auch wenn dies eine Phase der Zurückgezogenheit darstellt, ist sie doch nicht negativ. Oft entsteht ein Gefühl der Akzeptanz, Teil von allem zu sein, was Ihnen die Gelegenheit bietet, Ihr inneres Selbst auch im Wachzustand zum Ausdruck kommen zu lassen. Die schöpferischen Energien sind nun nicht mehr inspirativ, sondern treten auf visionäre Weise hervor, in der Fähigkeit, Muster zu sehen und Wissen zu erlangen oder zu schöpfen. Diese Phase ist eine Zeit der Stille und Gestation, bevor Sie aufs neue in die Welt des weißen Lichtes der Sichel des zunehmenden Mondes eintreten. Sie ist der Angelpunkt zwischen dem Ende des einen Zyklus und dem Beginn eines neuen Zyklus.

Mit der Menstruation vollendet sich der Verlangsamungsprozeß der Zauberin-Phase. Der Körper hat weniger physische Energie, Brüste und Bauch sind möglicherweise angeschwollen, der Körper fühlt sich schwer und braucht allgemein mehr Schlaf. Die Alltagswelt wird weniger wichtig; wir empfinden es als ärgerlich, wenn wir uns den kleinen Details und alltäglichen Bedürfnissen zuwenden müssen, und können uns kaum auf sie konzentrieren. Das Bedürfnis nach Rückzug signalisiert das Bedürfnis, sich die eigenen inneren Ebenen bewußtzumachen. Gesellschaftlicher Umgang und sogar das Reden werden unter Umständen als unnötig erachtet. Innere und äußere Welt vermischen sich, und diese Stille und Schweigsamkeit und das Bedürfnis zu träumen bleiben auch, wenn wir unseren Alltagsaufgaben nachgehen. Oft haben wir das Gefühl, in zwei Welten zugleich zu leben.

Auch mentale Prozesse verlangsamen sich und können sogar an einem Punkt der Meditation oder tranceähnlichen Träumerei ganz enden. Emotionen gelangen jedoch sehr leicht an die Oberfläche, und eine extreme Sensibilität für Empathie kann die irdische Welt unerträglich werden lassen. In dieser Phase erweckte sexuelle Energien können eine Erfahrungstiefe erreichen, die in den anderen Zyklusphasen nicht erreicht wird. Es kann auch das Bedürfnis entstehen, tiefen Gefühlen von Liebe und romantischen Sehnsüchten Ausdruck zu verleihen und diese Empfindungen vom Partner erwidert zu sehen. Sex kann in dieser Zeit zum Ausdruck einer intensiven, fast spirituellen Liebe zwischen zwei Menschen werden.

Umgang mit den Energien des Aspektes der Alten

Im äußeren Erscheinungsbild lassen sich die inneren Gefühle am einfachsten nach außen widerspiegeln. Die Kleidung stellt einen kreativen Ausdruck Ihres inneren Selbst und Ihrer Reaktion auf Ihren Körper sowie auf Ihre Umwelt dar. Durch die Wahl Ihrer Kleidung, Ihres Haarstiles, Make-ups und Schmucks geben Sie Ihre Gefühle wieder, drücken sie in einem Erscheinungsbild, in Farbe und Gestalt aus. Diesen Prozeß durchlaufen Frauen jeden Tag, aber da er fast unbewußt vonstatten geht, wird er nicht als kreativer Ausdruck begriffen. Wenn Sie ganz bewußt Ihre Kleidung und Ihre Farben Ihrer jeweiligen Phase entsprechend aussuchen, wecken Sie in sich ein Alltagsbewußtsein über die Verbindung zwischen Ihrem Selbst, Ihrem Körper und Ihrem Zyklus.

Wenn Sie Ihren Kleidungsstil während des Zyklus wechseln, bestärken Sie in sich die Qualitäten der jeweiligen Phase. Durch Ihr Bewußtsein von den einzelnen Phasen und den Ausdruck, den Sie ihm durch Ihre Kleidung geben, verändern sich Ihre Art zu gehen, Ihr Habitus, Ihre Gestik und Ihre Einstellung zu anderen Menschen auf subtile Weise, eben weil Sie dadurch ständig das Wesen dieser Phase in sich bekräftigen. Sie werden auch feststellen, daß

Männer und Frauen in jeder Phase anders auf Sie reagieren, weil sie den Ausdruck, den Sie ihr geben, im Unterbewußtsein auffangen.

Während der Phase der Alten verspüren Sie vielleicht die Neigung, bequeme und behagliche Kleidung zu tragen. Das können alte »getreue« Kleidungsstücke sein oder locker schwingende Röcke und Kleider, die Sie in Ihrer Bewegung nicht einengen. Wählen Sie, wenn in dieser Phase Ihre Brüste sehr groß sind und Ihr Bauch sehr gewölbt ist, eine Ihre Rundungen akzeptierende Kleidung aus. Falls Sie sehr figurbewußt sind, wollen Sie vielleicht diese Rundlichkeit kaschieren, aber kämpfen Sie nicht gegen Ihren Körper an und hassen Sie ihn nicht; mit der Akzeptanz des Anschwellens des Körpers geht eine heitere Gelassenheit und ein Vertrauen in diese volleren Formen einher. So wie die prähistorischen Venusfiguren muß auch der rundlichere Körper geachtet und respektiert werden.

Wählen Sie Farben aus, die Sie angemessen finden. Vielleicht wollen Sie Rot als Hinweis auf Ihre Blutung tragen, oder Schwarz als Hinweis auf den Rückzug, oder vielleicht Lila in Anspielung auf eine esoterische Dimension. Sie stellen möglicherweise fest, daß ein Schal oder ein Überwurf zu einem Symbol Ihres Rückzuges wird, zu einer Schutzbarriere zwischen Ihnen und der Welt.

Die Phase der Alten bringt auch ein Bedürfnis nach Ruhe und Stille mit sich. Die meisten Frauen führen ein so hektisches Leben, daß sie sich nicht gestatten, auf ganz natürliche Weise zu menstruieren. Der Körper verliert Blut, aber die Tampons tragen dazu bei, daß ihnen das nicht besonders bewußt ist, und sie machen ganz »normal« weiter, müssen sich vielleicht sogar noch stärker mental und physisch antreiben, um ihr übliches Arbeitspensum absolvieren zu können. Oft fragen sie sich, warum sie denn so müde und arbeitsunfähig sind, um sich erst dann daran zu *erinnern,* daß sie menstruieren.

Für die menstruierende Frau setzt das Alltagsleben nicht aus, aber in der heutigen Gesellschaft haben wir bei all den Anforderungen, die der Haushalt und das Berufsleben an uns stellen, weniger denn je Zeit, uns für einige Zeit zurückzuziehen. Wir können die menstruierende Seite unseres Wesens nur schwer akzeptieren, wenn uns keine Zeit bleibt, innezuhalten und auf sie zu hören. Die Frau von heute muß zusehen, wie sie die Anforderungen ihres

Arbeitslebens, die Bedürfnisse ihrer Familie und ihre eigenen Bedürfnisse irgendwie ausbalancieren kann. Sie können Ihren Bedürfnissen zum Zeitpunkt der Menstruation Rechnung tragen, wenn Sie sich, wann immer möglich, *mental* und *physisch* zu menstruieren erlauben. Idealerweise sollte das jeden Monat der Fall sein, aber wenn Sie dazu nicht die nötige Zeit haben, lohnt es sich doch, eben wann immer möglich einen entsprechenden Versuch zu unternehmen.

Während der Menstruation stellt sich ein physisches Bedürfnis nach Verlangsamung des Lebenstempos ein. Falls möglich, sollten Sie sich den Anforderungen, die der Beruf, die Familie oder Ihr Partner an Sie stellen, ein wenig entziehen und das tun, was Sie Ihrem Bedürfnis entsprechend tun möchten, selbst wenn es sich nur um eine Stunde am Abend handelt. Erklären Sie Ihrer Familie oder Ihrem Partner, daß alles in Ordnung ist, daß Sie nur ein wenig Ruhe und Zeit für sich benötigen, den Alltag etwas langsamer angehen und sich ausruhen müssen. Wenn Sie erst einmal angefangen haben, sich ein langsameres Lebenstempo *zuzugestehen*, werden Sie merken, daß es sich hierbei um einen ganz natürlichen Prozeß handelt, der eine Veränderung in die relative Dringlichkeit und Priorität der Dinge bringt, die Sie zu tun haben. Versuchen Sie, sich in dieser Zeit nicht allzuviel vorzunehmen; richten Sie sich den Tag so ein, wie es Ihren Gefühlen in dieser Phase entspricht. Wenn Sie tagsüber Ihr übliches Tempo aufrechterhalten müssen, dann ist es um so wichtiger, daß Sie sich am Abend etwas Zeit zur Interaktion mit Ihrer Menstruation einräumen. Versuchen Sie all die Dinge loszuwerden, die Ihre Zeit in Anspruch nehmen, aber nicht wirklich wesentlich sind; Sie stellen vielleicht fest, daß Sie jetzt ohnehin nicht geneigt sind, sich damit zu befassen.

Sie werden, wenn Sie nur das Wesentliche tun, dann auch imstande sein, damit zurechtzukommen, und sich weniger dem Druck der Alltagserfordernisse ausgesetzt fühlen. Versuchen Sie, wenn Sie bemerken, daß Sie in dieser Phase nicht die Energie haben, hart und schnell zu arbeiten, Ihr Leben so zu organisieren, daß Sie später die dynamische Energie der Jungfrau-Phase nutzen, um wieder aufzuholen. Offensichtlich wird das nicht jeden Monat möglich sein, aber wenn es Ihnen gelingt, wird das eine größere Befriedigung in Ihr Leben bringen.

Die physische Verlangsamung kann nicht nur Ihre Lebensorganisation verändern, sondern auch Ihre Interaktion mit Ihrem Körper. Wenn Sie Ihre Blutung zulassen, und vor allem, wenn Sie keine Tampons benutzen, werden Ihre Bewegungen und Gehweise langsam und fast traumähnlich. Wenn Sie sich auf diese Langsamkeit einlassen, werden Ihre Bewegungen anmutig, fast zu einem Tanz, doch wenn Sie dagegen ankämpfen, können Sie plump, schwerfällig und unkoordiniert werden. Sportliche Aktivitäten mögen in dieser Zeit schwierig sein, und Sie werden vielleicht Ihre übliche Fitneß- und Energieebene nicht erreichen können.

Die Menstruation ist die Zeit, in der Sie die bewußte Verbindung mit Ihrem Körper und die Verbindung zwischen Ihrem Körper und der Welt der Natur zum Ausdruck bringen sollten. Gestatten Sie sich den Luxus, häufig zu baden oder zu duschen, nicht weil die Menstruation etwas Schmutziges wäre (obgleich Hygiene wichtig ist), sondern um Ihren Körper zu verwöhnen und sich in ihm wohl zu fühlen. Nutzen Sie das Wasser, um den alten Monat, die Gefühle, Probleme, Sehnsüchte wegzuwaschen, und spüren Sie Ihre Verbindung mit dem Wasser. Betrachten Sie es als ein Symbol Ihrer Emotionen, als das Wasser Ihres Körpers, das Ihnen Leben gibt, als Ihre Intuition, als den fruchtbaren Regen und die Wasser Ihrer Geburt. Nutzen Sie diese Zeit, um sich an Ihrem Körper zu erfreuen; baden Sie bei Kerzenschein und benutzen Sie natürliche Öle oder Kräuterextrakte. Möglicherweise merken Sie, daß Sie keine vorfabrizierten Produkte oder Düfte verwenden wollen. Setzen Sie die Massage ein, um sich Ihres Körpers bewußt zu werden, und nehmen Sie sich Zeit für Körperbereiche, die gewöhnlich ignoriert werden. Oft kann in dieser Zeit schlechte Gesundheit zu einem mangelnden Wohlbefinden führen; wenn Sie Ihre Verbindung mit Ihrem Körper, mit Ihrer Natur, Ihrem Geist und Ihrer Seele wieder erneuern, kann sich auch das Gefühl von Verbundenheit und Wohlbefinden wieder einstellen.

Möglicherweise bemerken Sie, daß Sie sich zu einfachen Nahrungsmitteln hingezogen fühlen, zu Gemüse, Getreide und Früchten statt zu Fast food oder Produkten ohne Nährwerte. Ihr Körper mag Ihnen spezielle Essensgelüste signalisieren, die Sie normalerweise nicht haben, oder manchmal wollen Sie überhaupt nichts essen. Der Körper scheint in der Menstruationsphase zu einem natürlicheren Ausdruck zu neigen, was das Bedürfnis widerspiegelt, in dieser Zeit ein einfacheres Leben zu führen.

Geist, Gemüt, Emotionen und mentale Prozesse verändern sich in dieser Zeit. Sie denken vielleicht langsamer, und geistige Prozesse können chaotisch, unlogisch und intuitiv verlaufen. Auch mögen Sie keine Lust zum Reden oder zu sozialen Kontakten verspüren. Die Fähigkeit, sich lange auf etwas zu konzentrieren, kann herabgesetzt sein, und das wiederum kann zu Tränen und Frustration führen.

Wie ich schon erwähnte, können Sie durch eine Umorganisation Ihres Lebensumfelds und Lebensstils in dieser Zeit dazu beitragen, daß Sie mit den Alltagsdingen besser zurechtkommen, aber vielleicht haben Sie auch in emotionaler Hinsicht Probleme. Die Fähigkeit, sich in andere Menschen einzufühlen, ist sehr gesteigert und kann fast unerträgliche Ebenen erreichen, was ebenfalls zu Tränenausbrüchen und emotionalem Aufruhr führen kann. Sie reagieren sensibler auf Katastrophen und Tragödien, ob nun in den Nachrichten, in einem Film oder einem Buch, und fühlen sich sehr intensiv in die Trauer und Qualen der Familien oder Opfer ein.

Das Weinen bringt emotionale Energien in Fluß, und dies kann Bestandteil des Heilungsprozesses während der Menstruation werden. In den Gefühlen der Trauer spiegelt sich auch ein Bewußtsein vom Tod wider, vom Ende des alten Zyklus und von Verlust, Gefühle, die allesamt Teil der Verbindung zwischen der Frau und den Rhythmen des Lebens sind. Ein solches Bewußtsein kann heilend wirken, doch angesichts des Sperrfeuers von Nachrichten über Katastrophen in aller Welt kann diese Sensibilität auch zerstörerisch werden und zu einem Gefühl von Hoffnungslosigkeit führen.

Sie können nicht die gesamte Trauer und sämtliche Emotionen dieser Welt auf sich nehmen und müssen sich schützen. Das läßt sich am leichtesten bewerkstelligen, indem Sie sich von Fernseher, Radio und Zeitungen fernhalten und Ihre Gefühle auf die unmittelbaren Probleme Ihrer Familie oder Freunde beschränken. Doch wenn Sie sich vor jeglicher Tragödie abschotten, werden Sie vielleicht nicht die mit der Menstruation einhergehende Erfahrung von Tod und Erneuerung machen, so daß Sie hier zu einer Balance finden müssen. Die Veränderung Ihrer Wahrnehmungsweise bietet Ihnen eine andere Möglichkeit des Umganges mit diesen

Gefühlen an. Anstatt passiv mit den Menschen mitzufühlen, ihre Gefühle als Ihre eigenen zu erleben, können Sie aktives Mitgefühl mit den betreffenden Menschen praktizieren. Sie sind, wenn Sie Mitgefühl *für* andere haben, anstatt *mit* ihnen zu fühlen, in der Lage, ihnen Hilfe anzubieten. Wenn Sie die Empathie in Mitgefühl verwandeln, können Sie aus dem Verstehen heraus hilfreich sein.

In der Phase der Alten braucht nicht nur der Körper mehr Schlaf, auch Geist und Gemüt brauchen mehr Zeit zum Träumen. Durch den Abstieg in sich selbst finden Sie Zugang zu den Mechanismen Ihres Innenlebens, und Träume können Sie über Ihren Körper und Geist belehren.

Das Träumen beschränkt sich hier nicht unbedingt auf im Schlaf produzierte Bilder; es beinhaltet auch Tagträume, Phantasien und Visualisierungen, Methoden des Träumens, bei denen das Bewußtsein einen bestimmten Kontext vorgibt, der dem Unterbewußtsein eine Interaktion ermöglicht. Diese kann die Form von Emotionen, Ideen, Bildern oder Gewahrsein annehmen. Indem Sie sich Zeit zum Träumen nehmen, öffnen Sie sich Ihrer Fähigkeit zu Visionen, imaginativer Weisheit, Vorausschau, Einsicht und mystischer Erfahrung.

Machen Sie sich von den Träumen und Einsichten in dieser Zeit Notizen. Sie werden möglicherweise feststellen, daß sie Ihre Wahrnehmung vom Leben verändern oder Hilfe anbieten und Verstehen ermöglichen. Diese Notizen können auch als Thema für Visualisierungen und Meditation herangezogen werden.

Gebet, Magie und Weissagung können in dieser Phase ebenfalls als Ausdruck Ihres inneren Bewußtseins dienen. Es gibt viele Bücher, die eine ganze Palette von Traditionen, Weissagungsmethoden und Formen des Gebetes vermitteln. Wenn Sie noch nicht mit einigen dieser Techniken vertraut sind, möchten Sie vielleicht erst verschiedene Dinge ausprobieren, um zu sehen, was Ihnen zusagt. Sie werden feststellen, daß sie Ihnen in fast allen Fällen ein Mittel der aktiven Einsetzung Ihrer Fähigkeit an die Hand geben, Muster zu erkennen, tiefe Einsichten zu haben und Ihre Intuition zu nutzen, und daß sie Ihnen auch eine Methode vermitteln, mit der Konzeption von der Existenz in zwei Welten zu arbeiten.

Die dunkle Phase ist eine Zeit, Ihre Emotionen und Intuition frei fließen zu lassen, aber sie ist auch eine Zeit, in der Sie eine Aufgabe auf mentaler Ebene erfüllen sollen. Der Tod, den die dunkle Phase mit sich bringt, drückt sich in der Menstruation, im Tod des alten Monats aus, im Absterben von Bindungen und Fesseln, von Emotionen und Verhaltensmustern, die sich im Laufe des vergangenen Monats aufgebaut haben und vor dem Neubeginn in der Phase des zunehmenden Mondes freigesetzt werden müssen. Nutzen Sie die Zeit, um eine Bestandsaufnahme Ihres Lebens, Ihrer Gesundheit und Ihrer Beziehungen zu machen und die Tatsache zu akzeptieren, daß die vergangenen Ereignisse und Emotionen zwar ein Teil Ihres Lebens waren, nun aber nicht mehr existieren. Sie haben vielleicht ein starkes Gefühl von Verlust und großer Leere. Die Zauberin-Phase hat die Fäden durchschnitten, die Sie an Ihre alte Lebensweise banden, wodurch es Ihnen in der Phase der Alten möglich wird, die Fasern auszuwählen, mit denen Sie das Muster Ihres künftigen Lebens weben möchten. Dies ist eine Zeit, die Veränderungen des Lebens zu akzeptieren und den sich fortsetzenden Zyklus, den Sie verkörpern, zu feiern.

Die Phase der Alten bringt die Sehnsucht nach der Verbindung mit der Natur, mit den schöpferischen Energien und dem intuitiven inneren Selbst mit sich. Zu diesem Zeitpunkt sind die schöpferischen Energien unstrukturiert, reagieren auf Anreize und lassen Ideen entstehen, die dann weiterentwickelt oder aber aufgegeben werden können. Der Aspekt der Alten in uns kann sehr sensibel auf archetypische Gestalten und Bilder reagieren, gleich ob sie nun in Büchern, in der Kunst, im Fernsehen oder in der Musik auftauchen, und diese Archetypen können weitere Bilder und Ausdrucksformen anregen.

Versuchen Sie, ganz bewußt Ihren Geist zu stimulieren, indem Sie sich Kunstwerke und Skulpturen ansehen, Volksmärchen, Sagen und Legenden lesen (Kinderbücher sind hier am besten geeignet, weil sie auch Illustrationen enthalten, die Sie zu Ideen anregen können) oder ins Theater gehen. Sie werden feststellen, daß Sie von bestimmten Bildern auf der inneren Ebene angesprochen werden. Die angeregten Ideen müssen noch in der Phase der Alten Ausdruck finden, da sich die Macht der Vorstellungen in der Jungfrau-Phase verflüchtigt. Sie werden oft archetypische Bilder aus Ihrer Umwelt auffangen, manchmal ohne daß Sie sich dessen bewußt sind.

Die Phase der Alten kennzeichnet das Ende der nach außen gerichteten, dynamischen, schöpferischen Energien des Zyklus. Und dieses Ende kann, wenn die neue innere Qualität nicht erkannt wird, zu einem Gefühl von Verlust führen. Es bietet aber auch die Möglichkeit, die Bindung an alte Arbeiten, Ideen und andere bereits erschaffene Ausdrucksformen zu durchtrennen und so dem Keim neuer Ideen im dunklen Schoß der Menstruation Gelegenheit zum Wachstum zu geben.

Die Betonung der Energien der Alten fällt in gewisser Hinsicht unterschiedlich aus, je nachdem, ob Sie Ihre Blutung bei Vollmond oder Neumond haben. Die Frau im Weißen Mondzyklus, die Frau also, die bei Neumond blutet, verbindet sich mit ihren tiefsten Gewahrseinsebenen, die sie daran erinnern, daß es noch mehr gibt als nur die manifest gewordene Welt. Die Frau im Roten Mondzyklus, die bei Vollmond blutet, bringt die Energien und Mysterien der inneren Dunkelheit in die manifestierte Welt ein.

Manchmal werden bestimmte Zyklusphasen unterdrückt, und andere dürfen dominant werden. Wenn eine Frau die Phase der Alten in ihrem Wesen dominieren läßt, kann sie die Tendenz entwickeln, in ihrer geistigen Welt, in Träumen und Phantasien zu leben, ohne wirklich Halt in der Alltagswelt zu finden. So kann es geschehen, daß sie sich aus der Welt mit all ihren Ereignissen zurückzieht, sich von anderen Menschen isoliert und für sich allein lebt. Eine Frau, die die Energien der Alten in sich unterdrückt, unterdrückt ihre innere Stärke und Weisheit und erstickt ihre Fähigkeit, durch Veränderung weiter zu wachsen.

Übung: Menstruelle Meditation

Setzen oder legen Sie sich an einem Ort hin, an dem es still und dunkel ist, und gewöhnen Sie Ihre Augen an die Dunkelheit. Fühlen Sie sich sicher und geborgen, eingebettet in die tröstliche und unterstützende Wärme der Dunkelheit. Fühlen Sie die Fähigkeit und den Luxus, in dieser Dunkelheit alles zu vergessen. Fühlen Sie sich von der Dunkelheit umgeben, die in allen Dingen enthalten ist, und fühlen Sie die innere Dunkelheit in Ihrer eigenen Person. Öffnen Sie sich ihr. Es gibt keine Furcht, es gibt nur Akzeptieren, Liebe und Heilung. Über sich sehen Sie die Dunkelheit des Raumes und das ferne Schimmern der Galaxien und Sterne. Sie sehen den dunklen Mond und fühlen dahinter die Präsenz des Lichtes. Fühlen Sie, wie Sie die Dunkelheit in Ihrem eigenen Inneren akzeptieren, nicht als etwas Böses, sondern als Quelle der Erneuerung und Transformation. Die Dunkelheit ist die Quelle alles Seins, das im Schoß existierende Potential, die Dunkelheit, aus der wir geboren wurden und in die wir zurückkehren.

SCHLÜSSELWORTE

Dunkelheit / Hekate / Keim / Persephone / Schoß / Winter / Einssein / Potential / Erde / Höhle / Fackel / Grab / Schlange / Eule / Universum / dunkler Mond / Vision / Prophetie / Weisheit / Muster / Erneuerung / Gestation.

Die Jungfrau-Phase

Dies ist eine günstige Zeit, um die inneren Energien zum Ausdruck und das Unterbewußte ans Tageslicht zu bringen. Es ist eine geeignete Zeit, um die in der Phase der Dunkelheit der weisen Alten gewonnenen Einsichten und Ideen in die Alltagswelt umzusetzen. Der Aspekt der Jungfrau in uns bietet die Möglichkeit zur Regenerierung unseres Lebens. Die Trauerzeit um den vergangenen Monat ist vorbei, wir sind durch die Menstruation mit dem Urgrund unseres inneren Selbst in Berührung gekommen und haben eine Stärke und ein Vertrauen wiedergewonnen, die aus diesem inneren Selbst stammen.

Es ist eine Phase der Wiedergeburt, der frischen Energie und des Enthusiasmus. Nach der Menstruation wird der Körper wieder schlanker, energiegeladener, geschmeidiger und »jünger«, und die destruktiven Energien und die tranceähnliche Langsamkeit verwandeln sich nun in dynamische Energien, die sich auf neue Ziele konzentrieren lassen. Die Lebensfreude drückt sich in der Frische des Körpers am Anfang eines neuen Zyklus und in seiner Interaktion mit der Umwelt aus. Der Körper gewinnt als Ausdruck und

Spiegelung des Lebens an Bedeutung, hat mehr physische Energie und Kraft zur Verfügung und benötigt weniger Schlaf. Sie gewinnen Ihr Selbstvertrauen in Ihren Körper und in Ihre Fähigkeiten wieder.

In der Menstruationsphase erleben die meisten Frauen ihre Emotionen und ihre Sexualität auf einer sehr tiefen inneren Ebene. In der Jungfrau-Phase wenden sie sich jedoch wieder mehr dem Außen zu, lieben den Spaß und den Flirt. Ihre Sexualität ist wie bei einem jungen Mädchen hell und unverbraucht. Das Selbstvertrauen in Ihren Körper äußert sich in einer eher jugendlichen Sinnlichkeit, der sexuelle Akt wird zu etwas liebevoll Spielerischem. Der erste sexuelle Akt nach der Blutung erneuert das Band zwischen Ihnen und Ihrem Partner, imitiert sozusagen eine erste Begegnung.

Die Jungfrau-Phase stellt eine Zeit der mentalen wie auch physischen Dynamik dar. Sie werden geistig stark, denken analytisch und klar. Sie entwickeln die Fähigkeit, Strukturen zu erkennen, zu thematisieren und Prioritäten zu setzen, neue Projekte anzufangen und sie mit Enthusiasmus auch gegen alle Widrigkeiten auf den Weg zu bringen. Sie werden unabhängiger, benötigen weniger Unterstützung, Trost und Ermunterung von anderen und haben einen inneren Antrieb, der Sie Dinge, an die Sie glauben, gegen jeden Widerstand durchsetzen läßt. Manchen Männern erscheint diese entschlossene, scharf denkende und starke Frau bedrohlich.

Sie haben auch die Stärke, aufzustehen und jene zu beschützen, die Ihrem Gefühl nach schwächer sind oder Unrecht erleiden. Der Jungfrau-Aspekt stellt die aktive Seite Ihres inneren Wesens dar; Dinge, die Sie auf tiefer oder intuitiver Ebene fühlen, werden zur Grundlage entschlossenen Handelns. Die kreativen Energien machen sich in plötzlichen mentalen Sprüngen lichter Inspiration bemerkbar, die Sie in Verbindung mit einer gesteigerten Konzentrationsfähigkeit und einer aufs Detail gerichteten Achtsamkeit befähigen, die sich gesetzten Ziele auch zu erreichen.

Die Jungfrau-Phase ist zudem eine Phase der Kommunikation und Geselligkeit. Sie stellen möglicherweise fest, daß Sie das Bedürfnis haben, andere Menschen zu treffen, auszugehen und Spaß zu haben. Diese Phase kann in den letzten Tagen Ihrer Blutung oder nach deren Beendigung beginnen. Sie ist eine Phase ständiger

Veränderung, die Energien sind ausstrahlender Natur und fließen auf die Mutter-Phase zu.

UMGANG MIT DEN JUNGFRAU-ENERGIEN

Während der Jungfrau-Phase haben Sie möglicherweise den Wunsch, sich jugendlicher und farbenfroher zu kleiden. Da Ihr Körper schlanker und athletischer wirkt, möchten Sie sich vielleicht figurbetonter und sinnlicher anziehen, doch dies eher im Sinne von Spaß haben als einer direkten Verführung. Nach den schwingenden Röcken der Menstruationsphase passen Hosen oder Jeans mit der entsprechenden Bewegungsfreiheit zu dieser Phase energiegeladener Aktivität. Haben Sie Spaß an Ihrem Kleidungsstil, tragen Sie Weiß, wenn Ihnen danach zumute ist, und »sexjungfräuliche« Unterwäsche mit einer Unmenge weißer Spitzen! Drücken Sie Ihre unverbrauchte spielerische sexuelle Energie auch durch Ihre Frisur, Ihren Schmuck und Ihre Aktivitäten aus. Sie werden feststellen, daß mit dem Fortschreiten dieser Phase die anfänglich junge frivole Energie allmählich etwas Reiferes und Tieferes erlangt, daß Sie aber immer noch das Gefühl von Unabhängigkeit und das Bedürfnis nach Aktivität bewahren. Vielleicht möchten Sie diesen allmählichen Wechsel auch in Ihrer Kleidung zeigen.

Die Jungfrau-Phase ist eine Phase sowohl der mentalen als auch der physischen Aktivität. Versuchen Sie Zeit für die körperliche Bewegung zu finden, und sei es nur, daß Sie zu Fuß gehen, anstatt das Auto zu nehmen. Das Vergnügen an Ihrem Körper und Ihrer Umwelt wird zum Ausdruck der Lebensfreude an sich. Erlernen Sie, wenn Sie Zeit haben, eine neue Sportart oder nehmen Sie eine alte wieder auf, oder gehen Sie zum Tanzen, oder machen Sie Aerobic. Wenn Sie dies auch noch mit einer Gruppe von Freundinnen und Freunden tun, macht es noch mehr Spaß und kommt Ihrem Bedürfnis nach größerer Geselligkeit entgegen.

Diese Phase ist mit der Zunahme an Selbstvertrauen und physischer Energie eine gute Zeit, um mit einer Diät oder mit einer gesunden Essensplanung und mit regelmäßigen Körperübungen zu beginnen. Im Laufe des Monats ändert sich das Maß an Flexibilität, Vitalität und Stärke des Körpers ständig. Lassen Sie sich dadurch nicht abhalten, eine Sportart zu betreiben oder einige Körperübungen zu machen. Es ist besser, in dieser Hinsicht etwas zu unternehmen, wann immer Sie dazu imstande sind, und es sein zu lassen, wenn Sie sich nicht dazu in der Lage fühlen, als überhaupt nichts zu tun, nur weil Sie keine konstante Leistungsebene einhalten können.

Doch nicht nur der Körper, auch der Geist benötigt Stimulierung. Führen Sie Gespräche, gehen Sie auf Partys, und veranstalten Sie Ihre eigenen Feste, gehen Sie ins Kino, Theater oder in Konzerte. Werden Sie in der Gemeinde aktiv; schreiben Sie Beschwerdebriefe an die Behörden, starten Sie Protestgruppen oder organisieren Sie neue Projektgruppen für nachbarschaftliche oder karitative Zwecke. Probieren Sie neue Ideen aus, experimentieren Sie, und seien Sie nicht verärgert, wenn es nicht funktioniert. Dies ist Ihre Gelegenheit herauszufinden, was Ihnen gelingt und Spaß macht.

Die Ihnen in der Jungfrau-Phase zur Verfügung stehende zusätzliche Energie ermöglicht es Ihnen, hinsichtlich der Arbeit das wieder einzuholen, was Sie während Ihrer Menstruation vernachlässigen mußten, wie auch Ihr normales Arbeitspensum beizubehalten, wenn nicht sogar noch mehr zu tun. Das ist die Zeit, um sich mit neuen Projekten zu befassen – alles, was vor der Menstruation unerledigt liegengeblieben ist, muß nun so schnell wie möglich erledigt und aus dem Weg geräumt werden, damit der frische Enthusiasmus für neue Projekte bestmöglich genutzt werden kann.

Es kann sein, daß Sie während der Menstruation und der sich zum Dunklen neigenden Phase Ihre Prioritäten und Ihre Lebensrichtung aus dem Blick verloren haben, weshalb es jetzt an der Zeit ist, zu analysieren, zu organisieren und Prioritäten zu setzen. Es kann hilfreich sein, wenn Sie die Schlußfolgerungen, zu denen Sie in dieser Phase gelangen, aufschreiben, um sich dann in den dunkleren Phasen darauf beziehen zu können. Schauen Sie sich Ihre Finanzen, Ihr Zuhause, Ihre Beziehungen und Ziele an, und überlegen Sie, ob sich hier einiges besser organisieren ließe.

In dieser Phase wird den während der Menstruation entstandenen intuitiven Ideen eine Struktur gegeben. Das Licht der Jungfrauengestalt ist das aus der Tiefe der Dunkelheit geborene Licht der Weisheit, um neues Leben, Bewußtheit und Struktur in Ihr Leben zu bringen und Ängste und Unwissenheit zu zerstreuen.

Eingezwängt, wie wir sind, in die gesellschaftlichen Erwartungen vom »korrekten« weiblichen Verhalten, mögen viele Frauen sich nicht imstande fühlen, diese Jungfrau-Energien zum Ausdruck zu bringen. Diese Phase ist dynamisch und kann gewissermaßen als der »männliche« Aspekt des Weiblichen bezeichnet werden, wobei nicht die Vorstellung erweckt werden soll, daß diese beiden Aspekte getrennt voneinander existieren. Männer können sich von dieser Phase bedroht fühlen, da sie ein Eindringen in gesellschaftliche Bereiche bedeuten kann, die sie als ihr »Territorium« betrachten. Der Jungfrau-Aspekt der Frau ist jedoch ein ihr ebenso natürlich zugehöriger Aspekt wie der Aspekt der Mutter.

Wie die anderen Phasen muß auch die Jungfrau-Phase mit den übrigen Phasen des Zyklus ausbalanciert werden. Eine Frau, die ihren Jungfrau-Aspekt dominieren läßt, kann sehr karrierebewußt und ehrgeizig werden. Es mag sein, daß sie ihre anderen Aspekte unterdrückt, um quasi ein »Ehrenmitglied« des männlichen Geschlechts zu werden, wodurch sie ihre Chance erhöht, bis an die Spitze ihrer Berufssparte oder der Gesellschaft vorzudringen. Eine solche Frau ist sehr eigenständig und unabhängig, und es fällt ihr unter Umständen schwer, sich einer Beziehung oder Partnerschaft ganz hinzugeben. Möglicherweise fürchtet sie sich auch vor der Mutterschaft und ist nicht willens oder in der Lage zuzulassen, daß sie sich um andere kümmert und sie nährt. In ihrer Welt hat die intuitive, zyklische Sphäre der Menstruation wenig Bedeutung.

Übung: Meditation zum Jungfrau-Aspekt

Lassen Sie sich vor einer Kerze oder einem Feuer nieder. Beobachten Sie das Licht der Flamme, spüren Sie ihre Wärme. Lassen Sie die Gedanken des Tages allmählich verblassen und verschwinden, bis Sie sich nur noch des Lichts bewußt sind. Schließen Sie die Augen, und bewahren Sie im Innern das Bild der Flamme. Fühlen Sie das Licht in Ihrem Körper und durch Ihre Adern wandern, spüren Sie den Überschwang der Energie, der damit einhergeht. Fühlen Sie die Lebenskraft in Ihrem Innern, das Pulsieren des Lichts, das Ihr Leben ist.

Werden Sie sich nun gewahr, daß um Sie herum andere Lichter aufleuchten, die Lebenskraft in allen Dingen, die auf Erden existieren. Öffnen Sie, wenn Sie sich bereit fühlen, die Augen, und sehen Sie, wie sich das Feuer Ihres Lebens im Lichtschein der Flamme spiegelt.

SCHLÜSSELWORTE

Dynamisch / Energie / Intellekt / Brillanz / Inspiration / Feuer / Licht / Gesundheit / Freude / Körper / Überschwang / Reinheit / Einhorn / Jagdhund / Löwe / Stier / Jägerin / Amazone / Boadicea / Aphrodite / Athene / entschlossen / analytisch / selbstbewußt / eigenständig / Stärke / Aktivität / Geselligkeit.

Die Mutter-Phase

Diese Phase ist eine Zeit, in der Sie von sich selbst, Ihrer Liebe und Ihrem Können geben und Ihrer Verbindung mit der Erde Anerkennung verleihen. In unserer modernen Gesellschaft wird die Mutter oft als schwache, wenngleich notwendige Bürgerin zweiter Klasse eingestuft. Ungeachtet der Fortschritte und Leistungen der Frauen wird sie als instinktiv reagierendes, den körperlichen Prozessen ausgeliefertes Muttertier betrachtet, dessen Gehirn sich ausschließlich mit der Fortpflanzung zu beschäftigen vermag. Junge Frauen und vor allem alleinerziehende Mütter hält man für dumm, weil sie sich schwängern ließen, oder für eine Belastung der Staatsfinanzen. Eigenschaften wie Intelligenz, Stärke und Weisheit werden heute nicht mehr mit der Mutterschaft assoziiert, und die Fähigkeiten und Tugenden, die Mütter mit ihrer fürsorgenden Zuwendung und Selbstlosigkeit demonstrieren, sind dermaßen herabgewürdigt worden, daß sie weder Respekt noch Status genießen. Interessanterweise werden Männer, die die gleichen Fähigkeiten, Eigenschaften und Neigungen aufweisen, ebenfalls zu Opfern dieser Vorurteile.

Die Mutter-Phase ist eine Zeit der Stärke und Energie, aber anders als in der Jungfrau-Phase nimmt diese Energie nun eine selbstlose Qualität an; sie strahlt nach allen Richtungen aus, anstatt dynamisch zielgerichtet zu sein. Diese Phase steht für einen Dreh-

und Angelpunkt, sie balanciert die nach außen gerichtete Energie mit dem innerlichen Ausdruck von Liebe und Zuneigung aus. Mit ihr können Gefühle von Zufriedenheit und Ganzheitlichkeit einhergehen, die sich auf eine tiefe Ebene der Liebe und Harmonie gründen. Die Mutter-Phase tritt um die Zeit des Eisprungs ein und bringt ein Selbstvertrauen und Selbstwertgefühl mit sich, das es Ihnen ermöglicht, anderen Unterstützung, Ermunterung, Kraft und Hilfe zukommen zu lassen, wobei Sie wissen, daß Sie all dies nicht nur geben, sondern auch aufrechterhalten können. Die Energien dieser Phase sind primär nach außen und auf andere, nicht auf die eigene Person gerichtet.

Die Mutter-Phase bringt auch einen starken Sexualtrieb mit sich, gefärbt von einer tiefen Liebe zum Partner. Es macht Ihnen Freude, sich ganz und gar dem anderen hinzugeben und ihm Vergnügen zu bereiten. Diese Zuneigung und Liebe für den Partner öffnet Sie in Ihrem Bewußtsein für eine tiefere Ebene, auf der Sie sich über alle Grenzen der Zeit hinaus alt fühlen und Ihr Partner zu Ihrem Kind wird.

In dieser Zeit können Gemeinschaft, aktive Zuneigung und der Wunsch, anderen Menschen zu helfen, wichtig werden. Eine Stärke, die ihre Balance in einer inneren spirituellen Bewußtheit darüber findet, Teil der Wunder der Natur und des Göttlichen zu sein. Wie die sexuellen sind auch die kreativen Energien sehr stark, und die Träume können sehr lebendig sein und sich in ihren Bildern oder Themen häufig wiederholen.

UMGANG MIT DEN MUTTER-ENERGIEN

Sie merken vielleicht, daß Sie in der Mutter-Phase durch Stil und Farben Ihrer Kleidung den Themen und Energien der Natur oder Mutter Erde Ausdruck verleihen möchten; eventuell durch fließende Gewänder im ethnischen Stil, durch Naturfasern und auf natürlicher Basis gefärbte Stoffe, durch Blumenmuster oder Sommerfarben, oder durch grüne und rote, Ihre Lebensenergien symbolisierende Töne. Im Gegensatz zur eher spielerischen Weiblichkeit der Jungfrau-Phase weist die Mutter-Phase mehr Tiefe auf, und so stellen Sie möglicherweise fest, daß Sie einen weniger frivolen und statt dessen weiblicheren, fließenderen Kleiderstil bevorzugen. Zeigen Sie durchaus Ihre Formen und Reize, aber auf eine weichere Weise als in der Jungfrau-Phase. Angesichts Ihrer verstärkten sexuellen Energien, Ihrer inneren Zuversicht und Stärke werden Ihnen die Männer vielleicht mehr Aufmerksamkeit schenken. Unter Umständen fühlen Sie auch die Neigung, mehr Schmuck als sonst zu tragen und ein schwereres Parfüm zu benutzen.

Der allerbeste Ausdruck der Mutter-Phase ist der Körper selbst, und Sie haben unter Umständen das Bedürfnis, überhaupt keine Kleider und nur Schmuck zu tragen. Das empfiehlt sich natürlich nicht am Arbeitsplatz oder bei Temperaturen unter Null, aber wenn Sie die Gelegenheit haben, zu Hause oder im Freien nackt herumzulaufen oder auch nur Ihre Brüste der Sonne und dem Wind auszusetzen, sollten Sie sie auch als Ausdruck Ihres für die Natur und kreative Lebensenergien offenen Selbst nutzen.

Diese Phase bietet Ihnen die Möglichkeit, große Freude daran zu haben, daß Sie von sich selbst geben, Ihre Fähigkeiten, Ihre Aufmerksamkeit und Hilfe anderen Menschen zukommen lassen. Die Mutter ist in der Lage, Verantwortung für andere zu übernehmen, für sie zu sorgen, sie zu lieben und ihnen Führung, Rat und Mitgefühl anzubieten. Gehen Sie auf andere Menschen zu, und Sie werden merken, daß sie auf Sie offener reagieren als zu anderen Zeiten. Sie mögen sogar feststellen, daß die Menschen, ohne dazu aufgefordert zu sein, auf Sie zukommen, Ihnen ihre Probleme erzählen oder um Hilfe und Rat bitten. Setzen Sie Ihre Stärke und Weisheit ein, um Hilfe und Rat anzubieten, aber drängen Sie Ihre Meinung anderen nicht auf. Müttern fällt es außerordentlich schwer, ihre Kinder ihre eigenen Fehler machen zu lassen. Gehen Sie auf Freunde und Familienangehörige zu, die Sie schon eine Weile nicht mehr gesehen haben, schreiben Sie einen Brief oder telefonieren Sie. Zwar fällt es im modernen Leben oft nicht auf, aber die Mutter bildet gewöhnlich die Kontaktstelle für die ganze Familie. Sie ist es, die sich an Geburtstage, Familientraditionen und Jahrestage erinnert und das Familiennetz zusammenhält, indem sie den Kontakt zu denen, die das Familienheim verlassen haben, aufrechterhält.

Die Mutter-Phase kann auch eine Zeit für einen Besuch bei Ihrer eigenen Mutter sein, der Quelle Ihres Lebens, so wie Sie nun vielleicht die Quelle des Lebens Ihrer Kinder sind, und obwohl Sie das Kind Ihrer Mutter sind, sind Sie ihr doch nun als Frau ebenbürtig und sind Sie miteinander durch etwas verbunden, das über die Unterschiede der Generationen und des Aussehens weit hinausreicht. Sie sehen in Ihrer Mutter den Lebensfaden sich spiralförmig in die Vergangenheit zurückwinden, und sie sieht in Ihnen diesen Faden sich spiralförmig in die Zukunft erstrecken. Versuchen Sie, wenn Sie kleine Kinder haben, in dieser Phase etwas Besonderes mit ihnen zu unternehmen; vielleicht gibt es familiäre oder religiöse Traditionen, in denen Sie sie unterweisen können, oder vielleicht schaffen Sie es, noch ein bißchen mehr Zeit mit ihnen zu verbringen und ihnen beim Lernen zu helfen. Kinder fangen die Unterschiede, die in Ihren Phasen zum Ausdruck kommen, oft rascher auf als Erwachsene.

Die Mutter-Phase bringt ein Bedürfnis nach innerem wie äußerem Ausdruck mit sich. Sie kann sehr spirituell sein und Ihnen ein Gefühl von Harmonie mit dem Leben, der Natur und dem Göttlichen vermitteln. Sie haben vielleicht das Verlangen, sich im Freien aufzuhalten, die Kräfte der Natur und des Lebens um sich zu spüren. Falls Sie einen Garten haben oder ein ruhiges Plätzchen zwischen Pflanzen und Bäumen finden, dann nehmen Sie sich die Zeit, um dort ruhig zu sitzen und Teil der Natur zu werden. Auch wenn Sie in der Stadt wohnen, sind Sie von der Natur umgeben, da sind der Himmel, die Sonne, der Wind und der Regen, die Bäume und Vögel und Insekten, die mit uns in den Städten leben. Es kann sogar sein, daß sich Ihr Naturbedürfnis, wenn Sie in der Stadt wohnen, noch stärker bemerkbar macht, als wenn Sie sich ständig in einer ländlichen Umgebung aufhielten. Diese Phase kann Sie auch zu einer tieferen Bewußtseins- und Verständnisebene in bezug auf die Tiere, mit denen Sie in Kontakt kommen, gelangen lassen.

Vielleicht haben Sie den Wunsch, auch in der Nacht die Sie umgebende Natur zu erleben. Überlassen Sie sich, wenn Sie sich an einem sicheren Ort befinden, den Emotionen und Empfindungen, die Sie in der Dunkelheit der Nacht und im Licht der Sterne oder des Mondes überkommen.

Die Sexualität in dieser Phase verbindet sich mit einem starken kreativen Trieb. Sie möchten vielleicht plötzlich einige Neuerungen in Ihrem Heim vornehmen, es umgestalten oder Ordnung aus einem gewissen Chaos schaffen. Wenn Sie einen Garten haben, können Sie Ihr Bedürfnis nach Fürsorge und Pflege den Pflanzen zugute kommen lassen. Versuchen Sie, Ihre kreativen Energien zur Produktion von etwas Physischem einzusetzen. Das kann Malen, Entwerfen, Handwerk, Musik, Schreiben oder einfach das Kochen eines besonderen Gerichts umfassen. Seien Sie sich dabei der Tatsache bewußt, daß Sie etwas erschaffen, selbst wenn es sich oberflächlich gesehen nur um Routine oder etwas Profanes handelt.

Vielleicht stellen Sie auch fest, daß Sie in dieser Zeit für die Ideen anderer Menschen empfänglicher sind und ihnen oft neue Einsichten oder eine andere Perspektive vermitteln und daß auch Sie eigene Ideen entwickeln, die dann weiter genährt werden und in dieser Phase Früchte tragen können. Wenn Sie bemerken, daß gewisse langfristige Projekte begonnen haben sich dahinzuschleppen, dann nutzen Sie die Mutter-Phase, um sie am Laufen zu halten und ihnen mehr Antriebskraft und Enthusiasmus einzuhauchen.

Das helle Licht der Mutter-Phase bringt schöpferische Energie aus dem dunklen Schoß der Phase der Alten in die Welt hinein. Ihr Licht strahlt nach außen aus und hüllt alles Leben ein. Der helle Mond ist der manifest gewordene dunkle Mond, die gesamte Schöpfung in der manifest gewordenen Form des Göttlichen. Erneuern Sie im Licht des Vollmondes Ihre Verbindung mit dem Göttlichen in der Natur und in Ihrer eigenen Person. Der Eisprung zur Zeit des Vollmondes bringt Lebensfreude und das Gefühl mit sich, der Schöpfung zugehörig zu sein, an der Schöpfung teilzunehmen. Der Zyklus des Roten Mondes, wenn der Eisprung zur Zeit des Neumondes stattfindet, sät den Samen für das tiefe innere Wissen und Bewußtsein, das ans Licht der manifestierten Welt gebracht werden soll.

Eine Frau, die ihre Mutter-Energien unterdrückt, ist sich möglicherweise der tiefen Bande des Teilhabens und der Fürsorge, die sie mit anderen Menschen verbinden, nicht bewußt. Wenn sie ihr Leben von diesen Energien beherrschen läßt, kann sie passiv und in bezug auf ihr eigenes Leben ehrgeizlos werden, ohne Selbstvertrauen in allen Dingen, die über ihr Heim hinausgehen. Oft wird sie in ihrer fürsorgenden Rolle ausgebeutet, gibt ständig von sich selbst ohne Rücksicht auf ihre eigenen Bedürfnisse. Sie mag sich an das Familienleben klammern, als sei es der einzige und ausschließliche Grund ihres Daseins, und kann sich oft nicht mehr auf die veränderte Situation einstellen, wenn die Kinder aus dem Haus gegangen sind.

Übung: Meditation zum Mutter-Aspekt

Setzen Sie sich in den Garten oder an einen Ort, von dem aus Sie Ausblick auf Bäume und Pflanzen haben. Sehen Sie die grünen Farben, die Schatten und das Sonnenlicht, und lassen Sie sie allmählich miteinander verschmelzen. Sehen Sie vor Ihrem geistigen Auge eine schöne Frau in einem Gewand, das aus der Sie umgebenden Landschaft gewoben ist. Sehen Sie sich selbst als Teil ihres Gewandes, und fühlen Sie Ihre Sie umgebende Präsenz. Fühlen Sie den Frieden und die innere Harmonie, die sie Ihnen bringt, und wie tief aus Ihrem Inneren die Liebe hochsprudelt wie eine Quelle. Alles Sie umgebende Leben ist in dieses Gewand eingewoben und leuchtet schimmernd in den schöpferischen Energien auf, die sie ausstrahlt. Werden Sie sich dieser Energien in Ihrem eigenen Inneren bewußt. Spüren Sie, wie in Ihren Armen und Händen das Verlangen und die Fähigkeit pulsieren, all das, was Sie sehen, zu lieben und zu umsorgen. Lassen Sie diese Energien sich über Ihre eigene Person hinaus ausweiten. Das Gefühl für das eigene Selbst ist nicht mehr wichtig angesichts dieses Bedürfnisses, zu trösten, zu schützen und zu helfen, den Schmerz und die Ängste anderer zu lindern.

Richten Sie Ihr Bewußtsein langsam wieder auf Ihre Umgebung, und bewahren Sie die Gefühle von Liebe und Frieden.

SCHLÜSSELWORTE

Leben / Zuneigung / Mitgefühl / Liebe / Fürsorge / Nähren / Stärke / Ausstrahlung / Vollmond / Erhalten / Geben / offener Schoß / Kuh / Biene / Fruchtbarkeit / Natur / Erde / empfänglich / Weisheit / Rat / Frucht.

Die Zauberin-Phase

Für manche Frauen kann die Zauberin-Phase die dramatischste aller ihrer Phasen sein und die stärksten Auswirkungen auf ihr Alltagsleben haben. Wie die Jungfrau-Phase ist sie eine Zeit der dynamischen Energie, die sich aber mit dem Fortschreiten der Phase allmählich verändert; im Gegensatz zur Jungfrau-Phase, in der die Energien nach außen orientiert sind, richten sie sich hier jedoch nach innen. Physische Stärke und Vitalität reduzieren sich langsam, und es kann sein, daß Sie zunehmend aufgeregter und ruheloser werden, Ihr Bedürfnis nach Aktivität immer stärker wird, ohne daß Sie eine konkrete Zielrichtung für dieses Bedürfnis finden. Diese Rastlosigkeit kann zu Wut, Frustration und destruktiver Selbstanalyse führen und zu Schuldgefühlen und Selbstvorwürfen wegen der Auswirkungen, die diese Symptome auf andere Menschen haben.

Obgleich das Schlafbedürfnis zunimmt, ist der Geist oft zu ruhelos und überaktiv, um sich entspannen zu können. Diese mentale Aktivität spiegelt die zunehmende kreative Energie im Körper wider, die sich in Destruktivität äußern kann, wenn sie nicht in positiver Weise kanalisiert wird. Vor allem gegen Ende dieser Phase stellen manche Frauen fest, daß sie immer weniger in der Lage sind, die Probleme und Zwänge des Lebens zu meistern.

Ebenso bemerken manche Frauen, daß ihre Sexualität nun sehr intensiv wird. Sie können sich sehr sinnlich fühlen, doch im Gegensatz zur spielerischen und nach außen gerichteten Sexualität der Jungfrau-Phase findet sie hier auf einer grundlegenderen Ebene statt. Sie werden sich Ihrer sexuellen Anziehungskraft sehr sicher, necken oder verführen und werden unter Umständen zur personifizierten Circe, deren Macht die Männer sowohl anziehend als auch erschreckend finden. Ihre Sexualität kann aggressiv, fordernd und sogar vampiristisch werden und zielt auf die Befriedigung der eigenen Bedürfnisse ab. Was am Anfang eine sinnliche Energie war, kann gegen Ende des Zyklus zur Erotik werden. Die Zauberin gibt sich eher erotischen Praktiken hin, die sich oft mit Wagemut und mangelndem Verantwortungsgefühl verbinden.

In dieser Zeit werden sich Frauen ihres inneren Wesens häufig sehr viel bewußter und haben unter Umständen das Bedürfnis, etwas, das mit Spiritualität oder Intuition zu tun hat, zu erlernen oder zu praktizieren. Vor allem gegen Ende der Phase können ungeheure Energien erzeugt werden, die sich in Form intensiver Ausbrüche von Kreativität oder Zerstörung entladen mögen; wenn wir aber diese Energie kanalisieren und unter Kontrolle halten, können wir auch die zerstörerischen Energien kreativ nutzen. Oft nehmen in dieser Zeit die medialen Fähigkeiten zu, und Träume können magische Themen und starke Farben und Emotionen aufweisen.

UMGANG MIT DEN ZAUBERIN-ENERGIEN

Während dieser Phase fühlen Sie sich möglicherweise sinnlich, erotisch und hexenhaft, so als könnten Sie mit Ihren Fingerspitzen Magie weben. Geben Sie diesen Gefühlen durch Ihr Erscheinungsbild und Ihre Kleidung Ausdruck. Sie bevorzugen vielleicht dunkle Farben, weiche fließende Stoffe und schwarze sinnliche Reizwäsche. Tragen Sie Schmuck, um der magischen Komponente Ausdruck zu verleihen. Gegen Ende der Phase können Brüste und Bauch allmählich anschwellen. Ziehen Sie sich, wenn Ihnen das nicht behagt, wie auch in der menstruellen Phase so an, daß der Blick anderer Leute nicht unbedingt darauf gelenkt wird, obwohl diese größeren Brüste und der rundere Bauch für Sie angesichts Ihrer gesteigerten Sexualität und Sinnlichkeit einen willkommenen Ausdruck Ihres Frauseins bedeuten können.

Diese Phase bringt ein zunehmendes Bedürfnis nach einem Bewußtsein von der inneren Welt mit sich, mit der Sie Umgang pflegen und über die Sie mehr erfahren wollen. Ihr Interesse an esoterischen, spirituellen oder psychologischen Themen kann sich verstärken, Sie wollen mehr darüber wissen oder sich vielleicht praktische Fähigkeiten aneignen, zum Beispiel auf dem Gebiet der Kräuterkunde, Aromatherapie, des Heilens, der Astrologie oder des Wünschelrutengehens. Durchforschen Sie die Buchläden und Bibliotheken, um ein Thema zu finden, das Ihr diesbezügliches Bedürfnis befriedigt.

Vielleicht stellen Sie auch fest, daß Sie in dieser Zeit medialer oder intuitiver werden, präkognitive Träume haben und irgendeine Struktur oder ein Ventil für Ihre Gefühle und Erfahrungen brauchen. Es gibt viele Weissagungstechniken wie etwa die Tarotkarten, die Runen, Teeblätter und die Kristallkugel, und Sie sollten vielleicht mehrere Techniken ausprobieren, um herauszufinden, welche Ihnen zusagt. Die Zauberin-Phase ist eine gute Zeit, um Weissagungstechniken zu erlernen, und die Phase der Alten ist die beste Zeit, um dieses Wissen anzuwenden und in die Praxis umzusetzen.

Gegen Ende der Zauberin-Phase steigert sich Ihr Wahrnehmungsvermögen in bezug auf die materielle Welt. Ihre Sinne schärfen sich und setzen eine Lawine an kreativen Ideen in Gang, und die Welt nimmt für Sie fast surreale Züge an. Sie sind sich möglicherweise der übernatürlichen Seite aller Dinge bewußter, haben den Eindruck, zwischen zwei Welten zu wandern, die eine sichtbar, die andere unsichtbar.

Sie mögen auch feststellen, daß Sie in dieser Phase zunehmend ruheloser, gefühlsbetonter und empathischer werden, sich Ihr Konzentrationsvermögen reduziert und Ihre Gedankengänge immer unlogischer und emotionaler werden. Erlernen Sie Entspannungs- oder Meditationstechniken, wenn Sie bemerken, daß Sie überaktiv und überreizt werden. Diese Ruhelosigkeit und Frustration können die Folge einer gewissen Unterdrückung der sich aufbauenden kreativen Energien sein. Entspannungsübungen mögen Ihnen zwar für das Zurechtkommen auf der Alltagsebene eine Hilfe sein, doch idealerweise sollte diese Energie in positive Ausdrucksformen umgelenkt werden.

Die Zauberin-Phase ist eine Zeit, in der sich die physischen Energien und das intellektuelle Denken auf dem Rückzug befinden und kreative Energien und intuitives Denken freigesetzt werden. Werden diese beiden Aspekte nicht ausbalanciert, kann das zu dramatischen Stimmungsumschwüngen führen. Werden die kreativen Energien unterdrückt, suchen sie sich ihr eigenes Ventil, etwa in plötzlichen Ausbrüchen physischer und emotionaler Hochstimmung, die dann in ein forderndes Verhalten, Unsicherheit und ungerichtete Überaktivität ausarten können. Auf diese Hochstimmungen folgt oft ein Umschlag in den Rückzugsaspekt dieser Phase, der unter negativen Vorzeichen als Depression erlebt werden kann. Das heißt, es kann zu einem reglosen Hin- und Herschwanken zwischen den Energieebenen kommen, zur Unfähigkeit, zu einer Beständigkeit zu gelangen. Diese Stimmungsschwankungen können ausgeglichen oder in einem positiveren Licht gesehen werden, wenn Sie die kreativen Energien kanalisieren, ihnen ein Ventil in Ihrem Leben geben und wenn Sie Ihr Rückzugsbedürfnis akzeptieren.

Widmen Sie sich, wenn möglich, in dieser Phase einer einfachen kreativen Unternehmung, aber seien Sie darauf vorbereitet, daß Sie sie verpfuschen oder das Ganze dann wieder zerstören möchten. In diesem Zustand ist nicht das Endprodukt wichtig, sondern die gefahrlose Freisetzung dieser Energien. Die kreativen Energien können in einem solchen Sturzbach auftreten, daß sie zu einem zwanghaften, fast manischen Verhalten führen, und ihre Freisetzung durch eine kreative Aktivität, auf die oft die Zerstörung des Geschaffenen folgt, kann hier eine willkommene Erleichterung verschaffen. Auch durch physische Aktivitäten läßt sich diese Energie kanalisieren, aber da sie in Schüben auftritt, reicht oft die Kraft dazu nicht aus. In Kapitel 5 werden wir detaillierter auf Methoden eingehen, mit deren Hilfe diese oft explosiven kreativen Energien des menstruellen Zyklus freigesetzt, genutzt und gelenkt werden können.

Eine in der Zauberin-Phase befindliche Frau wird von anderen oft als ständig vorwurfsvoll und eifersüchtig wahrgenommen, mit spitzer Zunge und ewig keifend. Ihre Intoleranz rührt häufig von Frustration und Wut auf die Alltagswelt her, die nicht in der Lage ist, ihren Bedürfnissen entgegenzukommen. Sie möchte alles Überflüssige abtun und die oberflächlichen Ebenen des Lebens und der Gesellschaft durchstoßen, um zum wahren Kern vorzudringen. Sie wird meist sagen, was sie denkt und die Wahrheit aussprechen, häufig ohne Rücksicht auf die Gefühle anderer Menschen zu nehmen – was sie allerdings später zuweilen bereut. Triviale Alltagsärgernisse, mit denen sie in den anderen Zyklusphasen leicht fertig wird, blasen sich nun über alle Maßen auf, verursachen Konfusion und eine Verletzung des Partners, der Familie und Freunde. Sie kann sehr durchbohrend werden, und Exaktheit wird für sie äußerst wichtig, so daß ihre Mitmenschen das Gefühl haben, ihr überhaupt nichts recht machen zu können. Ihr Verhalten spiegelt in dieser Zeit ein grundlegendes Bedürfnis nach Veränderung und Wachstum wider.

Wenn Sie aufgrund Ihrer Mond-Chronik feststellen, daß Sie an bestimmten Tagen Ihres Zyklus' ein solches Verhalten an den Tag legen, dann versuchen Sie in dieser Phase tiefgründige oder intime Gespräche zu vermeiden. Sie fühlen sich vielleicht ungeselliger und weniger bereit, Zeit für andere Menschen aufzubringen – ein Ausdruck Ihres Bedürfnisses, sich in die innere Welt zurückzuziehen. Nehmen Sie sich möglichst Zeit, um sich von den Menschen abzusondern, entspannen Sie sich, nehmen Sie wieder Verbindung mit den inneren Tiefen Ihres Wesens auf, das sich hinter den Sturzbächen Ihrer äußeren Persönlichkeit verbirgt. Versuchen Sie die Übung zur Linderung menstrueller Schmerzen (Seite 111) zu machen, um die Spannung aus Ihrem Körper entweichen zu lassen, oder machen Sie die am Ende dieses Kapitels beschriebene »Gürtel-Visualisierung«, um Ihre Energien auszubalancieren. Auch die Übungen »Bewußtsein von Ihrem Schoß« und »Baum des Schoßes« können Ihnen helfen, sich in Ihrem Bewußtsein wieder mit Ihrem Körper und seinem Zyklus zu verbinden, falls Sie sich entfremdet fühlen.

Nehmen Sie sich Zeit, um sich Ihr Leben anzuschauen und zu entscheiden, wo Veränderungen nötig sind. Nutzen Sie die Klinge Ihrer Intoleranz, um einen Trennungsschnitt von den Zwängen, Engagements und Aspekten in Beziehungen vorzunehmen, die unnötig geworden sind oder Probleme verursachen. Nehmen Sie sich eine Veränderung in Ihrem Leben vor, mag sie auch noch so klein sein, und freuen Sie sich auf die Phase der Alten mit ihrem Übergang von einem alten Leben in ein neues.

Gestatten Sie sich, wenn Sie sich Ihrer Menstruation nähern, mehr Schlaf und vermeiden Sie Arbeiten, die über lange Zeit hinweg einer starken Konzentration oder präzisen Koordinierung bedürfen. Versuchen Sie auch, Ihr Leben möglichst so zu organisieren, daß Sie nicht allzu starkem emotionalem Druck ausgesetzt sind, da Sie in dieser Zeit vermutlich auf einer eher emotionalen Ebene operieren.

Ihr Sexualtrieb kann sich, je näher die Menstruation rückt, verstärken. Wenn Sie einen Partner haben, dann versuchen Sie sich die Zeit zu nehmen und diesem Trieb nachzugeben; die in dieser Phase empfundene Frustration und Gereiztheit äußert sich unter Umständen in einer aggressiven und fordernden Sexualität, die manche Männer als abstoßend empfinden. Zwar kann sich diese Frustration im sexuellen Akt teilweise entladen, es kann aber auch sein, daß Sie das zwanghafte Bedürfnis empfinden, sich der Liebe und Treue Ihres Partners zu versichern. Anstatt darauf zu warten, daß Ihr Partner Ihre Bedürfnisse erfüllt, sollten Sie diese sexuelle Energie lieber auf die Romantik verwenden, sollten Sie verführen, die Initiative ergreifen, etwas abenteuerlustiger und aufregender sein. Wenn Sie dieser wilden Sexualität erst einmal ihren Lauf lassen, werden Sie vielleicht Erfahrungen auf Ebenen machen, die normalerweise im Alltagsleben untergehen.

Die Energien der Zauberin-Phase haben auch ihren destruktiven Aspekt. Ein Gleichgewicht kann hergestellt werden, wenn sie frei fließen dürfen, wenn diese Energien zu etwas Kreativem transformiert werden, auf harmlose Weise abfließen können oder auf kontrollierte Weise zur Zerstörung eingesetzt werden. Sie können dazu genutzt werden, Altes und Unerwünschtes aus Ihrem Leben zu befördern, Fesseln zu zerschneiden, die Sie an diese Dinge binden. Manche Frauen stellen fest, daß sie kurz vor ihrer Menstruation die Neigung haben, das Haus durchzuputzen, was unterbewußt das Bedürfnis ausdrückt, sich vom alten Zyklus zu trennen, den Abfall zu beseitigen und sich auf den neuen Zyklus vorzubereiten. Oft wird in dieser Phase eine Veränderung notwendig, sei es in bezug auf das Umfeld, die Routine oder Beziehungen, es kann sich aber auch einfach um eine Veränderung um der Veränderung willen handeln. Wenn dieser nun ablaufende Monat aus irgendeinem Grund traumatisch war, kann sich das Bedürfnis, sich von den alten Emotionen radikal zu trennen, in einer Veränderung Ihres ganzen Erscheinungsbildes äußern. Durch einen frischen Haarschnitt oder eine neue Frisur zum Beispiel können Sie alles Alte in sich ablegen und sich unbeeinträchtigt von der Vergangenheit dem neuen Monat stellen.

In anderen Zyklusphasen mag eine solche Veränderung Angst auslösen, doch in der Zauberin-Phase ist sie oft notwendig und willkommen. Diese Phase hat einen Zug von Wahrhaftigkeit an sich, die Sie Illusionen durchschauen und die Bereiche in Ihrem Leben erkennen läßt, die verändert werden können. Die Zauberin weiß, daß die Dinge nicht statisch sind, daß vor der Geburt des Neuen der Tod des Alten steht.

Die Zauberin-Phase bedeutet einen Abstieg vom lichten, nach außen gerichteten Aspekt des weiblichen Wesens zum dunklen, nach innen gerichteten Aspekt. Wenn eine Frau diesen Abstieg nicht vollziehen kann, sei es, weil sie den Wandel, den sie durchmacht, ignoriert, sei es, weil sie den dunkleren Aspekt ihrer Wesensnatur unterdrückt, fällt die Verbindung zwischen ihrem Körper, Geist und Zyklus auseinander. Energien, die durch den bewußten Geist zum Ausdruck gelangen könnten, sitzen gefangen und sind gezwungen, in einem oft selbstzerstörerischen Verhalten ihren eigenen Ausdruck zu finden. Viele Frauen hassen sich in dieser Zeit wegen der Auswirkungen, die ihr Verhalten auf andere Leute hat, und weil ihr Körper nicht ganz funktionstüchtig ist und nicht »normal« aussieht. Dieser Vorgang setzt eine Destruktionsschleife in Gang; je stärker der Haß auf die eigene wahre Natur und auf den eigenen Körper ist, desto vehementer wird auch den Energien dieser Phase der Ausdruck verwehrt, welche sich dann in einem Verhalten ein Ventil suchen, das die Frau an sich selbst nicht ausstehen kann. Sie muß zu ihrer eigenen wahren Natur finden und auch ihr gemäß handeln, um diesen Teufelskreislauf zu durchbrechen.

Während der Zauberin-Phase gewinnt die innere Welt größere Bedeutung und kommt uns auch stärker zu Bewußtsein. In ihrer Dunkelheit verbergen sich mächtige Energien, welche erschaffen oder zerstören können. Eine Frau, die den Energien der Zauberin nicht Ausdruck geben kann, mag feststellen, daß sich diese in ihrem Leben auf negative Weise manifestieren. Etwa in Form von destruktiven Tendenzen auf mentaler oder physischer Ebene, die zu selbst beigebrachten Verletzungen, zu Gewalttätigkeit, Eßstörungen oder manischem oder zwanghaftem Verhalten führen können. Wenn eine Frau andererseits zuläßt, daß diese Energien ihr Leben dominieren, kann sie zu einer aggressiven und herrschsüchtigen Person werden, die sich wenig um andere Leute kümmert und ihnen gegenüber ziemlich intolerant ist. Sie geht oft kurzlebige, rein sexuell orientierte Beziehungen ein und strebt ständig nach Veränderung und Vielfalt. Sie kann aber auch extrem kreativ sein, obschon auf eine zwanghafte, unbeherrschte und unzuverlässige Weise.

Übung: Meditation zum Zauberin-Aspekt

Setzen Sie sich auf einen Stuhl, entspannen Sie sich und werden Sie sich der Dunkelheit in Ihrem Innern gewahr. Sehen Sie in dieser Dunkelheit eine linsenförmige Türöffnung, durch die leuchtend weißes Licht in die Dunkelheit einströmt. Sehen Sie auch, daß gleichzeitig ein dunkler Strom zu dieser Türöffnung hinfließt. An ihrer Schwelle wird die Dunkelheit zum Licht und das Licht zur Dunkelheit; Schöpfung und Zerstörung verbinden sich. In sich spüren Sie die Interaktion der lichten und dunklen Energien, spüren den ständigen Fluß ihrer Bewegung. Fühlen Sie, wie die Energie aus Ihrem Schoß bis in Ihre Hände aufsteigt und in den Fingerspitzen pulsiert. Akzeptieren Sie in Ihrem Innersten, daß diese Energie die Macht zu erschaffen und zu zerstören hat, und daß Sie entscheiden und dafür verantwortlich sind, auf welche Weise sie freigesetzt wird. Erweisen Sie der Dunkelheit in Ihrem Inneren und den Energien, die aus ihr entstehen, Achtung und Respekt, bevor Sie in die äußere Welt zurückkehren.

SCHLÜSSELWORTE

Magie / hexenhaft / medial / intuitiv / innere Welt / Zerstörung / Schöpfung / Kali / Hekate / Herbst / Persephone / Schlange / Drache / Eule / abnehmender Mond / Abstieg / Zauberin / Verführerin.

Der fortwährende Zyklus

Das Bedürfnis der Frau, sich mit ihrer wahren Natur, ihren schöpferischen Kräften, ihrem Körper und ihrem Platz in der Natur verbunden zu fühlen, kann sich oft in einem negativen Verhalten äußern, wenn dieses Bedürfnis ignoriert wird. Wenn Sie mit Hilfe Ihrer Mond-Chronik herausfinden, welcher Art Ihre Bedürfnisse sind, und dann aktiv darangehen, sie auch zu erfüllen, können Sie lernen, Ihre Energien und Ihr Verhalten zu lenken. Natürlich gibt es einige Frauen, die für ihre mentalen und physischen Probleme noch zusätzlich ärztliche Hilfe brauchen, aber wenn wir unsere eigenen Probleme und Bedürfnisse kennen, sind wir besser in der Lage, die geeignete Hilfe zu finden.

Die jeweiligen Energien oder Phasen eines Zyklus sollten nicht isoliert voneinander, sondern müssen als Ganzes verstanden werden. Zwar kann der ganze menstruelle Zyklus genau wie der Mondzyklus nie auf einmal wahrgenommen werden, doch einige Phasen sind sichtbar, und alle Phasen fließen in einer kontinuierlichen Bewegung ineinander über. Jede Frau verkörpert in ihrer Person ihren ganzen Zyklus; sie ist sowohl Licht wie auch Dunkelheit, was aber jeweils nur immer in den Aspekten der Phase, in der sie sich gerade befindet, zum Vorschein kommt. Frauen müssen sich mental mit diesem Zyklus identifizieren, die verschiedenen Energien und Phasen ausbalancieren, und den jeweils besten Zeitpunkt im Monat für die ihm entsprechenden Aufgaben und Erfordernisse nutzen.

Wie wir sahen, gibt es jeden Monat optimale Zeiten für bestimmte Aktivitäten. Aus Ihrer Mond-Chronik können Sie Ihre persönlichen Stärkezeiten ersehen, und Sie werden auch bemerken, daß sie Teil eines sich wiederholenden Musters sind. Wenn Sie zum Beispiel feststellen, daß Sie in der Menstruationsphase nicht besonders gut mit der Familie oder Arbeit zurechtkommen, aber wissen, daß Sie sich in ein paar Tagen in einer Phase starker mentaler und physischer Aktivität befinden werden, kann das einigen physischen Druck von Ihnen nehmen. Frauen, die bei ihrer Arbeit sehr viel Kreativität einsetzen müssen, mag dieser Wechsel von einer Phase aktiver Kreativität zu einer Phase der Passivität ängstigen, bis ihnen zu Bewußtsein kommt, daß diese aktive Phase ja zurückkehrt oder die Kreativität einfach eine andere Form annimmt. Und ganz wichtig ist, daß die Mond-Chronik Ihnen deutlich zeigt, daß Sie nicht befürchten müssen, daß mit Ihnen irgend etwas nicht in Ordnung ist.

Auf der Grundlage unserer herkömmlichen linearen Sichtweise läßt sich ein bestimmter Zeitraum – sagen wir ein Jahr – als eine Reihe von Arbeiten und Projekten beschreiben, die alle mal mit hohem, mal mit geringem Energieaufwand bis zu ihrer Vollendung durchgeführt wurden. Wenn Sie jedoch das Jahr als eine Abfolge von sich wiederholenden Zyklen begreifen, dann sollte es möglich sein, die zu bewältigenden Aufgaben so zu verteilen, daß Sie sich ihnen in den entsprechenden Zyklusphasen mit der ihnen angemessenen Aufmerksamkeit und Energie widmen können; so kann das Arbeitspensum über das Jahr hinweg auf einer hohen Leistungsebene bewältigt werden. Die Jungfrau-Phase kann zur Analyse von Dingen, zur Entwicklung von neuen Projekten und Erweckung von Enthusiasmus genutzt werden; die Mutter-Phase bietet sich als eine Zeit zur Weiterführung von Projekten und Pflege von Beziehungen an; in der Zauberin-Phase können Sie lernen und Ihre starke Kreativität nutzen; in der Phase der Alten schließlich kann das, was ausgedient und sich überlebt hat, ausgeräumt und neue Einsichten können gewonnen und neue Ideen entwickelt werden. Obwohl eine solche Herangehensweise eindeutig nicht möglich ist, wenn wir im Beruf einem rigiden Zeitplan ausgesetzt sind und unter starkem Druck arbeiten müssen, können wir uns doch bei Dingen, die lockerer zu handhaben sind, und bei längerfristig angelegten Projekten die Energien unseres Zyklus aktiv zunutze machen, was dann zu außerordentlich inspirierten Gedankengängen und einer befriedigenden Arbeitsweise führen kann.

Die vier Zyklusphasen bieten uns auch die Gelegenheit, einmal im Monat Bestandsaufnahme von unserem Leben zu machen und da, wo es nötig ist, Veränderungen vorzunehmen. Die Zauberin-Phase ist die Zeit, in der wir unser Leben in allen Einzelheiten analysieren und zu einer Entscheidung kommen können, was geändert werden muß; die Phase der Alten ist die Zeit, in der wir das alte, vergangene Leben betrauern und die Veränderung innerlich akzeptieren; die Jungfrau-Phase ist die Zeit, in der wir diese Veränderung auf physischer Ebene aktiv umsetzen; und in der Mutter-Phase kann diese Veränderung dann Früchte tragen.

Wenn Sie allen Aspekten Ihrer Wesensnatur treu sind, dann bestätigen Sie sich selbst, daß Sie voller Zuversicht, aktiv und stark sind, daß Sie nähren und für etwas sorgen können, ohne schwach zu sein, daß Sie ungestüm und instinktiv agieren oder auch ruhig und vernünftig sein können, und daß in Ihrem Inneren etwas Dunkles existiert, eine Tiefe, die über die irdische Welt hinausreicht.

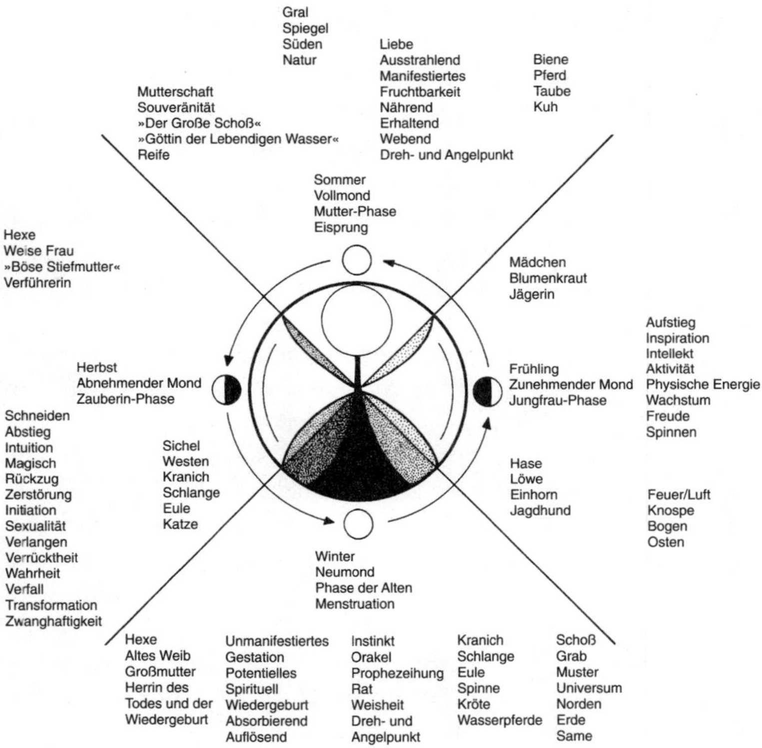

Abbildung 8. Assoziationen zur Mond-Chronik

Übung

Nachdem Sie diesen Abschnitt des Buches durchgegangen sind und Ihre Mond-Chroniken gestaltet haben, finden Sie es vielleicht nützlich, wenn Sie die Geschichte »Die Erweckung« im Sinne einer Zusammenfassung der Energien des menstruellen Zyklus noch einmal lesen.

Erweiterung der Mond-Chronik

Die Mond-Chronik kann viel mehr sein als nur eine Reihe von notierten Beobachtungen, in ihr kann Ihr ganzer Monatszyklus zum Ausdruck kommen, ja, sie kann sogar zu einem lebendigen Kunstwerk werden. Am Ende des Abschnittes »Die Mond-Chronik« haben wir vorgeschlagen, auch Farben zu benutzen, um die verschiedenen Phasen hervorzuheben. Dieser Gedanke kann noch weitergeführt werden, nämlich indem Sie Ihre Energien in einem symbolischen Rad darstellen.

Wenn Sie die farbige Mond-Chronik mit ihren Phasen aber ohne die Bezifferung als Grundlage nehmen, können Sie daraus ein Symbol für Ihren Zyklus schaffen, anstatt sie nur als Vehikel für Ihre Beobachtungen zu benutzen. Fügen Sie der Mond-Chronik jedwede Symbole, Farben und Bilder hinzu, die Ihren Gefühlen zu jeder Phase entsprechen. Nehmen Sie Sätze oder Worte zu Hilfe, Fotos oder Gegenstände aus der Natur, wenn Sie nicht zeichnen können oder wollen. Vielleicht wollen Sie sich auf die jeweils angegebenen »Schlüsselworte« beziehen oder Abbildung 8 zu Rate ziehen. Ihre Symbole können so einfach oder kompliziert sein, wie Sie wollen; Sie können sie auf Papier, auf Holz oder auf Stein und in jeder Größe malen. Vervollständigen Sie dieses Bild durch einen kleinen Kreis in der Mitte, der Ihr inneres Selbst repräsentiert. Das so geschaffene Bild steht für Ihre persönlichen zyklischen Energien, das Sie für die Meditation nutzen oder auch einfach nur anschauen können, um sich immer wieder alle Ihre Aspekte zu vergegenwärtigen.

Vielleicht wollen Sie Ihrer Mond-Chronik auch eine dreidimensionale Gestalt verleihen, zum Beispiel in Form eines Gürtels oder Halsbands. Suchen Sie sich verschiedene Perlen aus, die jeweils eine Mondphase symbolisieren sollen, und befestigen Sie sie in gleichmäßigen Abständen an einem Lederband. Suchen Sie sich verschiedenfarbige Fäden oder Bänder, Perlen und kleine Gegenstände aus, die die verschiedenen Energien und Assoziationen, die Sie mit den einzelnen Phasen verbinden, repräsentieren, und befestigen Sie sie zwischen den Mondphasen-Perlen. Vielleicht ist es einfacher, wenn Sie einen Gürtel oder ein Halsband für diese Zwecke umarbeiten. Wenn möglich, sollten Sie jeden Abschnitt des

Gürtels oder Halsbands in der ihm entsprechenden Phase herstellen – so lassen sich die mit dieser Phase verbundenen Gefühle leichter ausdrücken, als wenn Sie nur aus der Erinnerung heraus arbeiten. Indem Sie die beiden Enden des Gürtels oder Halsbands miteinander verbinden, schließen Sie den Kreis Ihres Zyklus, in dessen Mitte Sie sich selbst dann als Punkt des Gleichgewichtes der zyklischen Energien befinden.

Übung: Gürtel-Visualisierung

Setzen Sie sich, tragen Sie Ihren Gürtel, und entspannen Sie sich gemächlich. Werden Sie sich der inneren Dunkelheit gewahr, und fühlen Sie sich wohl und ausbalanciert. Sehen Sie sich selbst in der Mitte einer riesigen dunklen Ebene stehen. Über Ihnen funkeln in der Himmelskuppel winzig die Sterne. Vor Ihnen im Osten wird der Himmel im Licht der aufgehenden Sichel des zunehmenden Mondes heller. Lassen Sie nun Bilder vor sich erstehen, die Sie mit dieser Phase Ihres Zyklus in Verbindung bringen; das können unter anderem Tiere, Farben, Menschen, Göttinnen oder Szenen sein. Lassen Sie sie alle auf dieser Ebene in Erscheinung treten, manche vielleicht im Tageslicht, andere im Mondlicht. Spüren Sie, wie die sich mit dieser Phase verbindenden Energien in Ihrem Körper aufsteigen. Vielleicht stellen Sie fest, daß Sie in irgendeiner Weise mit diesen Bildern interagieren möchten.

Kehren Sie, wenn Sie dazu bereit sind, in Ihre Ausgangsposition zurück, und wenden Sie sich nach Süden. Vor sich sehen Sie einen riesigen Erntemond im ultramarinblauen Himmel. Lassen Sie Bilder, die sich mit dieser Phase verbinden, auf der Ebene in Erscheinung treten und die entsprechenden Energien in Ihrem Körper aufsteigen. Wenden Sie sich, wenn Sie dazu bereit sind, nach Westen, und tun Sie das gleiche, während sich die Sichel des abnehmenden Mondes dem Horizont zuneigt. Wenden Sie sich schließlich der Dunkelheit des Nordens mit seinen Sternen zu, und lassen Sie die dort gefühlten Energien und Empfindungen Gestalt annehmen. Seien Sie sich der lichten Phase des Mondes in Ihrem

Rücken und zu beiden Seiten gewahr, und kehren Sie dann wieder in Ihre Ausgangsposition in der Mitte der Ebene zurück.

Sie sind nun von Ihren im Laufe des Monats auftretenden Energien und Persönlichkeiten umgeben. Sehen Sie sich selbst als Jungfrau, Mutter, Zauberin und Alte, machen Sie sich bewußt, daß sie alle gleichermaßen Teil von Ihnen sind. Seien Sie sich an Ihrem Ort in der Mitte bewußt, daß Sie außerhalb dieser Persönlichkeiten stehen und daß alle diese Energiewellen Sie zwar, einmal stärker, einmal schwächer, umfließen, daß aber die Essenz, die Sie sind, fest und sicher im Zentrum steht. Strecken Sie die Fühler Ihres Bewußtseins wieder in die Runde Ihres Zyklus aus, spüren Sie die Sie umgebenden Energien, und nehmen Sie wahr, daß Sie nicht länger ein von den Strömungen und Wellen herumgestoßenes, einmal in diese, einmal in jene Richtung getriebenes Boot zu sein brauchen, sondern daß Sie nun in der Lage sind, die Strömungen zu erkennen, die Segel zu setzen, das Ruder zu ergreifen und in Harmonie mit den Energien Ihren eigenen Kurs zu steuern.

Sehen Sie eine riesige, vielfarbige, den Rand der Ebene umlagernde Schlange, in der die Energieflüsse wellengleich pulsieren. Wenden Sie Ihre Aufmerksamkeit dem Ihre Hüften umschlingenden Gürtel zu, und lassen Sie ihn als Symbol des Energiezyklus, den Sie in Balance halten, die ganze Szene überlagern. Lenken Sie Ihr Bewußtsein, wenn Sie dazu bereit sind, langsam wieder in Ihren Körper zurück.

Auf diese Weise wird der Gürtel zu einem aktiven Verbindungsglied mit Ihrem Zyklus, mit dessen Hilfe Sie stets mit den Energien Ihres Zyklus in Kontakt kommen und sie ausbalancieren können.

Ihr Zyklus wird sich im Laufe Ihres Lebens in seinem Ausdruck verändern, und so müssen Sie wohl irgendwann andere Symbole verwenden oder Ihren Gürtel oder Ihr Halsband umarbeiten. Gürtel oder Halsband sollen nichts Statisches sein, sollen nicht Ihren Zyklus fixieren, sondern nur Ausdruck eines gegebenen Zeitpunkts sein. Wenn Sie nicht mehr menstruieren, sei es, weil die Menopause eingesetzt hat, sei es, weil Sie schwanger sind, müssen diese Ausdrucksformen aufgelöst und neue gefunden werden. Diese Gegenstände sind für sich genommen nicht heilig, aber der Zyklus, für den sie Ausdruck sind, und der Prozeß ihrer Herstellung sind es sehr wohl. Die verbliebenen Fäden oder Perlen eines Gürtels der Großmutter könnten in den Gürtel ihrer Tochter eingewoben werden, die dann ihrerseits den ersten Gürtel ihrer Tochter anfertigt und einige von ihren eigenen Fäden einflicht. So wird der Gürtel dann nicht nur zu einem Symbol für die zyklische Natur der Frauen, sondern auch zum Symbol einer lebendigen Tradition.

FORTFÜHRUNG DER ARBEIT

Sie möchten vielleicht die Arbeit mit den hier vorgestellten Übungen und mit Ihren menstruellen Energien künftig fortsetzen. Dieses Buch kann die mit dem menstruellen Zyklus verbundenen Gedanken und Einsichten nur oberflächlich antippen, und es gibt noch viel für jede Frau ganz persönlich zu entdecken oder kollektiv wieder zu erlernen. Das Journal kann auch über einen längeren Zeitraum als nur ein paar Monate weitergeführt werden, wodurch Sie langfristigen Einflüssen auf Ihren Zyklus auf die Spur kommen.

Sie können zum Beispiel im Laufe eines Jahres beobachten, ob sich die Jahreszeiten auf Ihre Phasen auswirken; wie der Mond, wenn er die verschiedenen Tierkreiszeichen durchwandert, Ihren Zyklus und Ihre Energien beeinflußt. Wenn Sie langfristig mit einer Gruppe von Frauen verbunden sind oder eine enge Beziehung mit einer Frau haben, können Sie feststellen, ob sich Ihre Zyklen in Übereinklang befinden. Stellen Sie, wenn Sie Mutter werden, fest, ob sich die Energien Ihres Zyklus verändert haben. Finden Sie auch heraus, ob sich der Zyklus je nach Ihren Bestrebungen und Zielen in Ihrem Leben in seiner Orientierung verändert.

Die Lebensphasen einer Frau sind natürlich jene Einflüsse, die sich am langfristigsten auf ihren Zyklus auswirken. Wir gehen durch unsere Lebensphasen leichter hindurch, wenn wir uns mit den menstruellen Phasen und ihren Energien identifizieren. Wir akzeptieren problemloser den Wechsel vom jungen Mädchen oder der Jungfrau zur Mutter und dann zur weisen Alten, wenn wir um diese Zyklusspirale wissen, wenn wir die Energien einer jeweiligen Phase voll ausleben, um sie dann zu verlassen in Erwartung der Energien der neuen Phase. Da wir den ganzen Zyklus in uns selbst erfahren, können wir auch den Zyklus in den Mädchen, Müttern und alten Frauen um uns herum sehen, mitempfinden und ihn als Kontinuität in der Dimension der Zeit erkennen.

5

Der schöpferische Mond

Die Kreativität der Frauen

Die Vorstellung vom Mond als Quelle des schöpferischen Geistes gehört zu den frühesten Gedanken, die die Menschen zum Ausdruck gebracht haben, eine Vorstellung, die bis heute in einigen Kulturen überlebt hat und in vielen Legenden und Mythologien ihren Widerhall fand. Man beobachtete die Verbindung zwischen dem Mond und der Schöpfungskraft und Kreativität der Frau im sich wiederholenden Zyklus schöpferischer Energie, die sich in Gestalt und Form im Laufe des Menstruationszyklus veränderte und ihr die Fähigkeit zu erschaffen verlieh; das heißt, sie konnte das Unmanifestierte zum Sein bringen, gleich ob es sich um eine Idee, eine Einsicht oder das Leben selbst handelte. Diese schöpferische Energie bildete eine Brücke zwischen der faßbaren Welt und dem Unbegreiflichen und äußerte sich je nach der Zyklusphase der Frau über den Intellekt, die Emotionen, die Intuition, das Unterbewußte und den Körper. Man ging davon aus, daß ihre Kreativität, Sexualität und Spiritualität aus ihrem Körper und seinen Rhythmen entstanden, und daß die sich mit ihrer Sexualität verbindenden schöpferischen Energien dem menstruellen Zyklus zugrunde lagen, durch den sich das Leben allmonatlich erneuerte.

Heutzutage betrachten sich viele Frauen als völlig unschöpferisch und wenden sich zuweilen von allem ab, was sie als »kreativ« ansehen. Doch die kreativen Energien beschränken sich nicht nur auf das Malen von Bildern, Spielen eines Instruments oder Schreiben von Gedichten, sondern wirken während des ganzen Lebens einer Frau, gleich ob sie in ihrer Ausdrucksform als kreativ erachtet werden oder nicht. Alle Frauen haben die Fähigkeit, zu erschaffen, doch wie sie sich auf dieses Potential beziehen, hängt von ihrem Bewußtsein und ihrer Verbindung mit ihrem Körper, ihrer Sexualität und Spiritualität ab. Viele Frauen haben eine sehr beschränkte Sichtweise von der Kreativität, nicht aufgrund ihrer Wahrnehmung von ihren Fähigkeiten oder Unfähigkeiten, sondern weil die Gesellschaft eine so eingeengte Sichtweise von den kreativ erschaffenen *Produkten* hat. Kreativität drückt sich nicht im Produkt aus, sondern im *Prozeß* der Formgebung. Sie drückt sich in der Formgebung der Erfahrung des inneren Selbst im Bezug zur Umwelt aus, egal ob es sich um eine so faßbare Form wie die »Produktion« eines Kindes oder eines Gemäldes oder um eine so ungreifbare Form wie eine Idee, eine Beziehung oder einen Tanz handelt.

Die wechselnde Gestalt, die die Sexualität der Frau im Verlauf eines Monats annimmt, verändert ihre Wahrnehmung vom Leben, verändert ihre Gewahrseinsebene und den Ausdruck ihrer inneren schöpferischen Energien. Die Energien der Jungfrau-Phase äußern sich initiatorisch und visionär, die der Mutter-Phase physisch und emotional, die der Zauberin-Phase dynamisch und intuitiv, und die der Phase der Alten instinktiv und spirituell. Es sind Energien, die allmonatlich in Körper und Geist der Frau entstehen, wobei sich keine Unterscheidung zwischen den kreativen Energien und ihrer Sexualität und Sinnlichkeit vornehmen läßt. Wenn die sexuellen und erotischen Erfahrungen ihren Gipfelpunkt im Monatszyklus einer Frau erreichen, kann ihre Wahrnehmung von der Welt außerordentlich kreative und spirituelle Züge annehmen.

Die Zyklen der Sexualität, Spiritualität und des kreativen Bewußtseins sind in der ihre wahre Wesensnatur auslebenden Frau untrennbar miteinander verbunden. Und es entspricht ihrer Wesensnatur, wenn sie ihrem Bewußtsein oder Gewahrsein *Ausdruck* verleiht, eine Form für ihre Bedürfnisse und Gefühle schafft, ihre Freude am Leben und ihrem Körper feiert und der Beziehung zwischen ihrer Person und ihrer Umwelt Ausdruck gibt. Wenn die Kreativität der Frau als Prozeß verstanden wird, der ihre Lebenserfahrung und wahre Wesensnatur widerspiegelt, erstreckt sich die Definition von »Kunst« als kreatives Produkt nicht nur auf ein paar abstrakte Gemälde in einer teuren Galerie, sondern umfaßt alle Aspekte des Lebens und der Fähigkeiten einer Frau.

»Kunst« ist so gesehen alles, worin sich die kreativen weiblichen Energien äußern, und alle diese Ausdrucksformen sind gleichermaßen von Wert, unabhängig von ihrer physischen Form oder dem relativen Ausdrucksvermögen der betreffenden Frau. Das amateurhafte Gemälde, ohne große technische Fertigkeiten gemalt, hat ebenso seinen Wert wie das professionell und meisterhaft gemalte Bild, und das Verfassen eines Liebesgedichts ist genauso wertvoll wie das Lösen eines Problems oder Backen eines Kuchens. Wenn »Kunst« als Ausdruck kreativer Energien verstanden wird, die sich in den physischen und inneren Erfahrungen und im Bewußtsein vom Leben manifestieren, dann ist die Unterscheidung zwischen Kunst und Leben hinfällig und werden alle Aspekte des Lebens zur Kunst. Oft sehen wir in den Museen mit Erstaunen, mit welcher Schönheit alte Kulturen ganz grundlegende und banale Haushaltsgegenstände verziert haben. Denn für die Menschen dieser früheren Kulturen war Kunst ein Ausdruck des Lebens, der sich auf allen Ebenen ihres persönlichen Lebens widerspiegelte.

Unsere moderne Gesellschaft hingegen schränkt den akzeptierten Ausdruck kreativer Energie durch ihre Sichtweise vom geschaffenen Produkt erheblich ein. Häufig muß dieses Produkt eine »Bedeutung« haben, bedarf es einer nachvollziehbaren intellektuellen Begründung, um als wertvoll erachtet zu werden, und sowohl die Erfahrung der erschaffenden wie auch der betrachtenden Person bilden, was den Wert der Kunstform angeht, ein zu vernachlässigendes Kriterium. Diese enge Perspektive führte dazu, daß die traditionellen kreativen Ausdrucksformen der Frauen nicht mehr sonderlich respektiert und wertgeschätzt werden. Die moderne Kunstanschauung stützt sich auf das Kriterium technischer Fähigkeiten und einer intellektuell orientierten Wahrnehmung, die die Fähigkeiten eines Durchschnittsmenschen übersteigen. Die traditionellen weiblichen Künste hingegen sind allerorten verbreitet und allen zugänglich.

Die traditionellen Künste der Frauen

Die traditionellen kreativen Fertigkeiten der Frauen waren ursprünglich ein Ausdruck ihrer auf die Bereiche von Überleben, Tradition, Schönheit, Verständnis, Mutterschaft, Einsicht und Weisheit angewandten schöpferischen Energien und reflektierten ihre Erfahrung und Interaktion mit dem Leben. In der Vergangenheit wurden diese Fertigkeiten und Fähigkeiten der Frau geachtet, für das Überleben der Menschen als lebensnotwendig betrachtet und als Widerspiegelung des Göttlichen verstanden. Die Frauen sorgten für Stabilität und Gemeinschaft. Das Heim, das sie schufen, war ein Ort der Sicherheit, Geborgenheit, Behaglichkeit und Zugehörigkeit, und in vielen Kulturen, vor allem bei den nomadischen Stämmen, war es die Frau, die das Heim errichtete und ihrer Familie und dem Mann ein Obdach bot.

Die Frauen sorgten auch für Nahrung, indem sie Früchte und anderes sammelten, Getreide anpflanzten und das Land kultivierten. Sie kochten, verwandelten durch besondere Behandlungsmethoden Ungenießbares in Eßbares und konservierten und lagerten Nahrungsmittel ein, um das Überleben im Winter zu ermöglichen. Mit ihren Pflanzenkenntnissen konnten sie heilen und für Wohlbefinden sorgen. Sie nutzten die Ressourcen ihrer Umwelt, um daraus die für das Überleben und eine gewisse Behaglichkeit notwendigen Dinge anzufertigen. Häute wurden zur Bespannung von Zelten, zur Herstellung von Kleidern und zu Dekorationszwecken genutzt, und später verarbeiteten sie die Schaf- und Ziegenfelle zu Wolle und webten daraus Stoffe.

Oft stellten sie auch die Gefäße zur Aufbewahrung von Nahrungsmitteln, zum Kochen, zum Wasserholen und die aus Schilf und Zweigen geflochtenen Matten und Körbe her. Bei allem, was sie taten und anfertigten, spielte die Ausschmückung und Verzierung eine große Rolle. Darin spiegelte sich die Schönheit der sie umgebenden Welt wider und häufig auch ein devotionaler Aspekt im religiösen Erleben der Frau. Die Verzierungskünste waren zwar für das unmittelbare Überleben und physische Wohlbefinden der Sippe nicht notwendig, kultivierten aber den Sinn für Schönheit in der Gemeinschaft und wurden später zu einem wichtigen Handelsfaktor.

Frauen schufen auch die Familie; nicht nur dadurch, daß sie durch ihre Kinder den Fortbestand der Menschheit garantierten, sondern auch durch ihre Konzeption von Zugehörigkeit. Die von ihnen begründeten Verwandtschaftsbeziehungen etablierten eine Struktur, die für gegenseitige Hilfe, Unterstützung und Fürsorge in Zeiten der Not sorgte. Ihre Fähigkeit, den Fortbestand des Lebens zu sichern, führte zu den Konzeptionen von Kontinuität und Abstammung, und sie waren auch dafür verantwortlich, daß die für das Überleben ihrer Kinder nötigen Fertigkeiten und Traditionen weitergegeben wurden. Die Frauen halfen, im Kind das Verständnis für die Rolle der Menschheit in der Natur zu erwecken, und formten so die künftigen Traditionen und den Charakter der Gemeinschaft.

Auch als die männliche Vorherrschaft immer mehr um sich griff, waren die schöpferischen Fähigkeiten der Frau noch gefragt, wenngleich sie nicht mehr den hohen Stellenwert und Respekt genossen, der ihnen vormals in der Gesellschaft zukam. Die Frauen wurden zu Produzentinnen von Produkten, des Heims, der Erben, der Kleidung und Nahrung, und alles, was sie produzierten, ging sogleich in das Eigentum des Mannes über. Ihre »magische« Fähigkeit, zu erschaffen, wurde vom Aspekt der Eigentümerschaft dessen, was sie erschaffen hatte, überschattet. Der aktive Ausdruck ihrer schöpferischen Energien durch das Medium des Intellekts oder der Spiritualität wurde ihnen jedoch verwehrt. Frauen spielten weiterhin eine wichtige Rolle bei der »Produktion« von Kindern und hier vor allem der männlichen Erben, aber ihre Fähigkeit, den Charakter und das Verständnisvermögen ihrer Kinder zu formen und zu fördern, wurde von der männlich dominierten Gesellschaft vereinnahmt.

Bis in die 60er Jahre unseres Jahrhunderts kam Frauen in unserer westlichen Gesellschaft als Schöpferinnen des Heims und Gebärerinnen von Kindern ein gewisser Wert zu, in den Möglichkeiten ihres intellektuellen, sexuellen, spirituellen und kreativen Ausdrucks waren sie aber sehr beschränkt und oft auf die Vorstellung reduziert, daß sie nur eine Aufgabe hätten, nämlich »ihren Mann und ihre Familie glücklich zu machen«. Die Frauen setzten nach wie vor ihre Fähigkeiten ein, um für Nahrung zu sorgen, Kleider und Gegenstände zu fabrizieren und eine häusliche Atmosphäre herzustellen, aber außer in Kriegszeiten wurde die Bedeutung dieser Funktionen gemessen an der Arbeit und Rolle der Männer als sekundär betrachtet.

Nach den 60er Jahren und mit dem Entstehen der feministischen Bewegung erfuhr die Rolle der Frau in der westlichen Gesellschaft eine merkliche Veränderung. Frauen forderten für sich die Möglichkeit, ihre Fähigkeiten nicht nur in häuslichen, sondern auch in anderen Bereichen einsetzen zu können. Das Bild der intellektuellen Frau, die ihre kreativen Fähigkeiten für die Kommunikation, die Lösung von Problemen, die Entwicklung von Ideen,

Strukturen und Organisationen nutzt, erfuhr allmählich eine gewisse Anerkennung. Die Frauen mußten allerdings, um diese Anerkennung zu erringen, mit den Männern zu deren Bedingungen in Konkurrenz treten, und die Folge dieses Kampfes war eine Degenerierung des letzten matriarchalen Ausdrucks von Mutterschaft und der Frau als Bewahrerin des Heims und Familienlebens. Die Frauen betrachteten die traditionellen weiblichen kreativen Fähigkeiten und Fertigkeiten selbst durch eine männliche Brille, hielten sie für weniger wichtig als die »richtige« Arbeit, sahen sie sogar als herabwürdigend an. Frauen, die die traditionelle Mutterschaftsrolle nicht aufgeben wollten, gerieten mehr und mehr von beiden Seiten unter Druck; von den Männern, weil sie nichts zu den Finanzen beitrugen, von den »neuen« Frauen, weil sie sich nicht auf ihre Seite schlugen. Im gesellschaftlichen Kontext der »Freiheit« des Feminismus spaltete sich die Rolle der Frau in die »gute« oder »schlechte« Mutter und die »gute« oder »schlechte« berufstätige Frau auf.

Die Vorstellung von der Mutterschaft als Quelle und tragender Säule der Gesellschaft ging verloren, und schlimmstenfalls werden Mütter heutzutage als finanzielles Sickerloch betrachtet. Die am Krankenhaus orientierte Schwangerschafts- und Geburtsbetreuung beschränkt die Kontrolle der Frau über ihren eigenen Körper und macht aus der Erfahrung der Geburt oft nicht mehr als eine Kosten-Nutzen-Angelegenheit. Das in unserer Gesellschaft vorherrschende Bild der Mutter wird nicht mehr mit Stärke assoziiert, sondern mit einer schwachen Frau, der es an persönlichem Mut oder intellektueller Geistesstärke fehlt. So haben Frauen, die ihre Arbeit aufgeben, um sich der Familie zu widmen, oft große Mühe, wieder einen Job zu finden, wenn sie auf den Arbeitsmarkt zurückkehren wollen. Und obwohl Firmen jetzt vom Gesetz her Frauen und Männern die gleichen Möglichkeiten einräumen müssen, herrscht immer noch das unterschwellige Gefühl vor, daß die Ausbildung einer Frau, die künftig möglicherweise ihren Beruf aufgibt, um eine Familie zu gründen, Geldverschwendung bedeutet. Auch die anderen traditionellen kreativen Fähigkeiten der Frauen haben an Status verloren. Ihre Ausdrucksformen von Lebenserfahrung und Lebensverständnis, einst Mittel zum Überleben, sind nun auf die Ebene von für eine moderne Gesellschaft wenig wertvollen Hobbys reduziert.

Doch diese kreativen Energien und Fähigkeiten haben der Gesellschaft viel zu bieten, und die Frauen von heute bekommen allmählich wieder die Gelegenheit, sie sowohl in Bereichen, zu denen sie vormals Zugang hatten, wie auch in Erlebnissphären, die ihnen bislang verwehrt waren, zum Ausdruck zu bringen. Es existieren jedoch keine festgelegten Rollen für Frauen und den Ausdruck ihrer schöpferischen Energien. Alles hat, ob sie nun diese Energien für die Mutterschaft, die Leitung einer Firma oder als weise Frau nutzen, seine Gültigkeit und gehört zur Wesensnatur der Frau. Wenn die Gesellschaft ganz allgemein alle Ausdrucksformen der weiblichen Energien – junges Mädchen, Mutter, Zauberin oder Alte – akzeptieren soll, müssen Frauen erstens diese Aspekte wieder in sich selbst erkennen und respektieren, und zweitens sie auch in anderen Frauen zulassen und akzeptieren.

Erweckung der kreativen Energien

Die kreativen Energien äußern sich in der menstruellen Frau über ihren Körper, ihre Sexualität, ihre Sinnenhaftigkeit, über ihr Gewahrsein und Bewußtsein. Das Wort »Sinnenhaftigkeit« bezeichnet hier das Gewahrsein von der Welt über Sinne und Körper. Die Verbindung zwischen Körper und Geist in der Frau bedeutet, daß die kreativen Energien durch den Geist, durch Visualisierungen oder Gedanken erweckt werden können, oder aber durch den Körper und seine Interaktion mit der Umwelt; das beinhaltet, daß einige Methoden zur Erweckung der kreativen Energien auch zu ihrer Freisetzung verwendet werden können. Die Erweckung der kreativen Energien hängt vom Körperbewußtsein der betreffenden Frau ab, davon, daß sie ihren Körper versteht und akzeptiert. Mit Hilfe Ihrer Mond-Chronik können Sie Muster sowohl in Ihrer sexuellen als auch in ihrer kreativen Energie erkennen und auch daraus ersehen, wie Sie darauf reagieren und sie bewußt oder unbewußt zum Ausdruck bringen. Wenn Sie begreifen, daß ein bestimmtes Verhalten zu gewissen Zeiten innerhalb Ihres Zyklus Ausdruck Ihrer kreativen Energien sein kann, haben Sie schon den ersten Schritt zur aktiven Erweckung und Nutzung dieser Energien im Alltagsleben getan.

Manche Frauen mögen sich ihres kreativen »Drangs« bereits bewußt sein, und die Mond-Chronik kann ihnen hier eine Richtschnur für den Ablauf ihrer allmonatlichen Muster liefern. Frauen, die sich dieses Drangs nicht bewußt sind, erleben im Verlauf ihres menstruellen Zyklus ebenfalls diese sich verändernden Muster kreativer Energien, wissen aber vielleicht nicht, daß es sich bei dem, was sie da erleben, um einen Energiefluß handelt und daß sie durchaus auf aktive Weise kreativ sind. In Kapitel 4 haben wir einige der möglichen Ausdrucksformen dieser Energien im Kontext der vier Phasen des menstruellen Zyklus besprochen, und im folgenden wollen wir die speziellen Möglichkeiten für ihre bewußte Freisetzung detaillierter untersuchen.

Die Freisetzung dieser Energien setzt voraus, daß wir sie zuerst einmal wecken und dann in ihrem Auftreten erkennen können. Wie gesagt verändern sie sich im Laufe des Monats hinsichtlich ihrer Qualität und Orientierung. Die nach außen ausstrahlende Energie der Mutter-Phase unterscheidet sich in ihrem Ausdruck von der nach innen gerichteten Tiefe der Energie-Phase der Alten. Eine Frau, die sich dieser Veränderungen bewußt ist, weiß, daß sie ihre Kreativität zu bestimmten Zeiten nicht verloren, sondern daß sich nur deren Ausdrucksform verändert hat. Und wenn dies deutlich ist, kann sie ihre Lebensweise danach ausrichten und das Beste aus ihrem Monatszyklus machen. Unsere weibliche Kreativität ist im *Fluß* unserer sexuellen und kreativen Energien begründet, und eine Unterdrückung dieses Flusses bedeutet die Unterdrückung des Ausdrucks unserer kreativen Wesensnatur.

Am einfachsten lassen sich diese kreativen Energien erwecken, indem wir sinnenhafter und uns unseres Körpers und seiner Interaktion mit der Umwelt bewußter werden. Und das erreichen wir, wenn wir die Empfindungen unseres Körpers und seine Reaktionen auf Materialien und Geschmäcker, auf Gerüche und Temperaturen bewußt wahrnehmen. Achten Sie auf Details wie etwa die Empfindungen, die die Stoffe Ihrer Kleidung auf Ihrer Haut auslösen, die Gefühle, die das Sonnenlicht auf Ihrem Körper hervorruft. Nehmen Sie Ihre Umwelt über Ihre Haut wahr; gehen Sie barfuß oder wenn möglich nackt. Öffnen Sie Ihre Sinne für Klänge und Gerüche, erfreuen Sie sich am Anblick der Sie umgebenden Formen und Farben und fühlen Sie sich lebendig! Nehmen Sie, wenn Sie einen Partner oder Familie haben, deren Berührung und Gerüche bewußt wahr. Machen Sie sich die Existenz Ihres Schoßes bewußt, erfühlen Sie die Lage Ihrer inneren Geschlechtsorgane. Sie stellen vielleicht fest, daß sich im Laufe des Monats diese gesteigerte Sinneswahrnehmung von allein einstellt, zusammen mit einer Phase der Kreativität.

Bewegen Sie sich zu Musik oder Rhythmen, um Ihr Körperbewußtsein zu steigern und den körperlichen Ausdruck innerer Emotionen zu üben. Suchen Sie sich, wenn Tanzen Ihnen Unbehagen bereitet, ein Ihnen vertrautes Musikstück mit stetigem Rhythmus aus, und *lassen Sie zu,* daß Ihr Körper darauf reagiert. Befreien Sie sich von aller Verlegenheit und den mentalen Restriktionen, die Sie im Alltagsleben gefesselt halten, und gestatten Sie Ihrem Körper absolute Bewegungsfreiheit. Setzen Sie auch Ihre Stimme ein, um den Gefühlen, die die Musik in Ihnen erweckt, Ausdruck zu verleihen. Sie brauchen keine komplizierten Bewegungen auszuführen, und häufig findet der Körper von allein die Ihnen zusagende Bewegung. Oft reicht die simple Verlagerung des Gewichts von einem Bein aufs andere schon aus, um das Körperbewußtsein zu steigern. Überlassen Sie sich beim Tanzen Ihren sexuellen Gefühlen, fühlen Sie sich lebendig und empfänglich für Ihre Körperenergien.

Die enge Verbindung von Sexualität und Kreativität in der Frau bedeutet auch, daß ihre kreativen/sexuellen Energien durch den sexuellen Akt erweckt werden. Achten Sie, wenn Sie gerade sexuell aktiv sind, auf Ihre gesteigerte Sinnenhaftigkeit und die Auswirkungen, die der Sex auf Ihre Gefühle, Stimmungen und Ihr Alltagsleben hat.

Eine solche gesteigerte Sinneswahrnehmung kann auch durch die Interaktion mit der Welt der Natur erfahren werden. Seien Sie sich des Sie allerorten umgebenden Lebensgefühls und der Emotionen und Empfindungen, die dadurch in Ihnen hervorgerufen werden, bewußt. Berühren Sie und lassen Sie sich vom Leben, das Sie umgibt, berühren. Erleben Sie die Natur in der Nacht, und achten Sie auf die Veränderungen in Ihren Wahrnehmungen, die die Dunkelheit, die Sterne und der Mond mit sich bringen.

Alle diese Methoden zur Erweckung der kreativen Energien können im Verlauf des Alltagslebens vereinzelt oder in verschiedenen Kombinationen eingesetzt werden. Wenn Sie diese Methoden miteinander verbinden – die gesteigerte Sinneswahrnehmung im Erleben der Natur, das Tanzen zu rhythmischer Musik und der Liebesakt –, schaffen Sie eine Grundlage, die die Basis der alten Fruchtbarkeitsriten war.

Die kreativen Energien lassen sich nicht nur durch das Medium des Körpers, sondern auch durch das des Geistes wecken. Sie können durch bestimmte Erfahrungen im Leben und häufig durch ein dramatisches Ereignis, wie etwa ein Todesfall in der Familie, ausgelöst werden und dann zu Kreativitätsausbrüchen führen, die sich geradezu zwanghaft ausnehmen. Werden Sie sich nicht nur Ihrer physischen, sondern auch Ihrer mentalen Interaktion mit Ihrer Umwelt zunehmend bewußter. Manchmal tritt ein Ereignis, eine Gestalt, ein Anblick oder ein Klang eine Lawine kreativer Energie los, die in Ihnen ganz eigenständig die Form eines Gedankens, eines Bildes, einer Einsicht oder eines Musikstücks annehmen kann. Versuchen Sie herauszufinden, wie andere Menschen ihre kreativen Energien zum Ausdruck bringen; besuchen Sie Kunstgalerien, Handwerksmessen, gehen Sie in die Oper, ins Theater, zu Konzerten, traditionellen Volksfesten, schauen Sie sich architektonisch gelungene Bauwerke an und Keramik aus alten Kulturen, beobachten Sie, wie andere Menschen ihre Kreativität in der Alltagswelt zum Ausdruck bringen, beim Kochen, Gärtnern, in ihrer Fürsorge und Liebe. Sie stellen vielleicht fest, daß der kreative Ausdruck anderer ein entsprechendes Bedürfnis in Ihnen weckt und Sie dazu inspiriert, diese kreativen Kräfte zu bündeln. Betrachten Sie diese Ausdrucksformen anderer Menschen mit Unvoreingenommenheit, und lassen Sie alle Ihre Vorurteile über das, was Kunst Ihrer Ansicht nach sein sollte, beiseite.

Die Visualisierung kann in diesem Prozeß ein sehr hilfreiches Instrument sein. Die Visualisierungsübung auf Seite 105 »Bewußtsein von Ihrem Schoß« bietet hier eine einfache Möglichkeit, die Sie mit einiger Praxis immer einsetzen können, wenn in Ihnen das Bedürfnis nach einer Wiederverbindung mit Ihren kreativen Energien entsteht. Manchmal können wir uns allein durch die Visualisierung eines entsprechenden Bildes oder Symbols wieder mit unseren kreativen Energien identifizieren und sie in uns fühlen. Der Baum des Schoßes ist ein Beispiel für ein solches Bild, das Sie für diesen Zweck benutzen können. Wenn Sie allmählich mehr über die Symbole Ihres menstruellen Zyklus herausfinden, entdecken Sie vielleicht auch Bilder, mit deren Hilfe Sie eine Verbindungsbrücke zwischen Ihrem geistigen Bewußtsein und Ihren kreativen Energien herstellen können.

Die Visualisierungsübung »Bewußtsein von Ihrem Schoß« setzt die Visualisierung ein, um den kreativen Ausdruck im Bereich der physischen Welt zu fördern. Die folgende Visualisierungsübung bedient sich der Interaktion zwischen dem geistigen Bewußtsein und dem Bild vom Baum des Schoßes, um den kreativen mentalen Ausdruck in Form von Gedanken, Einsichten, Inspirationen und Erkenntnissen zu unterstützen. Der Lebensfunke für die Hervorbringung von geistigen Kindern wird im Schoß des Geistes empfangen; manchen wird dann eine physische Gestalt gegeben, während andere zum Bestandteil des Wachstums und der Weiterentwicklung der Mutter werden.

Die Visualisierungsübung »Bewußtsein vom Schoß« wie auch die folgende Übung können zu jedem Zeitpunkt des Monatszyklus gemacht werden, aber möglicherweise stellen Sie fest, daß Sie sich zu der einen oder anderen Phase besonders hingezogen fühlen.

Übung

Durch die folgende Visualisierung kann sich Ihr Geist so öffnen, daß er den Fluß kreativer Energien in Form von Gedanken akzeptiert. Vielleicht kommen Ihnen diese Gedanken während der Visualisierung oder auch anschließend im gewöhnlichen Alltagsleben. Das sind Ihre geistigen Kinder; Sie können sie wachsen lassen und ihnen gegebenenfalls in der manifestierten Welt eine Form geben oder Sie wieder in Ihrem Inneren absorbieren.

Setzen Sie sich bequem hin und entspannen Sie sich. Werden Sie sich Ihres Schoßes bewußt, fühlen Sie ihn in der Dunkelheit Ihres Körpers. Lenken Sie Ihre Aufmerksamkeit in diese Dunkelheit, und sehen Sie sich dann allmählich vor Ihrem Baum des Schoßes stehen. Lassen Sie sich Zeit, um den Baum in allen Einzelheiten zu betrachten und auch den

Mond in seiner gegenwärtigen Phase, der in den Zweigen zu ruhen scheint.

Vor Ihnen befindet sich der Teich, und Sie recken sich auf Zehenspitzen nach einem Zweig, der über das Wasser reicht. Sie berühren diesen Zweig, die Blätter rascheln und Sie hören ein Wispern Ihres Namens. Zwischen den Blättern entdecken Sie eine kleine weiße Taube mit einem blaßrosa Brustflaum, die Sie aus tief orangefarbenen Augen anblickt. Mit einer einzigen anmutigen Bewegung verläßt sie den Zweig, gleitet über den Teich hinweg und landet am Fuß des Baums des Schoßes. Dieses Bild von der weißen Taube zu Füßen des mondbeschienenen Baums weckt in der Tiefe Ihres Geistes vage Erinnerungen.

Eine weiche weibliche Stimme in Ihrem Inneren heißt Sie willkommen und lädt Sie ein, die Wasser des Lebens zu überqueren und in die Dunkelheit der Geburt einzutreten. Und während die Stimme zu Ihnen spricht, spüren Sie einen Lichtstern auf Ihrer Stirn hell aufstrahlen. Und ebenso breitet sich ein weißer Lichtkreis um die Taube aus und wäscht ihre Federn in Flammen von Licht. Sie schwingt sich auf und schwebt vor dem Baumstamm.

Vorsichtig berühren Sie das Wasser mit Ihrer Fußspitze, darauf gefaßt, einzusinken, aber statt dessen bemerken Sie, daß Sie darüber hinwegschreiten können. Beim Baum angelangt, sehen Sie eine Öffnung, die sich in seinem Stamm aufgetan hat, und Sie folgen der Taube in die Tiefe hinein. Sie stehen im Dunkeln, fühlen wie die Wände des Schoßes Sie mit pulsierender Energie umgeben. Sie strecken die Arme nach oben, und eine von der Taube ausgesendete Flut von Licht und Liebe durchströmt Ihren Körper. Sie werden sich Ihres Bauches und Ihrer Brüste bewußt, die angeschwollen sind, als wären Sie schwanger. Sie fühlen sich im Gleichgewicht, ausbalanciert, spüren die Keime der Inspiration, die noch ungeformt in Ihnen ruhen.

Bleiben Sie in dieser Stellung, bis Sie sich zur Rückkehr bereit fühlen. Lassen Sie zu, daß das Licht der Taube und der Baum des Schoßes allmählich entschwinden und Ihr Körper zu seiner normalen Größe zurückfindet. Lenken Sie Ihr Bewußtsein wieder in Ihren in Sitzhaltung befindlichen Körper, atmen Sie tief ein und aus, und öffnen Sie die Augen. Vielleicht spüren Sie noch einen Rest des Lichtes der Taube in Ihrem Inneren.

Heutzutage nimmt die Zeit, die wir in kreativer Weise verbringen, oft eine ziemlich geringe Priorität ein. Wenn Sie anerkennen, daß Sie von Natur aus kreativ sind, und daß diese Kreativität über Ihren Körper und seine Zyklen mit Ihrem geistigen Bewußtsein verbunden ist, können Sie sich auch Ihres kreativen Potentials bewußt werden. Doch es bleibt eben nur ein Potential, solange Sie sich nicht die Zeit nehmen, mit Ihren kreativen Energien in Kontakt zu kommen und auf sie zu reagieren. Die Einschränkung dieser Energien kann ganz allgemein das Gefühl von Isolation, Schalheit, eines Mangels an Inspiration und sexueller Energie und ein vermindertes Bewußtsein von der physischen Welt verursachen. Werden die kreativen Energien in Zeiten unterdrückt, in denen sie an sich sehr dynamisch sind, kann das zu Gereiztheit, Frustration, destruktiven Tendenzen und zu zwanghaftem Verhalten führen. Deshalb ist es für jede Frau, die ihrer Natur treu bleiben will, wichtig, daß sie sich die Zeit nimmt und sich ihrer kreativen Fähigkeiten und Ausdrucksmöglichkeiten bewußt wird.

Freisetzung der kreativen Energien

Die kreativen Energien müssen auf konstruktive Weise freigesetzt werden, wenn wir zur Harmonie und einem inneren Gleichgewicht gelangen wollen, und in den folgenden Abschnitten gehen wir auf verschiedene Möglichkeiten ein, wie diese Energien zum Ausdruck kommen können. Diese Abschnitte erheben keinesfalls den Anspruch auf Vollständigkeit, sondern sollen nur als Vorschläge und Anregungen dienen, die Sie ausprobieren und annehmen, ablehnen oder weiter ausbauen können. Indem eine Frau ihre kreativen Energien zum Ausdruck bringt, akzeptiert sie die Energien des Frauseins, wird sie sich ihrer zunehmend bewußter, feiert sie sie. Und je freier wir unsere Energien fließen lassen, desto zugänglicher werden sie uns und desto deutlicher zeigen sich die jeweils für uns angemessenen Freisetzungsmöglichkeiten.

Gemessen an der Wichtigkeit der Freisetzung selbst sind die aus diesem Prozeß hervorgehenden Produkte, und die Ausdrucksart oder Leistung ist nur zweitrangig. Jede Handlung oder Lebenserfahrung kann ein Ausdruck kreativer Energien sein, sofern Sie sich Ihrer Interaktion mit Ihrer kreativen Fähigkeit bewußt sind. Manche Ausdrucksformen entstehen ganz natürlich oder problemlos, während andere der Ausdauer und Übung bedürfen, und es ist wichtig, daß Sie die Ihnen zusagende Methode finden. Wenn Sie in Erfahrung bringen, welche Ausdrucksformen Sie am meisten befriedigen und Ihnen in den Zeiten Ihrer höchsten Kreativität am leichtesten fallen, werden Sie Ihren Zyklus und Ihr Leben so in den Griff kriegen, daß Sie aus Ihren kreativen Fähigkeiten auch das Beste machen können. Sie lernen dann innerhalb Ihres Zyklus zu leben statt daran vorbei.

Enthusiasmus und Kreativität sind eng miteinander verknüpft, und Sie können geradezu einen Zwang zur Freisetzung der kreativen Energien verspüren, wenn der Funke der Inspiration einen Gedanken entfacht oder Sie das Bedürfnis haben, etwas zu erschaffen. In der Phase dynamischer Kreativität verlöscht der Enthusiasmus für eine Idee oft, wenn zu ihrer Umsetzung nichts unternommen wird. Zwar kann die Idee oder ihre Ausformung auch noch in einer späteren Phase weiterentwickelt werden, aber dann ist es schwieriger, wieder das gleiche Maß an Enthusiasmus aufzubringen. Wenn Sie wissen, wann in Ihrem Zyklus Ihre Kreativitätsphasen einsetzen, können Sie sich entsprechend darauf vorbereiten und sicherstellen, daß Sie nicht, zum Beispiel wegen mangelnder Zeit, Ihren Enthusiasmus verlieren oder sich frustriert oder blockiert fühlen. Die zwischen den Zeiten stark dynamischer Kreativität liegenden Phasen können mit ihren Energien zum weiteren Ausbau dessen, was hierdurch produziert wurde, genutzt werden.

Die aus dem ersten Anlauf entstandenen Produkte mögen vielleicht nicht ganz Ihren Erwartungen entsprechen, aber das technische Know-how entwickelt sich mit der Übung, und mit jedem Mal erfahren Sie mehr über Ihre Energien und Fähigkeiten. Im übrigen weist das Produkt im rohen Experimentierstadium oft mehr Kraft und Schönheit auf als in seiner späteren verfeinerten Form, nachdem es bewußt den restriktiven Regeln der »Kunst« unterworfen wurde.

Übung

Gehen Sie Ihre Mond-Chronik durch, und stellen Sie fest, auf welche Weise Sie bereits Ihre kreativen Energien bewußt oder unbewußt ausdrücken. Achten Sie darauf, ob Sie zu Zeiten ein besonderes Bedürfnis haben, zu malen, schreiben, musizieren, sich sexuell zu vergnügen, zu tanzen, kochen, putzen, gärtnern, sich in der Natur aufzuhalten oder andere zu umsorgen. Stellen Sie fest, wie Sie mit diesem schöpferischen Drang umgehen; agieren Sie ihn aus? Worin bestehen Ihre Bedürfnisse? Halten Sie sich in Ihrem Ausdruck zurück, haben Sie Frustrationsphasen? Sie werden feststellen, daß die Tage höchster sexueller und kreativer Energien in Ihrem Zyklus häufig zusammenfallen, und daß es sich um sehr aktive und dynamische Tage handelt. Und Sie werden vielleicht auch feststellen, daß es Zeiten gibt, in denen sich Ihre Kreativität nicht so sehr physisch als vielmehr innerlich äußert.

Diese Ihrer Mond-Chronik entnommenen Informationen können Ihnen als Grundlage für ein Experiment dienen. Wenn Sie feststellen, daß Sie Ihre Energien in einer ganz bestimmten Form zum Ausdruck bringen, dann versuchen Sie es doch einmal mit einem anderen Ventil, vielleicht mit einem, das Sie den untenstehenden Abschnitten entnehmen. Probieren Sie, wenn Sie sich nicht so ganz sicher sind, welche Ausdrucksform Ihnen zusagt, verschiedene Methoden während Ihrer verschiedenen Phasen aus, und achten Sie auf ihre Auswirkungen. Durch dieses Experimentieren erweitern Sie Ihre Perspektive von Ihren persönlichen kreativen Fähigkeiten und finden zu einer neuen Definition dessen, was Sie als kreativen Ausdruck ansehen.

Versuchen Sie, wenn Sie eine regelmäßige dynamische kreative Zeit oder Phase haben, sich etwas Zeit für Ihren aktiven Ausdruck zu nehmen. Vielleicht wäre es nützlich, wenn Sie Materialien, Ausrüstungsgegenstände, Musik und so weiter parat halten, damit Sie dann nicht frustriert sind, weil Sie erst ewig lange Vorbereitungen treffen oder feststellen müssen, daß Sie nicht die richtigen Materialien zur Hand haben. Machen Sie nicht den Versuch, Ihre Kreativität herbeizuzwingen; sie kommt von allein in Fluß, wenn sie während einer Phase in ihrer Ausrichtung erkannt, akzeptiert und genutzt wird. Es gibt Zeiten im Monat, in denen Sie glauben, Ihre Kreativität sei völlig verschwunden. In solchen Fällen kann es sein, daß die Energie eine andere Orientierung angenommen hat, als erwartet, oder die Ausdrucksmethode Ihnen nicht länger zusagt oder daß andere Einflüsse wie Beziehungen, Streß oder gesundheitliche Probleme die Verbindung zwischen Ihrem geistigen Bewußtsein und Ihrer wahren Natur verschüttet haben.

Am wichtigsten aber ist: *Unternehmen Sie etwas, probieren Sie etwas aus.* Geben Sie der Energie die Chance zur Freisetzung. Wenn Sie eine Idee oder plötzliche Eingebung haben, schreiben Sie sie auf, malen Sie sie, geben Sie ihr in irgendeiner Weise eine Form, und Sie stellen vielleicht fest, daß dadurch eine Lawine an Inspiration ausgelöst wird. Geben Sie, wenn Sie tanzen wollen, dem Impuls nach und tanzen Sie! Das Geschenk des Frauseins besteht im Gebären von Wissen und Einsichten in die materielle Welt in jedweder von Ihnen gewählten Form. Setzen Sie als Frau, die lebt, um zu erschaffen, Vertrauen in Ihre Fähigkeiten.

Die folgenden Abschnitte sind unterteilt nach den Ausdrucksmöglichkeiten, die sich über die Hände, den Körper, den Geist und die Umwelt ergeben. Diese Aufteilung in vier Kategorien soll lediglich als Bezugsrahmen dienen, da sich oft eine Mischung aus allen Formen ergibt.

Ausdruck durch die Hände

TRADITIONELLE FÄHIGKEITEN

Durch unsere Hände lassen sich unsere kreativen Energien am einfachsten ausdrücken, und viele traditionelle Frauenkünste bedienen sich dieser Möglichkeit. Frauen haben schon seit unzähligen Generationen gesponnen, genäht, gewebt, gestrickt, gestickt, Wandteppiche angefertigt, gebacken, gekocht, Körbe, Teppiche, Kleider und Töpfe hergestellt und die Alltagsgegenstände ihres Lebens verziert. Diese Künste gelten heute eher als eine altmodische oder oberflächliche Beschäftigung, sind aber für uns eine relativ einfache und herkömmliche Möglichkeit, etwas Schönes herzustellen. Die Produkte dieser Künste tragen zur Verschönerung unserer persönlichen Umwelt bei; aus einfachen Rohmaterialien erschaffen wir Form, Schönheit, Nahrung und Behaglichkeit. Der gebackene Kuchen, die Stiefelchen des Kindes, der bunt überzogene Fußschemel, das bestickte Lätzchen sind alle ein Ausdruck unserer kreativen Energien und unseres Wunsches und Bedürfnisses, sie fließen zu lassen. Wenn wir uns dieser Tatsache bewußt sind, wird ein handgefertigtes Geschenk mit um so größerer Wertschätzung und Achtung in Empfang genommen.

KUNST

Die anerkannteren und gesellschaftlich höher eingestuften, über die Hände ausgedrückten Formen kreativer Energien sind solche Künste wie zum Beispiel die Malerei, das Zeichnen, die Bildhauerei, Holzschnitzerei, das Töpfern und die Goldschmiedekunst. Viele Menschen zögern, sich in diesen Kunstformen zu versuchen, weil sie in gewisser Hinsicht als etwas »Besonderes« gelten, als etwas, das die Fähigkeiten der gewöhnlichen Sterblichen übersteigt.

Die Kunst gehört zu den ältesten Ausdrucksformen der Menschheit. In ihr wird die Anschauung der Künstler und Künstlerinnen von sich selbst und ihrer Interaktion mit der Umwelt in eine Form gebracht. Die künstlerische Inspiration entspringt dem Gewahrsein vom Leben und der äußeren Welt, wobei es die innere Welt ist, die sich dieser Erfahrungen bemächtigt und sie zu einer Neuschöpfung gestaltet. Alltagsgegenstände und Utensilien können so zu Gegenständen von großer Schönheit werden, mit Linien, Spiralen, Blumen und Tieren verziert oder mit eingelegten kostbaren Steinen und Metallen versehen werden. Für die Menschen der alten Kulturen, deren spirituelles Bewußtsein sich in ihrer Kunst spiegelte, nähme sich unsere moderne Umwelt trübe und ohne Lebendigkeit aus.

Bedienen Sie sich der Kunst, um in Ihrer Kreativitätsphase Ihren eigenen persönlichen Gefühlen Ausdruck zu verleihen. Es ist nicht nötig, daß Sie schon mit einer ganz bestimmten Idee, was Sie malen oder herstellen werden, beginnen; drücken Sie sich einfach selbst über Farben, Strukturen und Formen aus. Sie werden aber möglicherweise feststellen, daß Ihnen in der Phase kreativer Energien ein mentales Bild von einem Endprodukt kommt, das nicht mit dem gewohnten, sondern mit einem völlig anderen Medium zu tun hat, in welchem Fall Sie mit diesem neuen Medium experimentieren sollten.

Die Kunst kann auf physischer Ebene innere Bedürfnisse und Unausgewogenheiten der Person zum Ausdruck bringen und als Heilmethode eingesetzt werden. Oft sind die kreativsten und intuitivsten Kunstwerke von Menschen erschaffen worden, die sich mental aus der Alltagswelt zurückgezogen haben. Die Quelle kreativer Energien liegt jenseits des Bereiches der bewußten Reaktionen auf das Leben und kommt oft in Rückzugszeiten, ob nun aufgrund der Menstruation, einer Krankheit oder eines Traumas, zum Sprudeln, um die betreffende Person zur Heilung zu bringen. Eine solche innere Einkehr kann als Pause im Leben einer Frau betrachtet werden, als Gelegenheit, innerlich still zu werden und die kreativen Energien auf heilsame Weise tätig werden zu lassen, indem den inneren Bedürfnissen Gestalt und Form verliehen wird. Durch die Formgebung können Probleme erkannt, akzeptiert, transformiert oder gelöst werden, was Heilung und neue Kräfte bringt.

Die daraus entstehenden Produkte können Sie als Sinnbild für eine Heilung durch Schöpfung aufbewahren oder als Symbol für die Beendigung des alten Lebens und des Feierns neuen Lebens wieder vernichten.

HEILUNG

Zu den sich über die Hände manifestierenden Ausdrucksformen kreativer Energien gehört auch das Handauflegen zum Zweck der Heilung. Das ist für Frauen etwas sehr Natürliches, da sie ohnehin die starke Tendenz haben, ihre Zuneigung und Liebe zu Menschen über die Berührung zu zeigen. Sie mögen feststellen, daß Ihre Hände im Laufe des Monats anfangen zu kitzeln oder sehr warm werden. Diese Energie kann ebensogut für das Heilen und die

Wohlbefindlichkeit wie für das Malen, Kochen oder Stricken eingesetzt und kreativ freigesetzt werden.

Experimentieren Sie damit, wenn Sie bemerken, daß Sie sich in einer Phase befinden, in der sich diese heilenden Energien leicht wecken lassen. Setzen Sie sich bequem hin, und werden Sie sich Ihrer sexuellen und kreativen Energie bewußt. Vielleicht möchten Sie zur Unterstützung ein Bild oder Symbol benutzen, das Sie mit der gegenwärtigen Mondphase in Verbindung bringen, oder die Visualisierungsübung »Bewußtsein vom Schoß« machen. Lassen Sie die Energie sich langsam in Ihren Händen aufbauen – die Hände fühlen sich allmählich warm an, strahlen Hitze aus. Heben Sie die Hände vor sich hoch, die Handflächen einander zugewandt, aber ohne sich zu berühren, und fangen Sie nun an zu experimentieren. Bewegen Sie die Hände langsam auseinander, bis Sie die Wärme nicht mehr spüren können, bewegen Sie sie dann wieder aufeinander zu. Die Hände fühlen sich so einmal wärmer, einmal kühler an. Lassen Sie, wenn Sie die angesammelte Energie nicht über das Heilen freisetzen wollen, diese über die Hände in den Boden abfließen, oder halten Sie die Hände unter fließendes Wasser.

Falls Sie die Energie heilerisch einsetzen wollen, halten Sie Ihre Hände so über den der Zuwendung bedürftigen Körperbereich, daß die betreffende Person die Wärme spüren kann. Konzentrieren Sie sich auf die Energie in Ihren Händen, fühlen Sie, wie sie beim Ausatmen in die andere Person einfließt, dirigieren Sie sie durch ein Gefühl von Liebe und Zuneigung. Vielleicht möchten Sie zur Unterstützung ein Gebet sprechen oder ein Bild mit spirituellem Gehalt visualisieren.

Die Energie kann auch auf allgemeinere Weise zur Erhöhung des Wohlbefindens freigesetzt werden. Das können Sie auf jede Ihnen zusagende Weise tun, zum Beispiel durch Handhalten, eine Umarmung oder Massage.

Um eine Heilerin im professionellen Sinn zu werden, brauchen wir natürlich weitaus mehr Anleitung, Ausbildung und Training, als dieses Buch anbieten kann. Das heißt aber nicht, daß wir uns nicht darin üben sollten, unsere Energien für die Hilfe, Fürsorge und das Wohlbefinden unserer Partner, Familie, Freundinnen, Freunde und Haustiere einzusetzen. Ihnen Heilung anbieten heißt Liebe anbieten.

Ausdruck durch den Körper

KÖRPERKUNST

Eine Frau erlebt die Welt durch ihren Körper und ihre Sinnenhaftigkeit und vermag diese Erfahrung auch über ihren Körper auszudrücken. Für Frauen stellt Kunst nicht nur ein außerhalb ihrer selbst existierendes Produkt dar, sondern wird auch durch ihren Körper selbst vermittelt. Die enge Verbindung zwischen Geist, Körper und Umgebung bedeutet, daß der Körper und der ihn umgebende Raum zum Ausdruck des Bewußtseins der Frau wird. Ein Ausdruck, der sich in der Kleidung, im Schmuck, in Körpermalerei, Musik, Sex oder in der Ausgestaltung des Heimes, des Arbeitsplatzes oder in Landschaftsgestaltung manifestieren kann.

Die Verzierung des nackten Körpers mit Farbe und Naturgegenständen bietet die Möglichkeit, das Gefühl der Verbundenheit mit der Natur zum Ausdruck zu bringen. Nacktheit erlaubt der Frau, zu einer außerordentlich hohen Bewußtseinsebene von ihrem Körper und ihrer Sinnenhaftigkeit zu gelangen, und durch diese Sinnenhaftigkeit wird sie Teil ihrer Umgebung. Eine nackte Frau ist nicht wirklich nackt, sondern trägt das Gewand ihrer unmittelbaren Erdenumgebung. Mit dem Aufschwung des Christentums veränderte sich das alte Verständnis von der Sinnenhaftigkeit der Frau, galt diese nun nicht länger als Ausdruck der Interaktion mit dem Göttlichen, sondern als Ausdruck der Versuchung und des Bösen. Der weibliche Körper wurde zum Objekt der Begierde und Ängste der Männer, und die Befreiung von diesen Assoziationen kann heutzutage eine ziemlich schwierige Sache sein.

Die öffentliche Äußerung kreativer Energien in Gestalt eines verzierten nackten Körpers ist für unsere moderne Gesellschaft nicht akzeptabel, weshalb Frauen ihre Gefühle, Stimmungen und Sexualität nur in den verschiedenen Formen der Bedeckung ihrer Nacktheit zum Ausdruck bringen können. In Kapitel 4 im Abschnitt »Die Mond-Chronik und das Alltagsleben« wurde auf eine Reihe von Möglichkeiten hingewiesen, wie Frauen sich über ihre Kleidung mit ihren allmonatlichen Phasen identifizieren können. Wenn wir auf diese Weise ganz bewußt unserem inneren Gewahrsein Ausdruck geben, befreien wir uns von den Zwängen der Mode und der Erwartungen der Männer.

Der Tanz ist ebenfalls ein Ausdrucksmittel des Körpers und ein Verbindungsglied zwischen der inneren und äußeren Welt und hat eine lange Geschichte im Kontext religiöser Riten und Feierlichkeiten. Durch den Tanz konnte der Mensch eine Verbindung mit der inneren Welt und dem Göttlichen herstellen, Energien herbeirufen und sich in Mysterien begeben, die über die Alltagswelt des Überlebens hinausreichen. Für Frauen stellte er einen natürlichen Ausdruck ihrer zyklischen Dualität dar.

Die ältesten Tänze waren meist Rundtänze mit einfachen Rhythmen und sich wiederholenden Abläufen. Ein Echo davon finden wir noch in Volkslegenden, in denen sich Tänzer und Tänzerinnen in Stein verwandelten und zu Steinkreisen wurden, in den »Feen-Kreisen«, die der Sage nach von tanzenden Feen herrühren, und in den traditionellen Labyrinthtänzen bei Volksfesten zu jahreszeitlichen Anlässen. Tanzende Frauen verbanden sich über ihre Körperbewegungen mit den Zyklen der Jahreszeiten und des Mondes und mit der Geisterwelt. Und oft gipfelte das Tanzen in einem Trancezustand oder einer durch Erschöpfung hervorgerufenen Ekstase, in der alle Restriktionen des Intellekts aufgegeben wurden.

Die Labyrinthtänze waren eine etwas kompliziertere Form der Rundtänze. Eine Reihe von Tänzerinnen und Tänzern schlängelte sich auf einem spiralförmigen Pfad bis in ein zu einem Muster geformtes Zentrum und von da aus wieder die Spirale auflösend zurück und hinaus. Diese Tänze stellten die Reise des Mondes in die Dunkelheit und sein Wiederauftauchen ins Licht dar, die Spirale des Lebens hin zum Tod und die Rückkehr zu neuem Leben, die Jahreszeiten in ihrem Lauf vom Rückzug der Lebenskraft und des Lichts aus dem Land und ihrer Wiederkehr im Frühling und den Weg des Geistes im menstruellen Zyklus, der sich nach innen in die Dunkelheit des Unterbewußten und der inneren Welt begab, bevor er in die äußere Welt zurückkehrte.

Im Labyrinthtanz im Frühling, bei Vollmond oder anläßlich der Geburt eines Kindes äußerte sich der Aspekt der Menschheit, der Teil des Rhythmus des Universums und der Quelle des Lebens ist. Wurde dieser Tanz bei Neumond, im Herbst oder nach einem Todesfall getanzt, so bezeichnete das die Rückkehr zur dunklen Mutter, um ihre Weisheit und Einsicht in die manifeste Welt einzubringen. Die Tänzerinnen wurden zum Symbol des göttlichen weiblichen Prinzips und waren selbst Teil dieses Symbols. Die Symbolik des Tanzes blieb die gleiche, aber ihre Interpretation änderte sich je nach Zeitpunkt und Anlaß des Tanzes.

Selbst heutzutage ist es leicht, sich in den Rhythmen eines Tanzes zu verlieren, ob nun in der Disco, bei einer offiziellen Tanzveranstaltung oder zu Hause bei eigener Musik. Beim Tanzen reagiert der Geist auf eine tiefere, instinktivere Ebene, die Alltagsgedanken können in den Rhythmen der Musik versinken. Wenn das Tanzen die Führung übernimmt, lösen sich die intellektuellen Restriktionen und Hemmungen des geistigen Bewußtseins auf und lassen das innere Selbst über den Körper und die kreativen Energien zum Vorschein kommen. Die Tänzerin vertraut ihren Körper den Rhythmen an, und wenn sie sich bewußt auf den Rhythmus und die Tanzbewegungen zu konzentrieren versucht, gerät sie unter Umständen aus dem Takt. Der Tanz wird zur Körperkunst, zum Ausdruck ihres Körperbewußtseins und des Raums, den sie einnimmt. Bei rituellen und geheiligten Anlässen trugen die Tänzerinnen oft Masken, wodurch sich die Restriktionen des geistigen Bewußtseins leichter aufgeben ließen, weil sich das Bewußtsein vom der Welt präsentierten Körperbild löst.

Machen Sie, wenn Sie kein Vertrauen in Ihre Tanzkünste haben, einen Anfang, indem Sie in privater Sphäre bei sich zu Hause zu rhythmischer Musik tanzen, zum Takt der nackten Füße oder zum Klatschen der Hände. Vielleicht wollen Sie sich auch mit den Tänzen aus anderen Kulturen befassen und einige dieser Bewegungen kopieren. Tragen Sie eine Kleidung, die Sie nicht einengt, und wählen Sie fließende, Ihre Bewegungen überbetonende Materialien aus. Tragen Sie auch Glöckchen, Armreifen und anderen Schmuck vor allem an Armen und Beinen, um den Rhythmus Ihres Tanzes zu unterstreichen.

Lassen Sie zu, daß der Rhythmus Ihre Schritte und Gedanken formt. Wenn Sie sich zur Musik bewegen, werden Sie allmählich alle Hemmungen und Vorbehalte verlieren und bald Freude und Vergnügen an Ihren Körperbewegungen empfinden. Werden Sie sich durch den Rhythmus der kreativen Energien in Ihrem Körper und Ihrer Umwelt gewahr. Fühlen Sie sich durch diese kreativen

Energien mit der Welt verbunden. Lassen Sie zu, daß Ihre Gefühle diese Energien durch den Tanz in die manifeste Welt einbringen; tanzen Sie Ihre Sexualität, Ihr Vergnügen am Leben, Ihre Bewußtheit, Ihre Vision, Ihre Intuition und Ihre Kreativität. Lassen Sie die Energie aus Ihren Fingern, Ihrem Haar und aus Ihren Füßen ausströmen, und visualisieren Sie eine strahlende Aura, die Sie beim Tanzen umgibt. Setzen Sie auch Ihre Stimme ein, um Laute und Schreie auszustoßen und zu keuchen, um die Energie auch durch den Atem freizusetzen. Stoßen Sie als letztes einen lauten Schrei aus, und lassen Sie sich dann erschöpft auf den Boden sinken, und ruhen Sie sich aus.

Wenn dann Ihr Selbstvertrauen gewachsen ist, werden Sie vielleicht auch mit anderen Frauen tanzen wollen und zum Beispiel Rundtänze oder Labyrinthtänze bei Jahreszeitenwechseln oder Wechseln der Mondphasen aufführen wollen, um sich so mit den Zyklen der Natur und des Lebens eins zu fühlen und sie zu feiern.

TROMMELN

Die einfachsten und oft ältesten Tänze wurden zu den Rhythmen ausgeführt, die sich durch das Aufstampfen der Füße, die Stimme, Händeklatschen oder durch einfache Schlaginstrumente und Trommeln ergaben. Solche Tänze können wir noch in Griechenland, in jüdischen und indianischen Gesellschaften und bei den Derwischtänzen erleben. Die Trommel und Flöte sind in vielen Kulturen der älteste Instrumenttypus und beinhalten eine Symbolik, die die des Tanzes, den sie begleiteten, noch steigerte und vertiefte.

Die Trommel war ein Instrument der Frauen, da sie in ihrer Form das Rund der Erde und des Schoßes, den Kreis der Jahreszeiten, des Mondes und der Frauen selbst anklingen ließ. Die Stimme der Trommel war die Stimme der Erde, des Lebenspulses im Schoß einer Mutter und der verborgenen Kraft des Lebens innerhalb der manifesten Welt. Die Trommel schlagen hieß die dunkle Mutter, die Gestalt der Alten, die verborgene Quelle des Lebens in der Frau anrufen. Der Trommelschlag wurde zum sich wiederholenden Rhythmus des Lebens, des Mondes und des menstruellen Zyklus der Frau. Und wenn die Trommel schwieg, setzten sich die natürlichen Rhythmen dennoch fort.

Die phallisch geformte Flöte war herkömmlicherweise das Instrument des Mannes. Die Musik der Flöte war die Stimme des sterblichen Mannes; sie spielte die Melodie der manifesten Phase des Mondes, der geboren wurde, zunahm, abnahm und starb. Gemeinsam brachten Melodie und Rhythmus die Natur des Göttlichen zum Ausdruck. Die Melodie des individuellen Zyklus verwob sich in den endlosen rhythmischen Zyklen der Quelle allen Lebens.

Wie das Tanzen kann auch das Trommeln die Restriktionen des Intellekts auflösen und das Gewahrsein von der inneren Welt wecken. Die Trommel wird zum Verbindungsglied zur inneren Welt und zur Ausdrucksform kreativer Energien. Viele Kulturen weisen ihren eigenen Stil von Trommeln und Trommelschlag auf, und Sie sollten sich eine Trommel und eine Methode aussuchen, die Ihnen gefällt. Die einfachste Trommel besteht aus einem mit einer Haut überspannten runden Holzrahmen, wie wir sie in Irland und in der indianischen Tradition finden, und der einfachste Trommelschlag besteht darin, daß mit jedem Schlag ein einziger Laut anklingt. Spielen Sie mit Ihrer Trommel herum, bis Sie einen Rhythmus haben, den Sie natürlich und leicht beibehalten können und lauschen Sie der Stimme der Trommel, dem Widerhall, der sich nach dem Schlag fortsetzt.

Erspüren Sie den Rhythmus der Trommel als Puls des Lebens und Ihrer Sexualität und Kreativität, und ihre Stimme als Ausdruck und Form, die Sie diesen Energien geben. Verstärken Sie allmählich den Trommelschlag, behalten Sie aber denselben Rhythmus bei, und fühlen Sie, wie die kreativen Energien Sie durchströmen, um dann im Klang geboren zu werden. Beenden Sie, wenn Sie bereit sind, den Rhythmus mit einem einzigen starken Schlag, lauschen Sie auf den verlöschenden Klang, und fühlen Sie, wie damit auch der Strom Ihrer Energien allmählich versiegt. Durch diese Art von Trommeln geht der Energiefluß von der trommelnden Person aus, und wenn Sie eine Tänzerin begleiten, vermischen sich die Energien von Trommlerin und Tänzerin.

DIE STIMME

Wie die Trommel bietet auch die Stimme eine Möglichkeit, den kreativen Energien über Laute und Töne Ausdruck zu verleihen. In unserer heutigen Gesellschaft, wo die Menschen eng beieinander wohnen, ist es unüblich, die Stimme in maximaler Lautstärke einzusetzen. Als Kindern wird uns beigebracht, nicht laut zu schreien oder zu kreischen, und daß für die Gesellschaft der einzige akzeptable Gebrauch der Stimme darin liegt, sie in Sprache oder Gesang mit den damit verbundenen Einschränkungen zu kanalisieren. Die Vorstellung von der Stimme, die einen wortlosen Ausdruck findet, zeigt sich allerdings in bildhaften Beschreibungen wie: Eine Person schreit vor Entzücken, lacht vor Glück, kreischt vor Vergnügen, klagt in Trauer, brüllt vor Zorn, wimmert vor Schmerz oder aus Angst. Viele dieser Lautäußerungen werden aber heute häufig als ein Mangel an Selbstbeherrschung ausgelegt. Frauen können diese soziale Konditionierung durchaus durchbrechen, mit der ganzen Macht ihrer Stimme ihren Emotionen freien Lauf lassen und so ihre kreativen Energien freisetzen, wenngleich sich das, je nach ihren persönlichen Umständen, vielleicht nicht für jede Frau empfiehlt.

Wenn Sie einen Versuch unternehmen und diesen Energien durch Ihre Stimme Ausdruck verleihen möchten, müssen Sie mit geradem Rücken bequem sitzen oder stehen. Holen Sie tief Atem, drücken Sie Ihr Zwerchfell nach außen, und füllen Sie dabei den unteren Bereich Ihrer Lungen mit Luft; dehnen Sie dann Ihre Brust aus, um den mittleren Bereich der Lunge zu füllen, und füllen Sie schließlich auch die Lungenspitzen mit so viel Luft, wie Sie bequem bewerkstelligen können. Diese Prozedur und das anschließende Ausatmen müssen vielleicht ein paarmal geübt werden, damit das Ganze leicht und automatisch vonstatten geht. Lassen Sie die Luft mit einem »ah« oder »lah« entweichen, indem Sie zunächst die Brust zusammenziehen und dann den Bauch einziehen. Fahren Sie solange mit diesem Laut fort, bis alle Luft ausgeströmt ist.

Konzentrieren Sie sich, wenn Sie diese Technik gemeistert haben, auf Ihren Mund und die Kraft, mit der Sie die Luft ausstoßen. Lassen Sie beim Entweichen der Luft die Öffnung Ihres Mundes allmählich weiter werden, so weit wie es Ihnen noch angenehm ist, und Sie werden eine Verstärkung des Tons bemerken. Steigern Sie allmählich den Druck, mit dem Sie die Luft herausstoßen, lassen Sie den Ton höher werden und enden Sie mit einem lauten Schrei. Experimentieren Sie mit verschiedenen Tönen. Versuchen Sie es mit einzelnen Vokalen in einer beständigen Tonhöhe, mischen Sie sie in ansteigender Tonleiter, oder steigern Sie die Lautstärke, und lassen Sie den Ton dann verklingen. Seien Sie sich bei all dem bewußt, daß Sie nun Ihre kreativen und sexuellen Energien, Ihre Erfahrungen und Emotionen über Ihren Körper freisetzen, und spüren Sie, wie sie spiralförmig Ihrem Mund entströmen. Passen Sie Ihre Laute und Töne Ihren Gefühlen an, und vergessen Sie für eine Weile, daß die Nachbarn wohl meinen, Tür an Tür mit einem Nachtgespenst zu wohnen!

Das Trommeln, der Tanz und die Stimme können alle zu einem gemeinsamen Ausdruck kreativer Energien verbunden werden; Ton, Bewegung und Rhythmus lassen sich miteinander vermischen, ineinander verweben.

SEX

Sex und Erotik sind die am augenfälligsten über den Körper ausgedrückten Formen kreativer Energie und eine starke Kraft im Kunstschaffen. Sexualität bietet die Möglichkeit, zu erschaffen und Leben zu gestalten. Der sexuelle Akt erweckt die kreativen Energien in der Frau und steigert ihre Kreativität und inspirativen Fähigkeiten oder führt dazu, daß sich der Körper eines Kindes um die Essenz des Lebens, die sie in sich trägt, herausbildet.

In der Vergangenheit genoß die Sexualität der Frau Verehrung. Alle Frauen verfügten, wie das Göttliche, über die Fähigkeit, neues Leben zu erschaffen und die manifeste Welt zu gestalten, und der sexuelle Akt wurde als eine Erfahrung mit stark spirituellem Inhalt betrachtet, der weit über die einfache sexuelle Befriedigung hinausreichte. Sex wurde als ein Gebet, eine Meditation und eine Feier des Lebens und des Göttlichen verstanden. In der babylonischen und sumerischen Kultur boten Frauen in den Tempeln den sexuellen Akt als Form der Anbetung und des Dienstes an ihrer Göttin an, und es wurde erwartet, daß sich eine Frau mindestens einmal im Leben dieser Form der Anbetung unterwarf.

Der sexuelle Akt galt auch als ein Akt der Ermächtigung und Befähigung für Männer und Frauen. In vielen Kulturen konnte ein Mann nur König werden, wenn er sich mit der Repräsentantin der Göttin des Landes vermählte und mit ihr schlief. Durch diesen sexuellen Akt erhielt er die Ermächtigung und Befähigung, König zu sein, wurden die Autorität, Verantwortung, Weisheit und Inspiration der Göttin des Landes auf ihn übertragen. Der König erweckte dafür seinerseits durch den sexuellen Akt die kreativen Energien in seiner Partnerin und im Land, brachte beiden Fruchtbarkeit und Fülle. Konnte der König wegen seines Alters, einer Krankheit, Unfähigkeit oder Nachlässigkeit diese Energien nicht mehr erwecken, sah sich die Repräsentantin der Göttin anderswo nach ihrem Partner, ihrem Erwecker um.

Diese Symbolik findet sich als weitverbreitetes Thema im Volksgut und ist vielleicht am besten durch die Geschichte von König Artus bekannt, nach der sich Königin Ginevra, die Repräsentantin der Göttin des Landes, Lancelot zum Liebhaber nimmt, als Artus sie vernachlässigt. Das hat zur Folge, daß Artus seine Macht und Autorität über seine Ritter und sein Volk verliert; nach und nach verstreuen sich die Ritter auf der Suche nach dem Heiligen Gral über das ganze Land, und die hohen Ideale von Camelot und der Tafelrunde gehen verloren. Die Gestalt des verwundeten Königs und die nachfolgende Verwüstung des Landes finden sich auch in den Gralslegenden um den Fischer-König.

Der Geschlechtsverkehr verbindet den Menschen mit dem Land, den Mann mit der Frau und die Frau mit ihren schöpferischen Energien, wodurch sie zur Quelle der Inspiration und Befähigung für ihren Partner wird. In der menschlichen Historie wie auch in den Legenden wurde eine Frau oft zur Muse, zur Quelle der Vision, des Enthusiasmus, der Herausforderung, der Energie, Stärke und Inspiration eines Mannes, zum Katalysator in seinem Leben. Und Göttinnen wurden häufig als Gestalten dargestellt, die ihrem erwählten Heros Führung und Sinn im Leben gaben.

Im alten Griechenland wie auch im alten Indien wurde gebildeten und in den Künsten des Sex bewanderten Frauen bei Hofe ein höherer Status zuerkannt als gewöhnlichen Frauen. Sie wurden wegen ihrer Fähigkeiten im Bereich der Musik und Dichtung und ihres klugen Wahrnehmungsvermögens bei philosophischen Gesprächen und bei der Kriegführung bewundert und geschätzt. Der sexuelle Akt mit Männern machte ihnen Freude und weckte ihre Energien und bot den Männern Vergnügen und visionäre Inspiration. Diese Frauen lehrten die Männer die Kunst des Sex, unterrichteten sie im wahren Wert dieses Akts.

In der westlichen Gesellschaft haben der sexuelle Akt und seine gesellschaftliche Würdigung durch die Lehrmeinungen und Grundsätze der christlichen Kirche stark gelitten. Heutzutage mag es sogar den aufgeschlossensten Personen schwerfallen, die Vorstellung nachzuvollziehen, daß Körper, Sex und Sexualität Ausdrucksformen des Göttlichen, der Verehrung und Spiritualität sind. Allzulange schon wurde geglaubt, daß Sex und Sexualität den Menschen vom Göttlichen wegführen und daß vor allem die Sexualität der Frau die Urversuchung darstellt, die die Menschheit von Gott abtrünnig werden ließ.

Für die mittelalterliche vom Christentum geprägte Gesellschaft waren das Wunder, die Schönheit und Göttlichkeit des sexuellen Akts verlorengegangen, und als sie sich auf der Suche nach dem Göttlichen vom Sex, dem Körper und der Natur abwandte, wandte sie sich in der Konsequenz von dem den Schöpfungskräften innewohnenden Göttlichen ab. Die sexuelle Rolle der Frau bestand darin, daß sie sich den Bedürfnissen des Ehemannes unterwarf und als Vehikel der Geburt seiner Kinder diente. Hätte eine Frau merklich Gefallen am Sex gefunden, hätte sie darum gebeten oder Vergnügen und Energie daraus bezogen, hätte das bedeutet, daß man ihrer schlechten Natur Vorschub leistete, und sie hätte jeglichen Respekt von seiten der Männer oder Gesellschaft verloren. Sex war, was die Frau anging, strikt mit der Befriedigung des Mannes und der Zeugung von Kindern verbunden, und alles Erotische wurde als Pornographie betrachtet. Selbst in unserer heutigen »aufgeklärteren« und »sexualkundigen« Welt ist die Vorstellung von Sex als spiritueller Ausdrucksform entweder undenkbar oder gilt als Perversion. Sex wird nach wie vor als schmutziger, schändlicher, verderbter Akt betrachtet, wenn er außerhalb der eng strukturierten, gesellschaftlich akzeptierten Bedingungen stattfindet; und bestimmte Aspekte der Sexualität werden, wie auch die Menstruation, als verwerflich oder sündig betrachtet oder sind schlimmstenfalls der Gesellschaft völlig verlorengegangen.

Mit der Erweckung und dem Fluß sexueller Energien gehen Inspirationen, Ideen, Erkenntnisse und die Fähigkeit, zu erschaffen, einher. Werden Sie sich, wenn Sie sexuell aktiv sind, über die Berührungen, die Bewegungen, die Zärtlichkeiten, das Lieben Ihrer kreativen Energien bewußt. Werden Sie sich der physischen wie auch der Welt der Gefühle gewahr, und erkennen Sie, daß das Sich-Lieben, daß der sexuelle Akt in beiden Welten existiert. Werden Sie sich Ihres Schoßes und seiner Verbindungen mit Ihren Körperempfindungen bewußt. Lassen Sie zu, daß sich Ihre Energien ungehemmt und ganz frei durch Ihren Körper und die Interaktion mit einem anderen Körper ausdrücken. Seien Sie ungestüm, seien Sie sanft, seien Sie passiv, seien Sie zärtlich, seien Sie animalisch und ungezähmt, seien Sie anmutig und in Balance! Fühlen Sie, wie Sie Ihre Verzauberung und Ihr Entzücken in ein Netz einweben, das je nach der Phase Ihres Zyklus das umschließende und bewahrende Netz Ihrer Liebe, eine annehmende und transformierende Verzauberung, die Dunkelheit der inneren Welt in der äußeren Welt oder das Gewand von Licht und Erneuerung sein kann.

Die sexuellen Energien können in einem Orgasmus oder durch die Hände oder Stimme freigesetzt werden. Wenn Sie sie durch die Hände und Stimme entlassen wollen, dann strecken Sie die Arme über sich aus, schreien oder brüllen Sie die Energie heraus, und fühlen Sie, wie sie durch Ihre Stimme, Ihre Arme und Hände hinausfließt. Wenn Sie die Energie so dirigieren, daß sie Sie und Ihren Partner umhüllt, erschaffen Sie auf einer tieferen inneren Ebene eine liebende Verbindung zwischen Ihnen beiden.

Wenn sie will, kann die Frau einen Mann benutzen und ihm sämtliche Energie, die er zu geben hat, nehmen. Die Gestalt des weiblichen Vampirs stellt das extreme Beispiel einer Frau dar, die, um sich selbst zu regenerieren und ihr Vergnügen zu haben, einem Mann alle Energien abzieht. Der weibliche Vampir spiegelt die Zauberinphase des menstruellen Zyklus wider, die aber normalerweise durch die anderen Zyklusphasen ausbalanciert wird. Es ist nicht falsch, in der Zauberinphase zu nehmen, aber dies muß durch eine Haltung des Gebens in einer der anderen Phasen ausgeglichen werden. In einer Beziehung ständig nur zu nehmen, ohne etwas dafür zu geben, bedeutet sie zu zerstören. Bringen Sie Ihrem Partner Respekt, Großzügigkeit und Liebe entgegen. Für eine Person zu sorgen und sie zu lieben, sei es nun auf sexueller, physischer, emotionaler oder spiritueller Ebene, heißt, den kreativen Energien Ausdruck verleihen.

Ihre Sexualität wird sich im Verlauf Ihrer monatlichen Phasen verändern, und Sie sollten sich gestatten, die ganze Skala dieser verschiedenen Qualitäten zu erfahren. Wenn Sie zum Beispiel normalerweise während Ihrer Menstruation nicht mit jemandem schlafen, dann probieren Sie es einmal aus. Wenn Sie sich der unterschiedlichen Phasen Ihrer Sexualität zunehmend bewußter werden, wird auch Ihr Partner sensibler dafür werden und auf diese Unterschiede entsprechend reagieren. Das bringt Vielfalt in Ihre Beziehung und führt zu einer lebendigen Akzeptanz der zyklischen Natur der Frau.

Wenn Sie keine sexuelle Beziehung haben, können die sexuellen Energien dennoch durch einen Orgasmus oder in anderen schon angesprochenen Formen freigesetzt werden. Es ist möglich, sexuelle Frustration, ob nun durch Beschränkung, Selbstverleugnung oder Mangel an Gelegenheit bedingt, in einen kreativen Fluß umzuwandeln.

Ausdruck durch die Umgebung

DAS HEIM

Ihre Sinnenhaftigkeit ist das Medium, mittels dessen die Frau von ihrem Gefühl her den Unterschied zwischen ihrer eigenen Person und ihrer Umwelt überbrückt. Das heißt, die Umwelt, in der sie lebt, stellt in ihrem Empfinden eine Erweiterung ihres Selbst dar. Dies ist die Kunst der Frau, die ein Heim erschafft. Sie spiegelt ihr inneres Gewahrsein wider, indem sie mit Hilfe von Gegenständen, Farben, Möbelstücken und Mustern ein Gefühl von Behaglichkeit, Geborgenheit, Zugehörigkeit und Liebe übermittelt. Die Hausfrau schafft einen Raum als »Körper« oder »Schoß« im Außen, in dem sie für ihre Kinder und ihren Partner, ihre Familie und Freunde sorgen kann. Sie betreten also mit dem Heim der Frau einen Teil ihrer inneren Welt, was erklären mag, warum manche Frauen das Gefühl haben, daß ein Einbruch in ihr Haus einer Vergewaltigung gleichkommt; sie empfinden einen Übergriff auf ihr Heim wie einen Übergriff auf ihren erweiterten Körper. Für Männer mag dieses Heim eine rein funktionale Rolle spielen, für Frauen aber wird es zu einem Teil ihrer selbst.

Schauen Sie sich Ihr eigenes Heim oder Ihr Lebensumfeld an, und stellen Sie fest, wie sich Ihre Person darin ausdrückt. Was empfinden Sie angesichts der Farben, Muster, Möbel und Dekoration? Haben Sie sich, was die Ausschmückung betrifft, von Ihrem Gefühl leiten lassen? Sind Sie sich im Inneren darüber klar, wie Ihr Umfeld aussehen sollte und was nötig ist, damit Sie sich darin glücklich fühlen? Denken Sie darüber nach, was Sie verändern könnten, falls Sie mit etwas unzufrieden sind, versuchen Sie herauszufinden, was sich richtig anfühlt und Ihre Person zum Ausdruck bringt. Zu diesem Selbstgefühl im Kontext des Umfeldes zu finden kann schwierig sein, wenn es sich um das Zuhause einer ganzen Familie handelt; seien Sie sich, falls Sie Mutter sind, der Tatsache bewußt, daß das *ganze* Haus eine Erweiterung Ihres Selbst darstellt, das das Umfeld für Ihre Kinder und Ihren Partner beherbergt. Wenn Sie dieses Umfeld mit anderen teilen, also zum Beispiel in einer Wohngemeinschaft leben, stellt Ihr Schlafzimmer oder Ihr Schlafbereich die Erweiterung Ihres Selbst dar. Als früher nach alter Tradition der Sohn seine frisch angetraute Frau ins Haus brachte, damit sie künftig in der Familie lebte, hieß seine Mutter als Repräsentantin des Heims sie willkommen und gestattete ihr, sich in ihren erweiterten »Körper/Schoß« einzugliedern.

Eine Frau nutzt ihre kreativen Energien nicht nur für das äußere Erscheinungsbild ihres Heims, sondern auch für die Organisation, Managementroutine und Traditionen ihres Lebensumfelds. Sie schafft ein Familiengefühl, indem sie sich um die Beziehungen kümmert, für Ordnung, Struktur, Sicherheit und den Erhalt sorgt. Hausputz, das Kochen von Mahlzeiten, das Wäschewaschen stellen alle einen Ausdruck ihrer kreativen Energien dar. Wenn auch noch ein Garten dazugehört, kann sich darin ihre persönliche Verbindung zur Welt der Natur widerspiegeln. Die Natur steht ihr zur Verfügung und sie der Natur, eine Interaktion, die sie vielleicht darin ausdrücken möchte, daß sie Kräuter, Blumen, Früchte und Gemüse wachsen läßt. Und in der Verarbeitung von selbst angebauten Nahrungsmitteln und selbst hergestellter Kräutermedizin spiegelt sich ihre Verbindung zur Natur im Alltagsleben wider.

Das Umfeld und Gefühl von persönlichem Raum brauchen sich nicht unbedingt nur auf das Heim zu beschränken, sondern können sich auch auf die Sie umgebende Landschaft ausdehnen. Wenn Sie auf einem Hügel stehen und die ungeheure Weite des Himmels und der Erde betrachten, sollten Sie sich nicht klein und unbedeutend vorkommen, sondern in sich ein Gefühl von Zugehörigkeit, ein Gefühl, Teil des Ganzen zu sein, erwecken.

Landschaftsgestaltung als Ausdruck der kreativen Energien gleicht der Ausschmückung des Heims oder der Verzierung des Körpers; sie bedeutet eine Anerkennung des Sie umgebenden Raums als Teil Ihrer selbst und spiegelt Ihr persönliches Gewahrsein von dieser Tatsache wider. Himmel und Erde werden Teil Ihres Körpers, des Raums, in dem Sie leben. In der Landschaftskunst drücken Sie Ihr Integrationsbewußtsein vom Land mit seinen schöpferischen Energien und Ihrem Selbstgefühl und Ihren persönlichen kreativen Energien aus.

Landschaftskunst kann viele Dinge beinhalten, so zum Beispiel die Bildhauerei, das Malen, Musik, Tanz, Arbeit mit der Erde oder jegliche mit einem Bewußtsein von der Natur ausgeführte Aktivität im Freien. Vielleicht geht es nur um dekorative Pflanzen und Blumen im eigenen Garten oder Wintergarten, oder vielleicht sind Sie auch ehrgeiziger und arbeiten an öffentlicheren Plätzen – doch achten Sie dabei auf die möglichen Auswirkungen, die das auf andere Menschen und die Natur selbst haben kann.

Benutzen Sie die Sie umgebende Natur als Medium und Quelle der Inspiration. Schmücken Sie Bäume mit Bändern, verzieren Sie Brunnen und Quellen mit Blumen, verwenden Sie Steine und Zweige, um Kreise, Spiralen und andere Muster zu erschaffen, und schnitzen Sie aus totem Holz interessante Figuren, die Sie dann am Ort im Freien zurücklassen können. Schaffen Sie Ihre Ausdrucksformen in Ihrem Garten, im Wald, auf den Wiesen, an Flüssen, am Strand, auf Hügelspitzen und in Höhlen. Betrachten Sie Felsen und Bäume, und suchen Sie in ihnen nach Bildern des weiblichen Körpers, und benutzen Sie ungiftige, natürliche und vergängliche Materialien, um diese Formen hervorzuheben oder herauszuarbeiten. Benutzen Sie aus farbiger Erde gewonnene Farben, zerriebene und mit Wasser angerührte Gewürze, farbigen Sand oder natürliche Kreide. Sie können Sandgemälde herstellen, die den Sandbildern der Indianer oder den Mandalas der tibetischen Buddhisten ähneln. Sogar die Darbringung eines Steins an einer Stätte, die eine besondere Bedeutung für Sie hat, kann Ihre Präsenz als Ausdruck Ihres Gewahrseins und damit Kunst symbolisieren.

Landschaftskunst kann sich im kleinen oder großen ausdrücken. Sie kann ein Akt sein, an dem nur Sie oder andere gleichgesinnte Frauen teilnehmen, sie kann etwas Beständiges oder Vergängliches sein. Ihre gewählten Ausdrucksformen können sich mit den Mondphasen oder den Jahreszeiten verändern oder einen Ort schaffen, an dem Sie tanzen und sich der Natur und dem Göttlichen nahe fühlen. Ihre Landschaftsmerkmale mögen sich, wie die alten Steinkreise, über jahrelange Aktivität und Beobachtung hinweg aufbauen oder nur einen raschen Moment der Kreativität beinhalten. Sie mögen eine lange Zeit bewahrt werden, oder Sie lassen sie verfallen und verwittern und die Landschaft so zurück, als seien Sie nie dort gewesen. Der Prozeß ist wichtiger als das Produkt. Wenn Sie diesen Ausdruck der Kunst verfallen lassen, ist das wie das Singen eines Tons; erst wird ihm eine Form gegeben, dann darf er sich verflüchtigen und sterben. Sowohl die Kunstform wie auch der Ton gehören dem Augenblick an; beides kann nie wieder auf ganz genau gleiche Weise erschaffen werden, und der Tod dieser Form ist so kraftvoll wie ihre Geburt. Der Schöpfungsprozeß der Form beinhaltet somit einen Prozeß der Zerstörung und spiegelt den Zyklus des Lebens und der Frauen wider.

Da es Eigentumsgesetze und Verordnungen in bezug auf die Ökologie und die Landschaftserhaltung gibt, setzt jede dauerhafte Landschaftskunst eine Erlaubnis voraus, und darf alle flüchtige Kunst die Umwelt nicht schädigen oder Gegenstände beinhalten, die dann als Abfall in der Landschaft herumliegen.

Ausdruck durch den Geist

INSPIRATION UND IMAGINATION

Ideen, Gedanken, Imagination und Intuition sind Schöpfungen des Geistes, denen wir durch die Sprache und das Schreiben Form geben können. Inspiriertes Schreiben faßt die Erfahrungen und Einsichten einer Autorin in Worte und ermöglicht ihr oft einen mentalen Sprung auf der Gewahrseins- und Inspirationsebene. Die Form des Schreibens hängt von der Schriftstellerin ab. Die Worte können die Gestalt von Dichtung oder Prosa, einer Schilderung, Geschichte, eines Theaterstückes oder einer Satire annehmen.

Die meisten Menschen erhalten oder schreiben im Laufe ihres Lebens einmal einen Liebesbrief oder ein Gedicht, Worte, die Ausdruck des inneren Gewahrseins und der Gefühle der Verfasserin oder des Verfassers sind. Für die Leserin oder den Leser spielen Grammatik oder Reim hier keine Rolle. Der Brief oder das Gedicht werden zum gehüteten Schatz nicht wegen seiner Endform, sondern wegen des Prozesses, durch den die schreibende Person ihren Gefühlen Ausdruck gab. Nutzen Sie Ihre eigenen Erfahrungen, Ihr Bewußtsein und Ihre Gefühle als Quelle der Inspiration für das Schreiben. Drücken Sie Ihr Energiegefühl in den Worten, die Sie niederschreiben, aus. Ihr Schreiben wird zum Spiegel Ihrer persönlichen Entwicklung und Ihres inneren Bewußtseins.

Kreativ sein heißt nicht nur auf physischer Ebene etwas produzieren, sondern auch mentales Gewahrsein herstellen. Eine kreative Sicht von der Welt bedeutet kreativ sein. Wenn Sie ein Bild betrachten, eine Geschichte lesen oder einer Musik lauschen, kann das ebenso kreativ sein, wie wenn Sie ein Bild malen, eine Geschichte schreiben oder ein Instrument spielen. Sie drücken Ihr Gewahrsein von Ihrer Umwelt in der Schöpfung von Gedanken und Gefühlen aus. Nutzen Sie Ihre Kreativität, um sich Pfade durch das Chaos zu bahnen, Lösungen für Probleme zu finden, durch Kommunikation und Liebe Beziehungen zu schmieden, Humor und Gelächter zu entdecken, die Dimensionen des Wissens und Unterrichtens zu erweitern, Schönheit zu erkennen, sich Einsichten zu öffnen und Mitgefühl und Verständnis zu entwickeln.

In unserer modernen Welt werden Intuition, Imagination und Emotion gemessen am Intellekt und Verstand als zweitrangig betrachtet, weshalb die Konzeption von Magie und Ritual von der wissenschaftlichen und intellektuellen Gemeinde mit Spott und Hohn bedacht wird.

Die Weissagekunst bedient sich der Imagination und Intuition, um Muster zu entdecken und herzustellen. Wir sind von den Mustern des Lebens umgeben, aber der Prozeß der Weissagung gibt uns eine Form und Struktur an die Hand, mit deren Hilfe unser geistiges Bewußtsein sie auch erkennen kann. Wenn wir ein Weissagungssystem benutzen, setzen wir unsere kreativen Energien ein, um diese Muster wahrzunehmen und ihre Bedeutung zu interpretieren.

Wenn wir ein Weissagungssystem erlernen wollen, müssen wir ein Kommunikationsvehikel zwischen unserem geistigen Bewußtsein und inneren Selbst herstellen. Eine solche Brücke kann durch die Bilder eines Satzes von Tarotkarten gebildet werden, durch die Formen im System der Runen oder magischer Symbole oder durch die Bilder, die sich in Teeblättern zeigen. Das Erlernen der entsprechenden Bedeutungen beinhaltet mehr als nur einen intellektuellen Prozeß, und viele Weissagungssysteme setzen die Meditation, Visualisierung und das Geschichtenerzählen voraus, damit die betreffenden Personen ihre eigenen Bedeutungen der Bilder oder Symbole entdecken können.

Wenn sie ihre Kommunikationsmethode gefunden hat, muß die Interpretin der Karten oder Symbole lernen, den Ansturm der Alltagsgedanken zur Ruhe zu bringen und für die inneren Ausdrucksformen wach zu werden. Zunächst mögen die Interpretationen sehr intellektuell ausfallen und sich an »festgesetzte« Regeln halten, welche die Bedeutungen an bestimmte Positionen oder Kombinationen knüpfen, doch mit zunehmender Übung werden sie intuitiver werden, werden die Bedeutungen aus dem eigenen Gefühl und den inneren Bildern entstehen.

Falls Sie sich noch nie zuvor in der Weissagekunst versucht haben, können Sie auf viele Bücher, Kartensätze und ganze Weissagungssysteme zurückgreifen, die Sie darin unterrichten und anleiten. Manchen Leuten macht das Weissagen angst, gewöhnlich aus einem Mißverständnis oder Mangel an Kenntnis heraus.

Das Weissagen ist eine Kunst. Sie ist ein natürlicher Ausdruck unserer kreativen Energien und bildet vor allem für uns Frauen eine Brücke zwischen unserem Gewahrsein von der inneren und der äußeren irdischen Welt. Notieren Sie, wenn Sie ein Weissagesystem erlernen und üben, in Ihrer Mond-Chronik die Zeiten, in denen Sie sich dazu hingezogen fühlen und Ihnen eine Deutung der Muster am leichtesten fällt.

Es ist nicht nötig, daß Sie einen teuren Karten- oder Runensatz kaufen, um sich in der Weissagekunst zu üben – Sie können sich auch Ihr eigenes System von Bildern und Bedeutungen erschaffen. In früheren Zeiten gründete sich das Weissagen oft auf die Beobachtung der Muster von Vogelflügen oder der auf den Boden geworfenen Stäbchen oder Knochen. Bereits in der einen oder anderen Form veröffentlichte Systeme haben jedoch den Vorteil, daß sie Sie in einer von anderen Menschen bereits erprobten Struktur anleiten und Ihnen einen guten Ausgangspunkt zum Verstehen der üblichen Deutungsmethoden liefern können. Noch leichter läßt sich ein Weissagesystem von einer Person erlernen, die bereits damit arbeitet, da Sie auf diese Weise die Gefühle, die sie ihrerseits während des Unterrichtens mit den Bildern und Mustern assoziiert, auffangen können.

Die Kunst der Magie kann als Interaktion zwischen den greifbaren und ungreifbaren Welten verstanden werden, wobei die kreativen Energien durch die Imagination geweckt und in einem durch Gedanken und Visualisierung gelenkten physischen Ausdruck freigesetzt werden. In der Vergangenheit haben Frauen ihre Liebe und ihren Schutz in einen Umhang oder eine Degenscheide für ihren Mann eingestickt, haben Zaubersprüche in Seile und Schnüre eingewoben und geknotet, einen Fluch für einen Feind oder Rivalen niedergeschrieben oder ihre Fähigkeiten zur Verfertigung von Amuletten und Talismanen eingesetzt. Sie kneteten Gesundheit und Wohlbefinden in den Teig der Brote, die sie für die Familie buken, und lenkten ihre Energien bei Vollmondtänzen auf ihre eigene Fruchtbarkeit und die Fruchtbarkeit des Landes.

Eine symbolische Handlung bringt eine innere Lebenserfahrung zum Ausdruck, gleich ob sich diese Erfahrung als Wunsch manifestiert, etwas Bestimmtes zu bewirken oder herbeizuführen, oder als Erwecken des Bewußtseins oder als Einsicht. Das Entzünden einer Kerze kann als Fokus kreativer Energien beim Beten dienen oder das Gewahrsein vom Göttlichen in der Person, die sie anzündet, zum Ausdruck bringen. Diese symbolischen Handlungen mögen so einfach sein wie zum Beispiel die auf Seite 113 beschriebene »Reinigungsübung« oder auch sehr viel formaler und komplexer, je nach den Vorlieben und Bedürfnissen der einzelnen Person. Wenn Sie im Laufe Ihrer Phasen unterschiedliche Farben und Kleiderstile tragen, ist das eine symbolische Handlung, in der sich Ihre innere Erfahrung äußert. Wenn Sie während Ihrer Regelblutungen ein Symbol tragen, heißt das, daß Sie sich die Kräfte der Menstruation aneignen.

Vielleicht möchten Sie sich darin üben, Ihre kreativen Energien bewußt auf ein bestimmtes Ziel zu richten. Schicken Sie Ihre Energien einer Person, die Heilung braucht; konzentrieren Sie sie bei der Zubereitung des Abendessens auf die Unterstützung von Gesundheit und Wohlbefinden. Benutzen Sie Ihre Stimme zur Projizierung von Liebe und Zuneigung, weben Sie Ihre Energien, wenn Sie sich mit jemandem lieben, in das Schmieden einer Beziehung oder die Erschaffung eines Kindes.

Vielleicht möchten Sie auch irgendeine symbolische Handlung zur Anerkennung Ihres menstruellen Zyklus, Ihres Lebenszyklus und der Zyklen von Erde und Mond in Ihr eigenes Leben einführen. Sie können zum Beispiel aus der Arbeit an Ihrer Mondchronik eine symbolische Handlung machen, indem Sie dazu zwei Schalen, ein paar Steine, Perlen oder Beeren verwenden. Sie brauchen so viele Steine, wie Ihr Zyklus Tage hat, und noch ein paar Steine mehr, falls Sie einen unregelmäßigen Zyklus haben. Verzieren Sie die Steine, oder benutzen Sie farbige Perlen, die jeweils für eine Phase Ihres Zyklus stehen, und legen Sie alles in eine der Schalen. Jeden Tag nehmen Sie einen entsprechenden Stein heraus und legen ihn in die andere Schale.

Der Gedanke, daß Sie Ihren Zyklus und den Zyklus der Jahreszeiten in einer symbolischen Handlung ausdrücken, kann noch weitergeführt werden, wenn Sie ihn in der freien Natur ausführen. Markieren Sie einen Kreis an einer etwas abgelegeneren Stelle, sei es in Ihrem Garten, am Strand oder im Wald, wobei Sie hier Steine,

Blätter, Muscheln oder Zweige verwenden können oder ihn mit einem Stock in die Erde einritzen oder mit Kreide aufmalen. Benutzen Sie diesen Kreis als Ausdruck Ihres Körpers, Ihres menstruellen Zyklus, der Mondphasen, der Phasen der Jahreszeiten, Ihrer Energien, Sexualität, Kreativität oder als Ort, um zu tanzen, zu singen, sich der Liebe hinzugeben. Durch diese Handlungen wird der Kreis zu einem heiligen Ort, einer Stätte der Anerkennung der göttlichen Energien und Rhythmen des Lebens in Ihnen und in der Natur. Die Schaffung des Kreises ist eine symbolische Handlung, und jede Handlung innerhalb des Kreises wird selbst Teil des Symbols.

Erdung

Der Mangel an Zeit, Gelegenheit, Materialien, Ausrüstung, Raum und so weiter macht die konstruktive Freisetzung der Energien nicht immer möglich. Wenn diese sich aber aufbauen, ohne ein Ventil zu haben, können sich die daraus entstehenden Spannungen und Frustrationen sowohl auf die betreffende Frau als auch auf ihre Mitmenschen zerstörerisch auswirken. Die Gestalt der Zerstörerin nimmt innerhalb des menstruellen Zyklus einen sehr positiven Platz ein, sollte aber eine kontrollierte, auf ein Ziel gerichtete Zerstörung repräsentieren und nicht die völlig willkürliche Destruktivität, die aus der starken Beschränkung entstehen kann.

Die Frustration, die verursacht wird, wenn der Körper quasi vor Energie überschäumt, aber kein Ventil dafür findet, kann zu einem zwanghaften, launenhaften und selbstzerstörerischen Verhalten führen. Daher ist es überaus wichtig, daß wir über eine rasche und leichte Methode zu ihrer Freisetzung verfügen. Das »Erden« der Energien läßt sich auf verschiedene Weise bewerkstelligen und bietet hier über die körperliche Interaktion mit der Umwelt ein gefahrloses und harmloses Ventil, mit dessen Hilfe sich das innere Gleichgewicht wieder herstellen läßt.

Erden können wir uns über Körperübungen, Tanz, Stimme oder Sex. Versuchen Sie es mit etwas Dynamischem, das den ganzen Körper zum Einsatz bringt, zum Beispiel mit Schwimmen, Aerobic, Joggen oder Radfahren. Haben Sie dafür keine Zeit, dann rennen Sie einfach ein bißchen. Im Gegensatz zur Kindheit haben wir jedoch im Erwachsenenleben nur wenig Gelegenheit, einfach aus Lebensfreude und reinem Vergnügen zu rennen. Seien Sie sich deshalb beim Laufen des Himmels über Ihnen, der Erde unter Ihren Füßen bewußt, fühlen Sie, wie die Energien durch die Bewegungen in Ihrem Körper zum Fließen gebracht werden, und rennen Sie, bis Sie erschöpft sind. Sogar die Jagd nach dem Bus kann zum Ventil werden, wenn Sie im Bewußtsein des Energieflusses stattfindet.

Mit bewußt eingesetzten Tönen können Sie Spannungen, Frustrationen und die Energie über die Stimme entlassen, was übrigens oft der tiefere Grund ist, warum Frauen in der prämenstruellen Phase jemanden anfauchen oder herumschreien. Wenn diese aufgestaute Energie aber über bewußt und bedacht eingesetzte Töne und Laute ein Ventil findet, könnten diese unangenehmen aggressiven Äußerungen oft vermieden werden.

Die kreativen Energien lassen sich auch auf sanftere Weise freisetzen. Legen Sie Ihre Hände flach auf den Boden, und visualisieren Sie, wie die Energie durch Ihre Arme und Hände gefahrlos in den Boden einströmt. Den gleichen Zweck erfüllt Wasser, wenn Sie Ihre Hände unter fließendes Wasser halten oder eine Dusche nehmen. Spüren Sie, wie das Wasser Ihre Energien abwäscht und in die Erde einfließen läßt.

Kreativitätsblock

Eine Frau mag sich zu manchen Zykluszeiten unkreativ und von den sie inspirierenden Energien abgeschnitten fühlen. Dieses Abgeschnittensein steht gleichsam wie ein Block zwischen ihrem geistigen Bewußtsein und ihrer inneren Welt, den spirituellen Aspekten ihres Lebens. Sie kann sich auch allein, von ihrer Umwelt isoliert und auf ihren Intellekt als einzigen Aspekt ihrer Person reduziert fühlen.

Wenn Sie die Verbindung zwischen Ihrem geistigen Bewußtsein und Ihren kreativen Energien wieder herstellen möchten, müssen Sie sich wieder Ihres Körpers und Ihrer wahren Natur bewußt werden. Hier können Sie sich die Vorschläge im vorangegangenen Abschnitt zur Erweckung der kreativen Energien und Arbeit mit der Mond-Chronik zunutze machen. Auch die Natur selbst ist eine großartige Heilerin, die diese schöpferische Verbindung wieder herstellen kann, und allein ein kleiner Ausflug in die Natur, weg vom Alltagsumfeld, kann manchmal schon zur Auflösung dieses Blocks führen.

Schließlich können wir uns unser allmonatliches Energiemuster auch auf intellektueller Ebene bewußt machen, müssen es aber aktiv fühlen und erleben, wenn es irgendeine Bedeutung für uns haben soll. Es kann passieren, daß Ihre intellektuellen Erwartungen hinsichtlich der Energien mit Ihren tatsächlichen Erfahrungen nicht übereinstimmen. Die bewußte Wahrnehmung der sich mit dem Körper und seinem Zyklus verbindenen Gefühle und Erfahrungen bilden die Grundlage der zyklischen Natur der Frau, und unser Intellekt sollte diese Gefühle deuten, aber nicht diktieren.

In unserer modernen Welt mit all ihrem Druck und ihren Forderungen läßt sich nur schwer so leben, daß wir unserer weiblichen zyklischen Natur treu bleiben und eine beständige Verbindung mit unseren kreativen Energien halten können. Sie merken vielleicht, daß Sie allmonatlich dieses Bewußtsein zwar für eine Weile aufrechterhalten können, die restliche Zeit aber durch den Druck des Alltagslebens blockiert sind. Sie können diesen Block beseitigen und das innere Gewahrsein wieder erwecken, wenn Sie die Existenz dieses Blocks bewußt zur Kenntnis nehmen und den Grund dafür ausfindig machen.

Die Kunst der Frauen liegt im Ausdruck ihrer eigenen Erfahrungen und ihres Bewußtseins vom Leben; sie existiert in ihrem Handeln, ihren Reaktionen, ihrem Sprechen, Denken und Fühlen. Wenn wir die sich ständig wandelnde, alles umfassende Kunst der Frau mit unserer heutigen Kunstauffassung vergleichen, wirkt letztere doch oft sehr schal und allzusehr auf die Form fixiert. Die allgemeine Anerkennung der Gültigkeit aller Ausdrucksformen der Frau ist wichtig, wenn die Gesellschaft ihre Einstellung gegenüber der weiblichen Natur verändern will. Diese Ausdrucksformen müssen auch all das beinhalten, was in der Gesellschaft vernachlässigt, verborgen oder zerstört wurde, aber in der Wesensnatur der Frau noch immer als Bedürfnis vorhanden ist. Dazu gehören auch alle Künste der Weissagung, des Orakels, des Rituals, der Magie, des ekstatischen Tanzes und der weiblichen Spiritualität und Sexualität.

Die Welt, in der die meisten Frauen leben, ist männlich orientiert. Wenn Frauen ihre Inter-Reaktion auf diese Welt zum Ausdruck bringen, spiegeln sie in ihrer Form diese männliche Orientierung wider. Wollen wir uns von diesem männlichen Einfluß lösen, müssen wir in uns selbst hineinsehen, zu unserer wahren, von der Gesellschaft nicht definierten Natur finden und unsere Interaktion mit dem äußerlichen Leben über unsere wahre Natur zum Ausdruck bringen.

6
Die Spirale des Mondes

Die Tradition der Frauen

Die Kunst, das Handwerk, die Musik, Dichtung und Literatur der Frauen sind nicht nur ein Mittel des Ausdrucks und der Freisetzung kreativer Energien, sondern auch ein Medium zur Belehrung und Anleitung anderer Frauen. Wenn wir unseren Energien und unserer Wesensart Ausdruck verleihen, schaffen wir Bilder, Symbole, Konzeptionen und Archetypen, die wiederum in anderen Menschen Verstehen und Einsicht wecken können.

In der Vergangenheit dienten die von Frauen geschaffene Kunst und ihre Archetypen als Richtschnur, durch die andere Frauen im Verständnis ihrer eigenen Natur und im Umgang mit den Zyklen des Lebens und des Landes angeleitet wurden. In Bildern und Ornamentierungen fanden sie bestimmte Konzeptionen in visueller und symbolischer Form ausgedrückt, in den Geschichten und Liedern erschlossen sich ihnen diese Konzeptionen über die Imagination. Alle diese Gedanken und Ideen wurden ihnen nicht auf intellektuelle Weise, sondern auf eine Art nahegebracht, daß sie sie erfühlen und erleben konnten. Aus den Gefühlen und Erfahrungen der Frauen erstanden archetypische Bilder und Gestalten, die dann über eine Identifizierung mit ihnen die gleichen Gefühle und Erfahrungen in anderen Frauen hervorriefen. Alle Aspekte des Weiblichen wurden akzeptiert und verehrt, eine Tatsache, die sich in Bildern, Archetypen und in Mythologie ausdrückt.

Die Geschichten und Legenden vermittelten den Frauen Kenntnisse über ihre Natur. Sie belehrten sie über den zyklischen Rhythmus ihrer Energien und ihre Verbindung mit dem Land und dem Göttlichen. Sie lehrten sie die Beziehungen zwischen Mutter und Kind und Frau und Mann und die Wendepunkte ihres Lebens wie Geburt, die erste Menstruation, das Ende der Menstruation, Tod und Wiedergeburt verstehen. Die Märchen »Schneewittchen« und »Dornröschen« zum Beispiel unterrichteten sie über den Wandel vom Mädchen zur Frau, das Einsetzen der Menstruation, die

Beziehung zwischen Mädchen und Vater und Mädchen und Geliebtem. Die Geschichte von Persephone und Demeter belehrte sie über die Beziehung zwischen Mutter und Tochter, den Zyklus der Frau und der Natur und über Leben und Tod; und die Geschichte von Eva lehrte sie etwas über die Kräfte der Menstruation und kreativen Energien und die Beziehung zwischen diesen Kräften und Männern.

Über die Identifizierung mit diesen Bildern oder Gestalten konnte die Frau diese in einem Archetypus ausgedrückten Energien in sich erwecken. In der Verehrung einer archetypischen Göttinnengestalt drückte sie ihr Gewahrsein oder ihr Bedürfnis nach Gewahrsein von diesem ihrem Selbst innewohnenden Aspekt des göttlichen weiblichen Prinzips aus. Die Statue oder das Bild der Göttin war zwar physisch gesehen etwas anderes als die sie verehrende Frau, doch diese fühlte sich nicht getrennt und identifizierte sich auf unmittelbare Weise mit ihr. Viele der alten sich an die Göttin richtenden Gedichte und Anrufungen, die aus dem alten Ägypten und Assyrien erhalten sind, begannen mit »Ich bin...«. Die Frau, die diese Worte aussprach, identifizierte sich mit der ihr selbst innewohnenden göttlichen Natur; sie sprach als die Göttin.

Die Zerstörung der weiblichen Bilder, Gestalten, Lehren und Religionen, die die Grundlage der weiblichen Tradition bildeten, haben die Frauen in einer Gesellschaft zurückgelassen, in der sie sich nun, ohne noch viele Vorbilder des Weiblichen zur Orientierung zu haben, abmühen und behaupten müssen; die wenigen Vorbilder, die uns angeboten werden, spiegeln die Erwartungen und Wahrnehmungen einer männlich ausgerichteten Gesellschaft wider. Das Christentum offerierte zwei Hauptarchetypen von Frau; die »böse« Eva, die Gott nicht gehorchte und mit ihrer Sexualität den Tod und das Böse in die Welt brachte, und die »gute« Jungfrau Maria, die Gott gehorchte und durch eine Transzendierung ihrer Sexualität die Hoffnung des Lebens in die Welt brachte. Die weiblichen Heiligen der Kirche waren jene, die ein »reines« Leben führten und taten, wie Gott ihnen geheißen hatte, während jene Frauen, die auf ihre Sexualität und wahre Natur hörten, der ewigen Verdammnis anheimfielen. Die sich mit diesen Bildern assoziierende Lehre ist die der Unterjochung der weiblichen Natur durch den Mann oder Gott.

Die Gestalt der Jungfrau Maria gewann im Christentum allmählich an Bedeutung und übernahm viele Glaubensvorstellungen und Titel, die den früheren Göttinnen angehörten. Maria konnte jedoch nicht alle Aspekte des Weiblichen auf sich vereinen. Als Jungfrau Maria war sie ein Symbol für Reinheit; sie wurde als eine *Frau* dargestellt, die vor, während und nach der Geburt ihres Kindes *physisch* gesehen eine Jungfrau war und blieb. Angesichts der alten zugrundeliegenden Überzeugung, daß der erste sexuelle Akt, ob nun mit einem Mann oder einer Schlange, die Menstruation mit sich brachte, konnte sie nicht etwa als eine menstruierende Frau betrachtet werden. Sie ist jenseits der Existenz aller anderen Frauen angesiedelt, sie existiert in einem Zustand, dem niemand von uns nacheifern kann, sie ist eine Frau, die in ihrer Rolle den Naturgesetzen trotzt und in dieser Hinsicht wirklich unerreichbar ist, ganz im Gegensatz zu den früheren Göttinnengestalten, die Natur *waren* und von daher für alle Frauen erreichbar.

Das moderne Frauenbild wurde von der christlichen Doktrin und den Erwartungen der Männer beeinflußt. Wir finden es in der Werbung, in den Zeitungen und Magazinen, im Fernsehen, in Filmen und Büchern. Obgleich sich die Sicht von der Frau allmählich etwas verändert, bleibt ihr Rollenbild nach wie vor Einschränkungen und der Dirigierung unterworfen. Noch immer gibt es die sexuelle und begehrenswerte, eben aus diesem Grund nicht »respektable« Frau, oder die respektable und nicht-sexuelle Frau. Alte Frauen betrachtet man häufig als weder sexuelle noch begehrenswerte Wesen mit wenig Verstand oder gesellschaftlichem Wert. Dann gibt es da noch das Porträt der Hausfrau, die gemessen an den Männern eine zweitrangige Rolle spielt, und das der unabhängigen, verschlagenen, scharfzüngigen Xanthippe. Frauen, die Karriere gemacht haben, gelten als egoistisch, zielbewußt und aggressiv, und die, die in einem männlich dominierten Bereich erfolgreich sind, betrachtet man oft als unweiblich und sexuell weniger anziehend.

Das augenfälligste Zeichen, daß sich hier doch einiges ändert, findet man in den Rollen und Charakteren der sich explizit an Frauen richtenden Werbespots. Doch diesen Gestalten fehlt die Vollständigkeit und innere Erfahrung, die echte archetypische Bilder und Gestalten ausstrahlen. Wir benötigen heutzutage eine

Wiedereinführung von Archetypen, die all die unterschiedlichen und komplementären Aspekte der weiblichen Natur aufweisen, um unser Wesen verstehen zu können und zu wissen, wie wir damit in der modernen Welt harmonisch leben können. Ohne diese Archetypen müssen sich die Frauen von heute ohne angemessene Unterrichtung und Anleitung abquälen, um zu irgendeinem Verständnis und einer Akzeptanz ihrer Wesensnatur zu gelangen. Die menstruelle Frau ist von ihrer Natur her zyklisch, soll aber von den an sie gestellten Erwartungen her konstant und linear leben. Sie fühlt sich als Teil ihrer Umwelt, doch man sagt ihr, daß sie sich als getrenntes Einzelwesen zu verstehen hätte; sie fühlt sich in ihrer Erotik kreativ und spirituell, doch man sagt ihr, daß dies Pornographie oder Sünde sei; sie fühlt in sich die Zyklen des Lebens, doch man sagt ihr, daß es keinen Zyklus gäbe. So überrascht es kaum, daß wir Probleme mit der modernen Gesellschaft haben und nach einer Neudefinition unserer Rolle und Erwartungen streben.

Wiedereinführung der fehlenden weiblichen Archetypen

Wir können heute weibliche Vorbilder aus anderen Kulturen heranziehen, um die in unserer Gesellschaft fehlenden Aspekte des Weiblichen in uns zu erwecken. Archetypen und Bilder des göttlichen weiblichen Prinzips lassen sich in der Mythologie, in den Volksmärchen und Legenden finden. Zwar reflektieren diese Geschichten die jeweilige Gesellschaft, der sie entstammen, aber die Anleitung, die sie geben, gründet sich auf ein grundlegendes Verständnis des Weiblichen, mag es auch durch all die Jahre hinweg etwas verzerrt worden sein. Viele der in der Mythologie und im Volksgut auftretenden Göttinnen und Frauengestalten können als Archetypus der verschiedenen Phasen in die Mond-Chronik eingebaut werden. Manche von ihnen, die einst für die Gesamtheit des Zyklus standen, sind auch mehreren Phasen zuzuordnen.

In Abbildung 9 finden Sie einige der Göttinnen und legendären Frauengestalten an entsprechender Stelle aufgeführt sowie einige Assoziationen, die sich mit den verschiedenen Phasen verbinden. Vielleicht möchten Sie sie mit den Assoziationen vergleichen, die

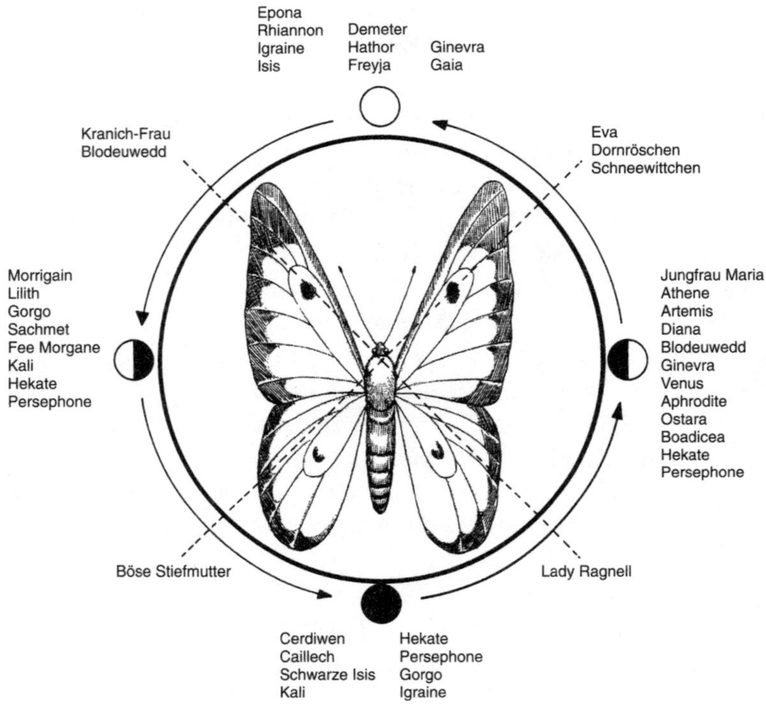

Abbildung 9. Archetypen der Mond-Chronik

Sie für Ihren eigenen Zyklus in Kapitel 4 entwickelt haben. Und vielleicht möchten Sie noch einige Göttinnen, Frauengestalten oder Assoziationen aus Ihrer eigenen Tradition oder Forschungsarbeit hinzufügen oder einige der zugeordneten Positionen verändern.

Den Übergangslinien zu den einzelnen Phasen wurden Frauengestalten aus Volksmärchen und Legenden zugeordnet, die in den vorangegangenen Kapiteln bereits erwähnt wurden. Sie dienen hier nur als Beispiel für andere Gestalten, die ebenfalls diese Position einnehmen könnten.

Obwohl diese Bilder und Symbole aus der Vergangenheit uns helfen können, uns unsere eigene wahre Natur bewußt zu machen, müssen wir doch unbedingt eine Adaption vornehmen, damit sie auch Bedeutung für unser Leben in einer modernen Welt erlangen können, oder wir müssen unsere eigenen, auf unsere Erfahrung und weibliche Perspektive von der heutigen Welt gegründeten Geschichten und Archetypen erschaffen. Der Mangel an einer strukturierten Tradition ist nicht unbedingt schlecht, da er bedeutet, daß wir nun unsere eigenen Konzeptionen entwickeln und zu innovativen, neuen, persönlichen und sich ständig verändernden Ausdrucksformen des Verstehens gelangen müssen.

Sie können Bilder und Archetypen entwickeln, die auf Ihrem eigenen Bewußtsein und den persönlichen Erfahrungen Ihres Zyklus basieren, oder sie der Grundlage von Volksmärchen, Legenden oder Kindergeschichten entnehmen und sie dann anderen Frauen zeigen. Diese Archetypen brauchen nicht unbedingt die Gestalt einer Frau anzunehmen; sie können zum Beispiel auch durch den Mond, durch Tiere oder Symbole dargestellt werden.

Setzen Sie Ihre handwerklichen Fähigkeiten ein, malen, zeichnen, bildhauern, schreiben, musizieren, tanzen Sie, bedienen Sie sich des Rituals und des Theaters, um Ihren Archetypen Form zu geben, Ihr Verständnis anderen nahezubringen und ein Bewußtsein in anderen zu wecken. Feiern Sie die Jahresfeste, die Ihre Verbindung dazu festigen, und beziehen Sie Ihre Familie, Kinder, Freundinnen und Freunde mit ein.

Bilden Sie eine Frauengruppe, teilen Sie und sprechen Sie miteinander über Ihre Erfahrungen. Bringen Sie Kunst in die dramatische Darstellung, Musik ins Geschichtenerzählen, Tanz in die Dichtung, und sorgen Sie dafür, daß Frauen, die vorher noch nichts ausprobiert haben, von Frauen lernen können, die es schon getan haben. Sammeln Sie in der Gruppe Bilder, Geschichten, Musikstücke und Gegenstände, die Ihre Erfahrungen zum Ausdruck bringen, damit sie zum Lehrmaterial für Ihre Kinder und Enkelkinder werden können. Erschaffen Sie Musik aus den Klängen und Rhythmen Ihrer Körper, verstärken Sie das Band zwischen allen Frauen im Muster des Frauseins. Kochen Sie zusammen eine Mahlzeit, drücken Sie darin den Archetypus des nährenden und erhaltenden Weiblichen aus; spinnen, weben, stricken oder nähen Sie gemeinsam, um dem Archetypus der Spinnerin des Lebens und der Schöpfung Ausdruck zu verleihen.

Anleitung und Belehrung Ihrer Kinder

In der Vergangenheit war es die Mutter, die die familiären und blutsverwandtschaftlichen Traditionen bewahrte und an ihre Kinder weitergab. Sie lehrte die Kinder die Gesellschaftsstruktur, in die sie hineingeboren waren, und die Rolle, die sie darin spielten. Mit Geschichten und symbolischen Ritualen leitete sie die sich entwickelnde Persönlichkeit ihres Kindes in ihrem intellektuellen, emotionalen, sexuellen, kreativen und spirituellen Wachstum an.

Diese Rolle als Lehrerin und Führungsperson wurde den Frauen von heute weitgehend genommen und der Gesellschaft selbst übertragen. Die Kinder werden dem Umfeld der Mutter entzogen und einem festen und durchstrukturierten Lehrplan unterworfen, was bedeutet, daß das Kind in seiner Entwicklung von einer männlich orientierten Gesellschaft geformt wird. Und selbst zu Hause nimmt die Gesellschaft auf das Lernprogramm der Kinder über das Fernsehen, Video, über Bücher und elektronische Spiele umfassenden Einfluß.

Der menstruelle Zyklus und seine Bedeutung sind in der westlichen Welt der letzte der Mutter verbliebene, noch nicht von der Gesellschaft vereinnahmte Bereich, in dem sie ihr Wissen an ihre Kinder weitergeben kann. Abgesehen von seiner physischen Manifestierung ignoriert die Gesellschaft das Thema des menstruellen Zyklus und bietet den Kindern deshalb auch keine Anleitung für die damit zusammenhängenden Erfahrungen an. Viele Frauen sind inzwischen so konditioniert, daß sie hier ihren eigenen Töchtern gar keine Anleitung geben können und die Aufklärung allein dem Biologieunterricht überlassen. Die Gründe dafür mögen darin liegen, daß die Mutter selbst nicht sehr viel über ihren eigenen Zyklus weiß, daß ihre eigene erste Menstruation eine traumatische Erfahrung war oder daß sie kein Rollenvorbild hat, an dem sie sich für die Anleitung und Unterrichtung ihrer Tochter orientieren kann.

Im Biologieunterricht wird den persönlichen Erfahrungen, die sich mit dem menstruellen Zyklus verbinden, keinerlei Aufmerksamkeit geschenkt. Gefühle und Emotionen, die sich damit verknüpfen, kommen nicht vor, und deshalb ist es äußerst wichtig, daß die Mütter ihre eigenen diesbezüglichen Erfahrungen und Gefühle an ihre Kinder weitergeben. Und nicht nur Mädchen müssen über die Bedeutung und Ausdrucksformen des menstruellen Zyklus aufgeklärt werden, sondern auch die Jungen, damit sie lernen, Frauen in ihrer Natur und ihren Fähigkeiten zu respektieren.

Mutter und Großmutter müssen das Mädchen auf ihre künftigen Monatsblutungen vorbereiten, indem sie ihm die Sprache, Geschichten und Bilder übermitteln, die eine Kommunikation und ein Verständnis von den mit dem menstruellen Zyklus einhergehenden Erfahrungen ermöglichen. Die Mutter kann ihre eigenen Erfahrungen und Einsichten an ihr Kind weitergeben, während sie ihren eigenen monatlichen Zyklus durchläuft; die Großmutter, die dann bereits in den Wechseljahren ist oder sie schon hinter sich hat, kann ihm eine Perspektive vermitteln, die über den Zyklus hinausreicht.

Es genügt allerdings nicht, wenn die Mutter nur ihre eigenen Erfahrungen an ihr Kind weitergibt, sie muß auch einen übergreifenden Verständniskontext herstellen. Die Stimmungsumschwünge und Verhaltenssprünge der menstruellen Frau können ein Kind verschrecken, wenn ihm nicht ein stabilisierendes Konzept in einer ihm leicht verständlichen Sprache und Bildhaftigkeit an die Hand gegeben wird. Zum Beispiel läßt sich die Liebe der Mutter zu ihrem Kind ganz einfach im Bild des Mondes verständlich machen. Der Mond ist immer der Mond, gleich ob er als Sichel oder als Vollmond in Erscheinung tritt oder ganz unsichtbar ist, und so bleibt auch die Mutter, gleich in welchem Aspekt sie sich gerade befindet, stets die *liebende Mutter* des Kindes.

Am leichtesten können dem Kind die mit dem menstruellen Zyklus verbundenen Gedanken und Erfahrungen über das Geschichtenerzählen vermittelt werden. Viele Geschichten aus unterschiedlichen Traditionen und Kulturen beinhalten eine bildhafte und symbolische Darstellung des menstruellen Zyklus in ihrer Schilderung von Frauengestalten, Göttinnen und Feenköniginnen und ihrem Umgang miteinander und mit dem Land und dem Mond, Bilder und Gestalten, die Sie benutzen können, um sich selbst zu beschreiben. Sagen Sie Ihrem Kind, daß Sie sich wie eine Zauberin fühlen (das übliche Attribut »böse« streichen Sie) oder wie das junge Schneewittchen. Machen Sie ihm die Rolle der jeweiligen Charaktere verständlich, vielleicht indem Sie sie ihm vorspielen. Im Falle Schneewittchens half die Zauberin/Stiefmutter

Schneewittchen beim Erwachsenwerden. Bei der Geschichte von »Lady Ragnell« können Sie erklären, daß Sie sich manchmal selber so wie dieses alte Weib fühlen, aber daß Sie sich dann wieder in eine junge Frau verwandeln.

Ihre eigenen Phasen können Sie auch durch eine Beschreibung der Jahreszeiten oder Mondtiere verständlich machen. Sie können schildern, daß Sie sich wie der Sommer fühlen, hell und warm und glücklich, oder wie eine Eule, dunkel und still und schön. Wenn Sie Geschichten erzählen, haben Sie Bilder zur Verfügung, auf die Sie sich selbst beziehen können und mit denen sich auch Ihr Kind identifizieren kann. Es ist jedoch wichtig, daß Ihr Kind begreift, daß, ganz gleich mit welchem Tier, mit welcher Jahreszeit oder mit welcher Gestalt Sie sich gerade vergleichen, Ihre Liebe zu Ihrem Kind unveränderlich bleibt.

Vielleicht wollen Sie Ihr Kind auch in Ihre diesbezüglichen persönlichen kreativen Aktivitäten einbeziehen. Kochen, tanzen, musizieren und malen Sie zusammen, fabrizieren Sie gemeinsam Landschaftsbilder. Lassen Sie Ihr Kind an Ihren symbolischen Handlungen teilhaben, erklären Sie ihm ihre Bedeutung. Lassen Sie, wenn möglich, zudem andere Frauen mit Ihrem Kind Kontakt haben und sie ihm ihre Geschichten und Ausdrucksformen übermitteln. Das können Großmütter, Tanten, Schwestern oder enge Freundinnen sein, die alle ihrem Kind eine andere Sicht vom menstruellen Zyklus anzubieten haben und ihm zudem die Erkenntnis vermitteln, daß sich auch andere Frauen verändern und wandeln.

Lassen sie sich, wenn Sie Ihre eigene Person und Ihre Erfahrungen als Grundlage der Belehrung Ihrer Kinder nehmen, von deren Fragen führen, um herauszufinden, wieviel sie wissen wollen oder bereit sind aufzunehmen. Wenn Ihre Töchter dann älter werden, werden Sie vielleicht mehr auf die Einzelheiten eingehen wollen. Die Geschichte »Die Erweckung« kann hier von Nutzen sein, falls Sie sich die Erfindung einer eigenen Geschichte nicht so ganz zutrauen, wobei Sie Sprache und Bilder an die Verständnisebene Ihrer Tochter anpassen. Übermitteln Sie Ihrem Kind Ihre eigenen archetypischen Bilder, und erklären Sie deren Bedeutung.

Wenn Sie Ihren Töchtern und Söhnen Ihren eigenen menstruellen Zyklus erklären und sie auch über den künftigen Zyklus der Tochter aufklären, kann das Ereignis der ersten Menstruationsblutung zu etwas werden, an dem die ganze Familie teilhat, und das Ganze wird keine Ängste oder Verlegenheitsgefühle auslösen.

Initiationsriten

Initiationsriten gehören zu den ältesten Formen, durch die die Menschen mit Ideen und Erfahrungen vertraut gemacht, in sie eingeführt wurden. Diese symbolischen oder rituellen Ereignisse kennzeichneten den Übertritt von einer Lebensphase in eine neue Bewußtseins- und Wahrnehmungsphase. Oft markierten sie auch einen veränderten Status innerhalb der Gemeinschaft, wie zum Beispiel bei der Pubertät, der Eheschließung, der Weihung zum Priester oder zur Priesterin, der Erhebung zum König, und gewöhnlich bedeuteten sie für die betreffende Person auch eine Veränderung im Bereich der legalen oder gesellschaftlichen Restriktionen und Verpflichtungen.

In der westlichen Welt wurde die Konzeption von Initiationsriten allmählich ausgehöhlt, vor allem was die Pubertät angeht. Ein fernes Echo des Ursprungsgedankens findet sich bei uns noch im Erreichen des »Mündigkeitsalters«, mit dem bestimmte legale Rechte und Verpflichtungen einhergehen, doch selbst dieser Markstein hat an Status verloren, weil sowohl hinsichtlich des Alters als auch der Aufhebung gewisser Restriktionen sehr unterschiedliche Regelungen gelten. Ohne einen Initiationsritus hat das Kind oder die und der Jugendliche von heute keinen bestimmten Zeitpunkt, ab dem sie zu jungen Erwachsenen werden, sondern wechseln zwischen Kind- und Erwachsenenstatus hin und her, ohne zu wissen, was Eltern, Gesellschaft und Gesetzgebung nun eigentlich von ihnen erwarten.

Der Initiationsritus für ein Mädchen muß nicht nur den Wechsel von der Kindheit zum Beginn des Erwachsenendaseins, sondern auch den Beginn des Frauseins kennzeichnen. Der physische Akt der ersten Blutung ist der natürliche Initiationsritus des Mädchens, den man vor erst relativ kurzer Zeit zu ignorieren begonnen hat. Mit diesem einen Ereignis verändert sich das Leben des Mädchens von seiner linearen Natur der Kindheit zur zyklischen Natur des Frauseins. Ein symbolischer Akt beim Einsetzen der ersten Blutung bedeutet eine Anerkennung, Betonung und ein Akzeptieren dieses Wechsels, der sich im Kind ereignet hat, und bezeichnet für das Kind selbst den Beginn einer Zeit, in der es im Prozeß seines Heranwachsens aus seinen eigenen Erfahrungen lernt.

Diese Veränderung im Mädchen kann nicht nur auf intellektuelle Weise angezeigt werden; es muß auch *fühlen*, daß es in die frühe Phase des Frauseins eingetreten ist. Dieses Gefühl kann durch einen symbolischen Initiationsritus hervorgerufen werden, muß aber später durch die Reaktionen und Erwartungen der Eltern und anderer Familienmitglieder bestätigt und bekräftigt werden. Das Mädchen muß sowohl etwas über die Verantwortlichkeiten und Fähigkeiten, die es für ein Erwachsenenleben braucht, lernen wie auch über seine eigene weibliche Natur. In der Vergangenheit diente die Abgeschiedenheit, in der das Mädchen nach seiner ersten Blutung bis zur Reife lebte, dem Zweck, es über alle Aspekte des Frauseins zu unterrichten; es die Akzeptanz und den Gebrauch der mit den verschiedenen Phasen verbundenen Fähigkeiten und Energien sowie die weltlicheren und praktischen Fertigkeiten einer Ehefrau und Mutter zu lehren.

Das Initiationsritual der ersten Blutung

Die weibliche Natur drückt sich durch die Gefühle einer Frau aus, weshalb sich der symbolische Akt der Einführung ins Frausein für die Tochter richtig anfühlen und ihre emotionalen, intuitiven und inspirativen Bedürfnisse widerspiegeln muß. Die weibliche Natur drückt sich durch den Körper, seine Empfindungen, seine Interaktion mit der Umwelt aus, weshalb das Ritual an einem Ort stattfinden sollte, der die richtige Atmosphäre für die Tochter bietet.

Denken Sie über eine Umgebung für das Ritual Ihrer Tochter nach, und fragen Sie sich, welche Farben, Musik, Gegenstände und Bewegungen ihr die größte Sicherheit und Bestätigung vermitteln würden. Welche Emotionen soll sie Ihrem Wunsch nach empfinden, und was könnten diese in ihr wecken? Würde sie lieber im Freien sein oder im Haus bleiben? Ist sie schüchtern, und würde sie daher besser auf ein Ritual reagieren, an dem nur Sie beide teilnehmen? Ist sie sehr phantasiebegabt, oder braucht sie Gegenstände zur Unterstützung ihrer Imagination? Wieviel Vertrauen hat Ihre Tochter in ihren Körper? Wäre sie glücklicher, wenn sie dabei nackt oder kostümiert ist oder normale Kleider trägt, wenn sie ruhig bleibt oder tanzt? Braucht sie das Gefühl von Magie und Verzauberung, um inspiriert zu werden? Was für ein Interesse hat sie an den verschiedenen Aspekten des menstruellen Zyklus, und wie lange kann sie bei der Sache bleiben? Braucht sie als Beleg, daß das Ritual stattgefunden hat, noch einen anderen physischen Ausdruck als die Tatsache ihrer eigenen Blutung? Natürlich sollten Sie über all das mit Ihrer Tochter sprechen und ihre Wünsche herausfinden.

Das Ritual ist für Ihre Tochter gedacht und soll in ihr den Gedanken und die Erfahrung des Frauseins wecken, deshalb muß es auch auf ihre Person abgestimmt sein. Ihre erste Menstruation kann früher oder später als bei ihren Freundinnen einsetzen, seien Sie deshalb darauf vorbereitet, eventuelle Ängste, die daraus entstehen, auszuräumen. Legen Sie sich schon vorher im Geiste zurecht, was Sie tun wollen, damit Sie beim Einsetzen ihrer ersten Blutung das auch alles tun können. Es ist nicht unbedingt nötig, das Ritual bei der ersten Blutung durchzuführen, aber Sie sollten es doch nicht allzulange aufschieben, da es ja den Beginn ihrer Entwicklung zum Frausein kennzeichnen soll.

Es kann auch sein, daß Ihre Tochter bei ihrer ersten Blutung in physischer oder emotionaler Hinsicht einige Schwierigkeiten hat, seien Sie deshalb flexibel in Ihren Vorstellungen, um darauf entsprechend reagieren zu können. Ganz wichtig ist, daß Sie darüber nachdenken, wie Sie selbst auf ihre Blutung reagieren werden, denn das wird sich unausweichlich auf die Gefühle auswirken, die Ihre Tochter ihrer Blutung und ihren künftigen Blutungen und möglicherweise der Menstruation ihrer eigenen künftigen Töchter entgegenbringt.

Die Symbolik für das Ritual der ersten Blutung kann verschiedenen Quellen entnommen werden. Viele Geschichten, in denen sich Sinnbilder für das menstruelle Blut und vor allem das erste Blut finden, handeln von einem Mädchen, das sich aus der Welt zurückzieht, nachdem es mit einem Symbol des Lebens und der Menstruation in Berührung gekommen ist. In »Schneewittchen« liegt das Mädchen im todesähnlichen Schlaf, nachdem es die Frucht vom Baum des Lebens verspeist hat, und in »Dornröschen«

sinkt das Mädchen in Schlaf, nachdem durch die Berührung der Spindel des Lebens ihre erste Blutung eingesetzt hat.

Diese Vorstellung von einem Durchwandern der Dunkelheit und Erwachen zu neuem Leben entstammt dem lunaren Bereich und bildet das Kernstück des menstruellen Zyklus und seiner Initiationsriten. Wenn es erwacht, ist das Mädchen Frau geworden und besitzt nun alle Gaben des Frauseins. Zu der Begegnung, die den Fall in die Dunkelheit auslöst, gehört oft eine Frucht, die die menstruelle Frucht des Lebensbaums darstellt. Diese kann im Ritual, wie in »Schneewittchen«, durch einen roten Apfel symbolisiert werden oder durch einen Granatapfel, durch Oliven, Feigen oder die Beeren des Vogelbeerbaums. Diese Beeren sind nicht giftig, aber in rohem Zustand extrem bitter und können nur durch Kochen einigermaßen schmackhaft gemacht werden.

Tiergestalten wie das Einhorn oder der Schmetterling können ebenfalls beim Ritual Verwendung finden. Das Einhorn kann als Symbol für das Einsetzen der Menstruation stehen, und die lunaren Kräfte, die mit ihm assoziiert werden, sind den Mädchen von heute vertraut und für sie attraktiv. Das Auftreten des ersten Blutes zeigt dem Mädchen, daß es sein eigenes Einhorn eingefangen hat und daß sie nun für die Dauer ihres menstruellen Lebens miteinander verbunden sind. Beim Ritual kann die Geschichte von der Jagd nach dem Einhorn eingewoben und mit Sinnbildern aus anderen Geschichten von der Menstruation vermischt werden. Der Schmetterling ist ebenfalls ein Symbol des lunaren/menstruellen Zyklus, der als Sinnbild für den Wandel vom Kindsein zum Frausein stehen kann. Der sich mit der ersten Menstruation verbindende Rückzug kann durch das Raupenstadium im Leben eines Schmetterlings ausgedrückt werden.

Die Erzählung von den griechischen Göttinnen Persephone und Demeter ist eine der machtvollsten und komplexesten Geschichten, in denen sich Sinnbilder des ersten und menstruellen Blutes sowie auch andere Symboliken finden. Diese Geschichte zeigt nicht nur den Weg auf, den das Mädchen beim Einsetzen seiner ersten Blutung nimmt, sondern bietet auch der Mutter Anleitung für die Rolle, die sie bei diesem Ereignis spielt.

Die Geschichte von Persephone und Demeter beginnt damit, daß Demeter, die Göttin aller Früchte der Erde, mit ihrer Tochter in einem Land lebte, das keinen Winter kannte, und die beiden waren durch eine sehr enge und liebevolle Beziehung verbunden. Eines Tages pflückte Kore, wie Persephone damals noch hieß, Blumen auf einer Wiese und fühlte sich unwiderstehlich von einer magischen Narzisse angezogen, die von großer Schönheit war und die Luft mit einem wundersamen Duft erfüllte. Als Kore diese Pflanze berührte, tat sich die Erde auf, und sie wurde vom Herrscher der Unterwelt in das Dunkel der Erde entführt und gezwungen, seine Frau zu werden.

Als Hekate Demeter die Nachricht von der Entführung ihrer Tochter überbrachte, entzog diese in ihrer Trauer und in ihrem Schmerz dem Land alle Fruchtbarkeit, so daß es in einem Zustand ewigen Winters und der Unfruchtbarkeit verharrte, und Demeter selbst wurde zu einer alten Frau. Von Demeters Flehen angerührt, befahl Zeus schließlich dem Herrscher der Unterwelt, Persephone, wie sie nun hieß, freizugeben, worin er auch einwilligte. Obwohl sich Persephone geweigert hatte, irgend etwas in der Unterwelt zu sich oder an sich zu nehmen, wurde sie doch schließlich dazu verführt, eine Handvoll Granatapfelkerne zu verspeisen.

Persephone und Demeter waren über ihre Wiedervereinigung überglücklich, aber als Demeter hörte, daß ihre Tochter die Granatapfelkerne gegessen hatte, war ihr klar, daß Persephone immer noch zu einem Teil dem Herrscher der Unterwelt angehörte. Ein Kompromiß wurde gefunden, wonach Demeter Persephone erlaubte, für einen Teil des Jahres in die Unterwelt zurückzukehren, sie aber den Rest des Jahres bei ihr in der Oberwelt verbringen würde.

Die Geschichte von Persephone und Demeter kann auf vielerlei Weise interpretiert werden, aber das Kernstück der Geschichte, nämlich die Vorstellung von einem sich wiederholenden Zyklus, findet sich in allen Ausdeutungen. Auf das Land bezogen, war Demeter die Göttin der Früchte der Erde, vor allem des Getreides, und ihre Tochter stand für die Lebenskraft der Erde und den Getreidesamen. In Persephones Abstieg in die Unterwelt finden wir den Widerhall der sich von der Erde zurückziehenden schöpferischen Energien, die das Land, ihre Mutter, als alte Frau in einem unfruchtbaren Winter zurücklassen. Der folgende Aufstieg brachte in Form des Frühlings das erneuerte Leben auf die Erde zurück und machte Persephones Mutter wieder jung. Persephone wurde in Gestalt des Getreidesamens während des Winters in der Unterwelt des Todes begraben, um im Frühling zu neuem Leben zu erwachen. Sie symbolisierte den Tod und die Wiedergeburt des Geistes.

Diese Geschichte enthält, wie gesagt, auch eine starke Symbolik hinsichtlich des menstruellen und ersten Blutes. Persephone als Kore ist das jungfräuliche Mädchen, das dazu gezwungen wird, sich aus der Alltagswelt in die Dunkelheit der Unterwelt zurückzuziehen. Der Herrscher der Unterwelt macht sie zu seiner Frau, führt sie zu ihrer ersten sexuellen Erfahrung und bringt sie dazu, die Frucht vom Baum des Lebens zu essen. In dieser Geschichte ist die Rolle des Herrschers der Unterwelt austauschbar mit der Rolle der Schlange in anderen Geschichten. Die Schlange galt als ein Geschöpf der Unterwelt, das den Baum des Lebens und seine Früchte der Menstruation bewachte.

Als Persephone zu Demeter zurückkehrte, wurde dieser klar, daß ihre Tochter, weil sie die menstruelle Frucht gegessen hatte, nun nicht mehr allein ihr gehörte, sondern auch der Dunkelheit der Unterwelt. Demeter akzeptiert schließlich dieses zyklische Muster und die dualistische Natur ihrer Tochter und läßt ihren periodischen Abstieg in die Dunkelheit der Menstruation zu. Nur durch ihren Abstieg kann Persephone eine Frau und Mutter werden. In manchen anderen Geschichten von Persephone kehrt diese mit einem Kind in die Welt zurück, die Folge ihrer Vereinigung mit dem Herrscher der Unterwelt.

Der Weg, der Persephone zu ihrer ersten Blutung führt, ist unvermeidlich und zerreißt das enge Band zwischen Mutter und Kind. Persephone kann, nachdem sie die Frucht der Menstruation gegessen hat, nie wieder ein Kind sein. Dieser Bruch verursacht Demeter große Qualen, und sie betrauert den Verlust ihres Kindes. Doch sie erkennt und akzeptiert auch schließlich, daß sie zwar diese ursprüngliche Verbindung zwischen Mutter und Kind verloren, dafür aber die Verbindung des Frauseins mit ihrer Tochter gewonnen hat. Diese Verbindung drückt sich in Demeters Menstruation aus, symbolisiert im Rückzug ihrer Fruchtbarkeit aus dem Land und in ihrer Gestalt als alte Frau, die sie annimmt, wenn ihre Tochter den Abstieg in ihre eigene Menstruation vollzieht.

Durch ihren wiederholten Abstieg in die Unterwelt wird Persephone in die Lage versetzt, die schöpferischen Gaben des Frauseins in die Welt zu entlassen. Als eine Frau steigt Persephone jeden Monat in die Unterwelt der Menstruation hinab, empfindet ein Gefühl des Verlusts, wird, wie Demeter, zu einer unfruchtbaren alten Frau im Winter ihres Zyklus. In der Unterwelt erneuert und verjüngt sie sich wieder, wendet ihre Energien nach außen und erweckt aufs neue ihre Fruchtbarkeit und ihre dynamischen Energien. Die menstruierende Frau ist Persephone und Demeter zugleich; Demeter ist ihr Körper und Persephone ihr Bewußtsein und ihre kreative Energie.

Persephone kann auch für die lunare Vorstellung von dem alten inhärenten neuen Leben stehen. Persephone ist als Kind Demeters physisch ein Teil von Demeter. Sie ist der Neumond, dessen Licht im Zunehmen begriffen ist, während Demeter der Vollmond ist, der sich auf die Dunkelheit zubewegt. Persephone ist Demeters Vergangenheit und Zukunft, und Demeter ist Persephones Zukunft und Vergangenheit. Ein endloser Zyklus, und die Göttinnen stellen nur verschiedene Aspekte dieses Zyklus oder ein und derselben Göttin dar.

Obgleich dies eine für das Verständnis eines Kindes sehr komplexe Symbolik ist, kann sie doch in einem Ritual so Verwendung finden, daß das Kind sich mit dem Rückzug und der Wiederkehr von Persephone identifizieren, dies nachempfinden kann. Mit der zunehmenden Reife des Kindes kann die Symbolik allmählich eingehender erklärt werden. Einiges an dieser Geschichte muß wohl an die Verständnisebene Ihrer Tochter angepaßt werden, damit sie keinen Schrecken bekommt. Vor allem die Entführungsszene kann zu einer Geschichte umgestaltet werden, in der Persephone unwiderstehlich von der Stimme des Herrschers der Unterwelt angezogen wird.

Die Geschichte von Persephone und Demeter geleitet die Mutter durch ihre Identifizierung mit Demeter. Die Mutter muß den Verlust ihrer Tochter und die daraus resultierende Trauer wirklich fühlen, um die Veränderung, die in ihrem Kind stattgefunden hat, akzeptieren zu können. Nicht nur muß sie selbst diesen Wandel akzeptieren, sondern auch das Mädchen muß ganz klar sehen, daß sie ihn akzeptiert und daß ein neues Band zwischen ihr und ihrer

Tochter entsteht. Beim Initiationsritual des Mädchens muß das Kind *fühlen*, daß ein Wandel in ihm stattgefunden hat, aber auch die Mutter muß ihn unbedingt *fühlen*.

Wenn bei Ihrer Tochter die erste Blutung einsetzt, dann versuchen Sie doch, zusätzlich Zeit mit ihr zu verbringen, um so der besonderen Verbindung zwischen Ihnen und ihr Ausdruck zu verleihen, und sehen Sie das auch als Gelegenheit, sie zu unterrichten und sie Fragen stellen zu lassen. Vor allem bietet das Ihnen die Möglichkeit, ihr Ihre Liebe zu zeigen und ihr Unterstützung und Bestätigung zukommen zu lassen. Versuchen Sie, den ganzen Tag des Initiationsritus zu einem ganz besonderen Tag zu machen; versuchen Sie, etwas gemeinsam zu unternehmen, etwas, das normalerweise als Sonderbehandlung und Geschenk betrachtet wird, und machen Sie auch ein Familienereignis daraus, wenn Sie es für richtig halten.

Die Sinnbilder und Symbolik, die Sie für den Initiationsritus Ihrer Tochter verwenden, hängen von ihren Bedürfnissen und ihrem Bewußtsein sowie von Ihren eigenen Traditionen ab. Die folgenden Richtlinien können Ihnen aber vielleicht helfen, eine Struktur für das Ritual zu finden. Die Reihenfolge spielt hierbei keine Rolle.

1. Eine Art von Affirmation oder Bestätigung, in der sich die fortgesetzte Liebe und Unterstützung der Mutter für die Tochter ausdrücken.
2. Der symbolische Tod des Kindes und die Trauer der Mutter und die Erweckung der jungen Frau und die Freude der Mutter.
3. Ein Element der Belehrung, das folgendes beinhalten kann: die Bedeutung des Rituals und der verwendeten Symbole und Sinnbilder; die Geschenke und Gaben des Frauseins; die Dualität der weiblichen Natur; die Verbindung der Frau mit dem Mond und den Jahreszeiten; das Bedürfnis nach dem allmonatlichen Abstieg, um die schöpferischen Energien in die Welt bringen zu können; die Stärken und Schönheit, die mit dem Frausein einhergehen; und die Notwendigkeit, daß das Mädchen versucht, sich an seine Träume während der Zeit seiner ersten Blutung zu erinnern.

4. Das Willkommenheißen der Tochter in die Schwesternschaft aller Frauen und des Mondes.

Sie möchten vielleicht auch andere Frauen in das Ritual für Ihre Tochter einbeziehen und weibliche Verwandte und Freundinnen dazu einladen, aber achten Sie darauf, wie sich Ihre Tochter in einer Gruppe fühlt. Vielleicht wollen Sie auch eine Reihe von Frauen auswählen, die Ihre Tochter in ihrem Verständnis von ihrem Zyklus und ihren Energien aktiv unterrichten und anleiten. Diese Frauen könnten als »Feenpatinnen« oder »Mondmütter« betrachtet werden, die Initiation und Wandel in das Leben des Mädchens einführen, es den Wert seiner Menstruation als ein Geschenk lehren, das sich keinesfalls mit Scham, Haß oder Schuldgefühlen verbinden sollte. Das Ritual könnte mit der Überreichung eines physischen Symbols für den Wandel zur Frau enden. Sie könnten das Haar Ihrer Tochter mit roten Bändern zusammenbinden, was die Verknüpfungen und Verwebungen des menstruellen Zyklus und der kreativen Energien anzeigt, ihr einen einfachen Gürtel schenken, den Sie aus Ihren eigenen Fäden gewoben haben, oder ihr das Bild eines Einhorns, eines Schmetterlings, eines Mondes, eines Apfels geben oder irgendein Symbol, das für Sie und Ihre Tochter eine Bedeutung hat. Nach dem Ritual sollten Sie irgendwie feiern, vielleicht bei einem Mahl mit der ganzen Familie. Der Übergang ins Frausein ist ein Anlaß zum Feiern, nicht nur für Ihre Tochter, sondern auch für Sie, für den Vater des Kindes und für andere Familienmitglieder.

DIE MENSTRUELLE TOCHTER

Nach der ersten Blutung beginnt der Anleitungsprozeß für Ihre Tochter, um ihr Wissen und Verständnis von ihrem eigenen Zyklus zu erweitern und zu vertiefen. Ermuntern Sie sie dazu, ihre Gefühle und Träume aufzuschreiben, und helfen Sie ihr dabei, menstruelle Sinnbilder oder Mondtiere, denen sie begegnet, zu deuten. Bauen Sie allmählich diese Aufzeichnungen zu ihrer ersten Mond-Chronik zusammen. Machen Sie sich jedoch auch selbst Aufzeichnungen von den Phasen Ihrer Tochter, ihren Stimmungen und Ausdrucksformen, und benutzen Sie diese Protokolle zusammen mit ihrer Mond-Chronik als Grundlage, um sie in ihrem Verständnis anzuleiten und ihr zu helfen, mit den Forderungen des Lebens und ihrer weiblichen Natur zurechtzukommen. Sie werden ihr beistehen müssen, bis sie selbst ein Bewußtsein von ihrem Zyklus erlangt und Ventile zur kontrollierten Freisetzung ihrer Energien gefunden hat.

Zeigen Sie Ihrer Tochter Ihre eigenen Mond-Chroniken, sofern Sie dies nicht bereits getan haben, lassen Sie sie sehen, wie Sie Ihren eigenen Zyklus interpretieren und zum Ausdruck bringen, vergleichen Sie ihn mit dem ihren. Helfen Sie ihr zu verstehen, wenn sie nicht mit den Forderungen ihrer weiblichen Natur, ihres Körpers und denen der Gesellschaft zurechtkommt, im Gegenzug wird sie Ihnen ihre Einsichten und ihr Verständnis vermitteln. Geben Sie ihr aber nicht das Gefühl, daß sie einem Ideal entsprechen muß, sondern machen Sie ihr vielmehr begreiflich, daß sie in unserer modernen, nicht gerade frauenorientierten Gesellschaft zwischen dem Wunsch, sowohl ihrer Natur wie auch der Gesellschaft treu zu sein, hin- und herschwanken wird. Lehren Sie sie, daß die Balance keine leichte Sache ist und daß sie sich keine Schuldgefühle aufbürden soll, wenn sie nicht immer dieses Gleichgewicht erreichen oder halten kann.

Helfen Sie Ihrer Tochter, ihr entsprechende Ventile und Ausdrucksmöglichkeiten für ihre Energien zu finden. Beteiligen Sie sie an Ihren eigenen Aktivitäten und Formen, aber erwarten Sie nicht, daß diese auch für sie passend sind. Leiten Sie sie an, Bilder und Symbole zu finden, die ihren Gefühlen Ausdruck verleihen können und mit denen sie sich identifizieren kann, und helfen Sie ihr, ihren Empfindungen über das Malen, Musizieren, die Mond-Chroniken, das Tanzen und handwerkliche Fertigkeiten Form zu geben. Lehren Sie sie, wenn sie einen Gürtel hat, diesen als physischen Ausdruck ihres Zyklus zu verwenden, und klären Sie sie über die Symbolik Ihres eigenen Gürtels auf.

Setzen Sie bei der Unterrichtung Ihrer Tochter weiterhin das Mittel des Geschichtenerzählens ein, aber zeigen Sie ihr auch allmählich, wie sie diese zur Visualisierung und Meditation verwenden kann. Vielleicht wollen Sie auf Grundlage der Visualisierungsübungen in diesem Buch Ihre eigenen Visualisierungen erfinden und erschaffen.

Lassen Sie sich von Ihrer Tochter führen, um zu erfahren, wieviel sie wissen will, wieviel sie von Ihnen und was sie allein lernen will. Ihre Tochter entwickelt sich weiter und reift heran, und Sie werden möglicherweise irgendwann feststellen, daß sich ihr physischer Zyklus, ihr Bewußtsein von ihren Phasen, ihre Interpretation und der Ausdruck ihres Zyklus gewaltig von Ihrer Sichtweise und Ihren Erfahrungen unterscheiden. Sie bringt vielleicht eine völlig neue Herangehensweise ein, die Sie bislang gar nicht wertgeschätzt haben oder Sie dazu anregt, Ihrem Zyklus auf ganz neue und aufregende Weise Ausdruck zu verleihen. Denken Sie daran, daß die Energien und Wahrnehmungsweise des Mädchens oder der jungen Frau, die Sie einst waren, noch immer einmal im Monat in Ihnen lebendig sind. Nutzen Sie diese Phase, um sich mit dem Stadium, das Ihre Tochter erlebt, zu identifizieren. Und während sich das Bewußtsein Ihrer Tochter von ihrem eigenen Zyklus erweitert, versteht sie vielleicht durch ihre Erfahrung mit ihrer eigenen Mutterphase auch Sie besser.

Das Wissen um die zyklische Natur der Frau muß geweckt werden, und wenn sich auch unter Umständen die Interpretationen mit den Generationen verändern, werden sich doch die weibliche Natur und die damit verbundenen Energien in ihrem Grundkern gleichbleiben. Das ist die »weibliche Tradition«, die Sie an Ihr Kind weitergeben: nicht die Sprache, nicht die Symbole oder Sinnbilder, sondern das Bewußtsein und die Erfahrung und der Ausdruck der zyklischen Natur durch die schöpferischen Energien.

Die Rolle der Weitergabe dieser Tradition kommt nicht nur Müttern zu, die Töchter haben. Alle Frauen bieten durch den Ausdruck und die Akzeptanz der Natur des menstruellen Zyklus und seiner Energien anderen Führung an. Eine Akzeptanz dessen, wie andere Frauen ihre Spiritualität, Sexualität und Kreativität zum Ausdruck bringen, bedeutet eine Anerkennung und Respektierung der Gaben des Frauseins unabhängig von Ausdrucksformen oder Interpretationen. Ihr Ausdruck in der Musik, im Theater, im Tanz, Geschichtenerzählen und so weiter trägt zu einer Sammlung von Bildern und Archetypen bei, die der Gesellschaft eine Perspektive von der umfassenden Natur des Weiblichen präsentiert. Die Macht der Archetypen und menstruellen Symbolik reicht tiefer als der Intellekt, und wenn diese erst einmal in der Gesellschaft geweckt sind, wird die Gesellschaft auch darauf reagieren. Alle Frauen, ob nun junge Mädchen, Mütter, Ehefrauen, Frauen in oder nach den Wechseljahren oder Großmütter, haben Teil an der Belehrung anderer Frauen über das Bewußtsein und Akzeptieren des Frauseins, eine Belehrung, die sich auf Frauen wie auch auf die Kinder und die Menschheit insgesamt erstreckt.

Ritual der Mutterschaft

Ein weiteres nicht mehr zelebriertes Initiationsritual ist das des Verlusts der Menstruation durch Schwangerschaft und der Erweckung zur Mutterschaft. Obgleich der Akt der Geburt den physischen Aspekt der Veränderung in der Frau konstituiert, haben Frauen oft das Gefühl, daß die Erfahrung der Kindsgeburt unter heutigen Umständen ihre inneren und emotionalen Bedürfnisse nicht befriedigt.

Mit der Empfängnis geht die schwangere Frau ihrer monatlichen zyklischen Natur verlustig, sie paßt sich progressiv den Veränderungen in ihrem Körper an, die zum Heranwachsen des Kindes in ihrem Bauch und schließlich seiner Geburt führen. Wie die Frau in der Menopause verläßt auch die schwangere Frau den Rhythmus des menstruellen Zyklus; aber während die Frau in der Menopause im dunklen Mond der inneren Phase verbleibt, verharrt die schwangere Frau in der äußeren Phase des Vollmondes. Sie birgt in ihrem Körper das neue Leben, das wächst wie das sich verstärkende Licht des zunehmenden Mondes. Ihre kreativen Energien nehmen Form in der äußeren Welt an, in der physischen Erschaffung ihres Kindes, in der emotionalen Verbindung zwischen ihr und dem wachsenden Kind, in der Schaffung einer elternschaftlichen Beziehung mit ihrem Partner und einer sicheren, gefahrlosen Umgebung, in die sie ihr Kind hineinbringen kann. Sie wird durch ihren Körper zu einer physischen Brücke zwischen beiden Welten, wird zu einer Schwelle, einer Öffnung zwischen dem Manifestierten und Unmanifestierten.

Im Volksgut und in den Legenden besteht die Rolle der Mutter oft in der Führung, Anleitung, Hingabe, im Mitgefühl, in der Liebe, Fürsorge und im Verständnis für ihr Kind, doch kann sie auch die Quelle der Geschichten selbst und als ein zur Veränderung der Ereignisse führender Katalysator auftreten. Oft sind es die Handlungen der Mutter, die Umstände ihres Mutterwerdens und ihr Tod, die die Heldin oder den Helden zu Herausforderungen und Begebenheiten in dieser Geschichte zwingen. Im Gegensatz zu den weichlichen, passiven Rollen, die heutzutage Muttergestalten zuweilen innehaben, war die Mutterrolle in der Vergangenheit im allgemeinen eine der Stärke, war sie diejenige, die zu Wachstum und erweitertem Bewußtsein zwang. Der Wandel von der Frau zur Mutter bringt eine tiefe innere, vormals nicht erlebte Stärke mit sich.

Die Geburt eines Kindes markiert in der Frau eine Wahrnehmungsveränderung in bezug auf das Leben. Ihre bisherige Konzentration auf die Wichtigkeit und Bedeutung der Freiheit des Individuums verlagert sich auf die Hingabe und Verantwortlichkeit einer Mutter, die nun ein Kind hat. Sie wird zu einer Person, die andere nährt und unterstützt, sie verkörpert die legendären Gestalten der Erdenmutter, den Heiligen Gral, die weiße Stute der Herrin des Landes und des Vollmondes. Wie viele alte Göttinnen trägt sie die Titel der Herrin des Lebens, der Göttin der Freude und Fülle, der Verleiherin der Königswürde, steht sie für den geöffneten Schoß, das Füllhorn. Unsere moderne Gesellschaft erkennt diese Sinnbilder und Assoziationen nicht an, ein Mangel, der durch die Wiedereinführung von an unsere Zeit angepaßten Initiationsriten in die Mutterschaft behoben werden muß.

Nach der Geburt kehrt die Frau auf physischer Ebene zu ihrem menstruellen Zyklus zurück, muß aber auch auf mentaler Ebene zu ihm zurückfinden. Wenn sie die Mutterphase nach der Geburt aufgibt, muß sie sich in ihre innere Dunkelheit zurückziehen, um sich erneuern und zu ihrer zyklischen Natur zurückkehren zu können. Dieser Rückzug kann sich in einer Depression äußern, falls sie nicht ihr Bedürfnis nach Erneuerung erkennt, die notwendig ist, um ihre Energien wieder in die äußere Welt einbringen zu können. Ein solcher Rückzug sollte nicht Schuldgefühle oder das Gefühl hervorrufen, eine schlechte Mutter zu sein, sondern als Quelle ihrer künftigen Energien akzeptiert werden. Ein Initiationsritual nach der Geburt könnte der Frau helfen, dies zu akzeptieren.

Das Initiationsritual in die Mutterschaft kann in zwei Abschnitte aufgeteilt werden, in einen vorangehenden symbolischen Akt, der sich mit der Schwangerschaft verbindet, und in einen Akt der Erweckung der Frau zur Mutterschaft nach der Geburt ihres Kindes. Der vorangehende Akt könnte Sinnbilder beinhalten, die sich mit dem Verlassen des menstruellen Rhythmus und seinem latenten Verbleiben in der Mutterphase während der Schwangerschaft assoziieren sowie mit der Identifizierung mit dem wachsenden Leben in ihr und dem Mond und dem Land. Das Hauptritual nach der Geburt des Kindes könnte die Erweckung der Frau zu ihrer Mutterrolle zum Inhalt haben, die Anerkennung und Begrüßung dieser neuen Lebensphase und der baldigen Rückkehr zu ihrer zyklischen Natur.

Diese beiden symbolischen Handlungen, die zusammen das Initiationsritual ausmachen, erweisen dem spirituellen Aspekt von Schwangerschaft und Kindsgeburt, der weder in der modernen orthodoxen Religion noch in den heutigen Geburtstechniken und -methoden vorkommt, Respekt und Ehre.

Das Ritual der Menopause

Initiationsrituale können auch zu anderen Zeiten im Leben einer Frau stattfinden; manche, wie zum Beispiel die Eheschließung, werden noch zelebriert, aber andere nicht, und sie hinterlassen in der Frau ein Bedürfnis, diesen Übergängen doch irgendwie Ausdruck zu verleihen. Die Menopause kennzeichnet ebenso wie die erste Blutung einen dramatischen Wechsel im physischen Ausdruck und in der mentalen Wahrnehmung des Frauseins und bedarf als solcher einer Form der Anerkennung.

Die Menopause wirkt sich auf Frauen auf ganz unterschiedliche Weise aus und kann damit beginnen, daß der regelmäßige menstruelle Zyklus zunehmend unregelmäßiger wird. Eine Frau, die sich ihrer Phasen während ihres menstruellen Lebens bewußt war, wird möglicherweise die Symptome und Bedeutung der Menopause bereitwilliger akzeptieren als eine, die keine Kenntnis von ihrer wahren Natur hat.

Für die bewußte Frau sind die unregelmäßigen Zyklen ein letztes Geschenk, das sie nutzen kann, bevor ihre Rhythmen, ihre zyklische Wahrnehmung und ihre zyklischen Energien schließlich ein Ende haben. Wie das Kind konzentriert die Frau nach dem Ende ihrer Wechseljahre ihre gesamten Energien in eine Richtung; aber im Gegensatz zu den nach außen gerichteten Energien des Kindes richtet sie nun ihre Energien nach innen. Wenn man die Energien des Kindes als linear und die der menstruellen Frau als zyklisch bezeichnen kann, so sind die Energien der Frau, die die Wechseljahre hinter sich hat, als ein Punkt oder eine Quelle zu betrachten.

Menstruelles Frausein besteht aus einer Reihe von Abstiegen zum Zeitpunkt der Menstruation in die innere Welt, um sich zu erneuern und die kreativen Energien wieder in die Welt einzubringen. Die Frau in den Wechseljahren steigt hinab in ihre innere Dunkelheit, kehrt aber oft nicht zu der durch die Blutung erneuerten jungen Phase zurück. Schließlich erlebt sie diese Transformationen überhaupt nicht mehr, sondern ruht in der innerweltlichen Phase. Im Gegensatz zur menstruellen Frau manifestieren sich ihre Energien nicht in der materiellen Welt, sondern bekommen eine Form in ihrer inneren Welt. Ihre Wahrnehmung vom Leben ist nicht länger zyklisch, sondern bildet eine Balance zwischen der inneren und der äußeren Welt.

Aus dieser Perspektive des ständigen Gewahrseins beider Welten ist die Frau, die ihre Wechseljahre hinter sich hat, von Natur aus eine Priesterin, Schamanin, eine Heilerin und Seherin. Sie hat ständigen Zugang zur inneren Welt und zu Dimensionen des Lebens, zu denen die menstruelle Frau nur einmal im Monat Zugang hat. Dies kennzeichnet ein Bewußtsein und eine tiefe Einsicht der älteren Frauen, die einst in vergangenen Kulturen allgemein Anerkennung fanden, in denen sie als die Beraterinnen, Führerinnen und Bewahrerinnen der Tradition und der Verbindung zwischen der Geisterwelt oder der Welt der Ahnen und der Gemeinschaft verehrt wurden.

In den Gralslegenden zieht sich die alternde Igraine, König Artus' Mutter, vom Hof in die Anderwelt zurück, um Herrscherin über das Schloß der Jungfrauen zu sein. Sie ist nicht länger am irdischen Hof aktiv, beeinflußt und leitet ihn aber von der Anderwelt aus, und sie wurde als die Bewahrerin der weiblichen Tradition und Weberin des Schicksals ihres Kindes betrachtet. Die Frau, die ihre Wechseljahre hinter sich gelassen hat, residiert in der inneren Welt, nimmt die äußere Welt wahr, interagiert mit ihr, dies alles aber aus einer innerweltlichen Perspektive heraus. Sie wird nicht als schwach, dem Verfall anheimgegeben und zerbrechlich, sondern als stark und mächtig geschildert.

Als Königin des Schlosses der Jungfrauen spiegelt Igraine symbolhaft die Lehrerinnenrolle wider, die Frauen nach ihrer Menopause gegenüber jüngeren Frauen, und besonders in bezug auf Mädchen, die gerade in die menstruelle Lebensphase eintreten, innehaben. Die ältere Frau repräsentiert in ihrer Person im Ritual der ersten Blutung die innere Dimension, die alle Phasen des menstruellen Zyklus durchzieht. Ihre Wahrnehmung ist nicht durch die Phasen des menstruellen Zyklus beschränkt; sie hat diese Grenzen transzendiert und ist doch in allen Phasen existent und verkörpert den Zyklus in seiner *Gesamtheit.* Als Frau, die die Menopause vollzogen hat, trägt sie die Erfahrung ihrer menstruellen Vergangenheit in sich und verfügt über die Fähigkeit, in Kontakt mit der Zukunft zu treten. Ihre Erfahrungen bringen eine Zuversicht in bezug auf den Tod und die zyklische Natur des Lebens mit sich, die sie weitergeben kann. Sie *ist* die Phase der Menstruation, und durch die Zurückhaltung ihrer menstruellen Energien und des Blutes *ist* sie das menstruelle Blut. In »Schneewittchen« und »Dornröschen« ist sie die alte Frau, die den Beginn der Menstruation bewirkt, weil sie in diesen Geschichten in ihrer Person das Vergießen des ersten Blutes und die Verwandlung repräsentiert.

Die Frau, die die Wechseljahre erlebt hat, kann dem Kind ihr Wissen und ihre Erfahrung von der inneren Welt anbieten, ihr Wissen von der göttlichen schöpferischen Quelle und der Spirale der Abstammung. Sie ist fähig, alle anderen zu lieben und für sie zu sorgen – über ihre Rolle als Nährende und Erhaltende hinaus als Initiatorin in spirituelles Bewußtsein. Sogar in unserer äußerst materiell gesinnten modernen Gesellschaft spiegelt sich diese innerweltliche und spirituelle Dimension in einer großen Anzahl von älteren Frauen, die religiöse und spirituelle Gruppen bilden. Für eine Frau, die ihre Wechseljahre hinter sich gelassen hat und eine aktive spirituelle Lehrerin, Führungsperson und Initiatorin ist, sind alle Frauen, die noch nicht in ihren Wechseljahren sind, Töchter, und alle Frauen, die in der gleichen Situation sind wie sie, Schwestern.

Das Initiationsritual der Menopause markiert die Akzeptanz des Todes der alten zyklischen Wahrnehmung der Frau und ihre Erweckung in der Innenwelt. Es kennzeichnet den endgültigen Abstieg der Frau in die Dunkelheit, wo sie zur Königin der Unterwelt wird, eine Seelenführerin und dunkle Mutter. Wie beim Ritual der ersten Blutung muß die Frau, die dieses Ritual vollzieht, anschließend das Gefühl haben, daß eine Veränderung in ihrem Bewußtsein und Leben stattgefunden hat, weshalb dieses Ritual auch auf die jeweilige Person zugeschnitten sein muß. Die folgenden Vorschläge mögen hier als eine Hilfe oder Grundlage zur Strukturierung eines solchen Rituals dienen.

1. Die Akzeptanz der Vergangenheit und die Trauer um das Vergangene.
2. Der endgültige Abstieg in die Dunkelheit und der Tod der alten Wahrnehmungsweise.
3. Die Erweckung zur Dunkelheit als Königin der Unterwelt oder dunklen Mutter.

Ob Sie nun beschließen, ein solches Ritual zu Beginn oder am Ende Ihrer Menopause durchzuführen, in jedem Fall können Sie die folgende Visualisierungsübung als Teil Ihres Rituals und im Sinne einer Hilfe benutzen, um den Wandel, den Sie erleben, akzeptieren und erkennen zu können.

Übung: Die Menopause-Visualisierung

Führen Sie diese Visualisierung in einem verdunkelten Raum durch. Beginnen Sie, indem Sie vor sich eine Kerze entzünden, und schließen Sie die Augen. Entspannen Sie sanft Ihren Körper, atmen Sie tief.

Stellen Sie sich vor, daß Sie auf einer Ebene stehen, wie in der Übung zur Gürtel-Visualisierung auf Seite 147 beschrieben. Sie beobachten, wie die Sichel des zunehmenden Mondes im Osten aufsteigt, wie der Mond zum Vollmond im Süden wird, wie er im Westen abnimmt, und wie er in der Dunkelheit des Nordens ruht. Beobachten Sie diesen Rhythmus ein paar Zyklen lang, fühlen Sie, wie der Rhythmus der Energien, die sich mit den verschiedenen Phasen verbinden, Ihren Körper und Geist überströmen. Lassen Sie zu, daß Ihr

Bewußtsein von diesen Energien dem Abstieg des abnehmenden Mondes in die Dunkelheit des dunklen Mondes folgt und in dieser Dunkelheit verharrt. Sehen Sie, wie die Sichel des zunehmenden Mondes aus Ihnen emporsteigt, sich erfüllt zum Vollmond und dann wieder zum abnehmenden Mond in Ihnen wird. Fühlen Sie, wie Ihre Dunkelheit jede lichte Phase umgibt, ihr Form verleiht. Sie sind nicht länger an den Zyklus gebunden, Sie *sind* der Zyklus.

Verbringen Sie Zeit in der Dunkelheit, beobachten Sie die Phasen des Mondes, bis Sie bereit sind, in die äußere Welt zurückzukehren. Öffnen Sie die Augen, blicken Sie auf die Kerze, fühlen Sie, daß Sie nun die Dunkelheit sind, die die Flamme umgibt und durch die sich ihr Licht manifestiert.

Wie eine Frau ihre Zukunft ohne menstruellen Zyklus betrachtet, hängt davon ab, wie sie ihr menstruelles Leben verbracht hat. Für viele Frauen bedeutet die Entlassung aus ihrem Zyklus das Ende einer Phase der Orientierung an den Bedürfnissen anderer, und die Frau beginnt eine Phase, in der sie ihr Leben für sich selbst erfahren kann. Ein Initiationsritual der Menopause erlaubt ihr die Akzeptanz ihrer Vergangenheit, das Betrauern ihres Verlustes und die Konzentration auf die Wahrnehmung ihres neuen Lebens. So kann sie das Ende eines Teils ihres Lebens und den Beginn einer neuen und aufregenden Phase gefühlsmäßig erleben.

Die Menopause wird manchmal als Zeichen des Verfalls, der zunehmenden Nutzlosigkeit und als erster Vorbote des Todes erlebt. Doch wie die einzelnen Phasen des menstruellen Zyklus ist auch sie nur eine Phase im Zyklus des Lebens, die, wenn sie begrüßt und akzeptiert wird, uns zu größerer Befriedigung und zum erweiterten Ausdruck unseres Lebens verhelfen kann. Nach dem menstruellen Leben hat die Frau in der postmenopausalen Phase allmonatlich alle Phasen ihres Lebens erfahren, was bedeutet, daß für sie die Energien der alten Frau und die letztendliche Transformation im Tod keinen Schrecken mehr beinhalten müssen.

Nachwort

Ihr Verständnis und Ihre Interaktion mit Ihrem menstruellen Zyklus beinhalten einen Lernprozeß, der sich durch Ihr gesamtes von der Menstruation geprägtes Leben fortsetzt. Dieser hat nicht eine plötzliche Veränderung der Symptome oder Regelmäßigkeit Ihres Zyklus zur Folge, aber Sie werden allmählich die Fähigkeiten und Energien, die jede Phase mit sich bringt, verstehen und akzeptieren und zu einer Ausbalancierung in Ihrem Leben gelangen. Es wird Zeiten geben, in denen es Ihnen die Anforderungen und Verpflichtungen des modernen Lebens schwermachen, sich Ihrer weiblichen Natur vollkommen bewußt zu sein. Trotzdem werden Sie über die Fähigkeit verfügen, bei jeder sich bietenden Gelegenheit die Verbindung zwischen Ihrem Geist, Ihrem Körper und Ihren kreativen Energien wachzurufen.

Das Bewußtsein und das Wissen, das Sie durch Ihren menstruellen Zyklus erlangen, wird zunehmen und abnehmen wie der Mond. Einsichten, die während einer Zyklusphase gewonnen wurden, können in der nächsten verlorengehen, und so wird das Streben nach Wissen um den menstruellen Zyklus zu einer sich ewig fortsetzenden Spirale im menstruellen Leben einer Frau, in deren Verlauf sie immer wieder lernt und nochmals lernt. Die einzige Konstante besteht im Hier und Jetzt, in der Phase, die Sie gegenwärtig erleben, und in der Wahrnehmung der Erkenntnis und des Wissens, die sie mit sich bringt.

»Roter Mond« begann mit einer Geschichte, die Ihnen Bilder von der Natur der Frau präsentierte. Geschichten vom menstruellen Zyklus und den Gaben des Frauseins wurden in vergangenen Zeiten erzählt und werden auch in Zukunft erzählt werden, sich ständig in ihrer Wahrnehmungsweise und Deutung verändern und doch immer die gleichen bleiben. Die Geschichte von der Natur der Frau hat keine bestimmte Bedeutung, keinen Anfang und kein Ende, aber sie ist eine Geschichte, die in allen Frauen lebendig ist.

Literaturhinweise

Baring, A., und Cashford, J.: *The Myth of the Goddess,* London 1991 (Arkana).

Brinton Perera, Sylvia: *Der Weg zur Göttin der Tiefe,* Interlaken 1985.

Durdin-Robertson, Lawrence: *The Year of the Goddess,* London 1990 (Aquarian).

Evans, P., und Deehan, G.: *The Keys to Creativity,* Grafton Books 1988.

Gadon, E. W.: *The Once and Future Goddess,* London 1990 (Aquarian).

George, D.: *Mysteries of the Dark Moon,* San Francisco 1992 (Harper Collins Publishers).

Göttner-Abendroth, Heide: *Die Göttin und ihr Heros,* München 1980 (Frauenoffensive).

– dies.: *Die tanzende Göttin,* München 1982 (Frauenoffensive).

Harding, M. Esther: *Frauen-Mysterien – einst und jetzt,* Berlin 1982.

Matthews, C.: *Arthur and the Sovereignty of Britain,* London 1989 (Arkana).

Matthews, J. (Hrsg.): *At the Table of the Grail,* London 1987 (Arkana).

Murdock, Maureen: *Der Weg der Heldin,* München 1994 (Heinrich Hugendubel Verlag).

Shuttle, Penelope, und Redgrove, Peter: *Die weise Wunde Menstruation,* Frankfurt/Main 1982 (Fischer Taschenbuch Verlag).

Strauch, Renate (Hrsg.): *Auf den Spuren der Göttin,* Die Insel, Volksschule Merl, 1992 (fortlaufende Bände).

Voss, Jutta: *Das Schwarzmond-Tabu,* Stuttgart 1994 (Kreuz Verlag).

Weiler, Gerda: *Das Matriarchat im Alten Israel,* Stuttgart 1989 (W. Kohlhammer).

– dies.: *Eros ist stärker als Gewalt,* Frankfurt/Main 1993 (Ulrike-Helmer-Verlag).
– dies.: *Der aufrechte Gang der Menschenfrau,* Frankfurt/Main 1994 (Ulrike-Helmer-Verlag)

Register

Archetypen
– und Mythologie 49–86, 91, 192–197
»Erweckung«, Die 10, 17, 19–48, 57, 79, 86, 110, 145, 200
Kreativität 14–15, 90, 103, 106, 137–138, 151–191
– Ausdruck durch Körper 170–180
durch Umwelt 180–183
durch Hände 166–169
– und menstrueller Zyklus 151–191
– und Geist 184–191
– traditionelle Ausdrucksformen 153–157, 192–195
– Visualisierung 104–114, 121, 146–148, 160–163, 217–218
Träumen 109–110, 121, 123
Meditation
– Zauberin 142
– menstruelle 123
– Mutter 134
– Jungfrau 128
Menopause
– Initiationsritual 212, 214–218
Menstrueller Zyklus
– Kreativität 14–15, 90, 103, 132, 137–138, 151–191
– zyklisch 195
– Träumen 109–110, 121, 123
– Meditation 123, 128, 134, 142
– und Mythologie 49–86, 93, 192–218
– Parallelen mit den Mondzyklen 58–60, 90
– Phasen des 50–52, 93–98, 115–145, 152, 158
– physische Veränderungen 87–91
– Initiationsritual 201–212
– Sexualität 58, 90, 96–98, 103, 116, 126, 130, 132, 139, 151–152, 157, 159, 163, 165, 170–181

– Unterrichtung über 198–218
– »Die Erweckung« 19–48, 200
– Visualisierung 104–114, 121, 146–148, 160, 189, 217–218
Mond
– schöpferisch 151–191
– Parallelen mit dem Mondzyklus 58–60, 90
– Phasen des 90, 93–96, 115–145
– Spirale des 192–218
Mondtiere 67–75, 109–110, 200, 209
– Schmetterling 68
– Kranich 72–73
– Taube 70–71
– Hase 74–75
– Pferd 71–72
– Eule 73–74
– Einhorn 68–70
Mond-Chronik 15–17, 91–101, 103, 109, 138, 142, 165, 189, 195–197, 209–210
– und Alltagsleben 114–150
– Erweiterung der 146–147
Mutterschaft
– Initiationsritual 212–214
Mythologie
– Archetypen 49–86, 91, 192–197
– Dunkle Göttin 75–79
– Schamanin 82–86
– und menstrueller Zyklus 49–86, 93, 192–218
– Mondtiere 67–75
– Priesterin 82–86
– Souveränität 79–82
Phasen des menstruellen Zyklus 93–96, 115–145
– Zauberin 52, 93–95, 97, 135–142, 152
– Die Alte 52, 93–95, 98, 115–124, 152, 158
– Mutter 52, 93–95, 17, 129–134, 152, 158
  Meditation 134
– Jungfrau 52, 93–97, 124–129, 152
  Meditation 128–129

Initiationsrituale
- Menopause 212, 214–218
- menstrueller Zyklus 201–212
- Mutterschaft 212–214

Visualisierung 104–114, 121, 146–148, 160–163, 189
- Gürtel 146–149
- Menopause 217–218
- Schoß 105–113

Schoß, Bewußtsein über 105–113
- Baum 106–107